ゲッターズ飯田の運命の変え方

The Way To Change Your Destiny

ゲッターズ飯田

JN184987

ポプラ社

決断のタイミングさえ知れば、運命は変えられる

占いとは統計であり、データである。

これは、20年近く、いろいろな占いを独学で勉強し、5万人以上の人を鑑定し続けてきた僕自身が思うことです。誰かを占うとき、僕が決めているのが「無料でおこなう」ということです。

より正確な占いをするためには大量のデータが必要です。有料の占いでは、「お金を払って占ってもらう人」のデータしか集まらず、偏ったものになってしまうと思ったからです。

5万人以上の人を無料で占い、大量のデータを蓄積・分析し、それを占いのなかに取り入れていった結果、僕がたどり着いたひとつの結論があります。

それは「すべての人には、36年周期の見えない運気の流れがある」ということ。

実際に、僕自身が誰かを占うときに、その人自身の持つ運命の周期を説明していくと、そのリズムが過去の出来事にピタリと当てはまり、予想した未来自体もその流れ通りに動いていく……という現象を、何度も目の当たりにしてきました。

それぞれの周期の流れに沿って、行動を取捨選択していくことで、自分の人生をコントロールすることができるのではないか。そう思ったのが、最初にこの本を作ったきっかけでした。

もちろん、なかには僕が「この年はいい年ですよ」と伝えたにもかかわらず、「離婚しました」「リストラされました」と僕の予想と反対の出来事が起こる人もいれば、「この年は苦労しますよ」「不運な年になりますよ」と伝えたにもかかわらず、特に問題なく過ごしている人もいます。

幸運期なのに悪いことが起こる。逆に、運が悪い時期なのに、悪いことが起こらない。それを不思議に思って調べてみると、幸運期なのに悪いことが起こる人は、運気が悪い時期に結婚や仕事などの大切な決断をしていたり、逆に運が悪い時期なのに悪いことが起こらない人は、その時期には大切な決断を控えていたことがわかりました。

つまり、本当に大切なのは、運命を踏まえた上で「決断をするタイミング」を知ること。何かを決断するべきタイミングと、決断するべきでないタイミングさえわかれば、自分自身で運命を切り開いていくことができるのです。

占いというと、「占い師が伝える運命をそのまま受け入れなければならない……」という、一方通行なイメージを抱きがちかもしれません。でも、この本では、そのタイミングをグラフ化し、過去、現在、未来のそれぞれの運気を記号でわかりやすく表記しています。この本を見れば、自分がいまどの場所にいるのか。自分の目標達成のためにいま何をするべきなのか。どのタイミングで方向修正をするべきなのかがわかるはずです。

もし、いまあなたが運気の悪い時期であった場合も、何もしないのではなく、いまは待機の時期だと心得て、学ぶ姿勢を忘れず、次の決断に向けての準備を進めておきましょう。その準備の有無が、次の幸運の時期の決断で大きな幸せをつかめるかのカギになるからです。

困難や不運は自分への宿題。「難しい」「運命は変えられない」と決めつけるのではなく、課題に向き合い、運命のタイミングを押さえることさえできれば、必ずあなたの人生は好転するはずです。

自分が運命に引っ張られてしまうのではなく、自分の行動や思考次第で運命はコントロールすることができる。その感覚を、ぜひご自身で体感してみてください。

ゲッターズ飯田

この本の読み方

この本は、単純な「当たる・当たらない」の占い本ではありません。「今年はどんな運気の年なのか？」を読むだけの占い本でもありません。

何年前に自分が何を決断して、何を始めたのか、現状に不満があるのはなぜなのか、過去の自分の運気から現在の運気を読み取るための本です。

たくさんの人を占ったことで、人生を大きく変えるためにはタイミングが大切なことがわかってきました。人生には、軌道を変えるタイミングがあり、そこで何を決断して何を覚悟するかが重要になります。

家や土地を購入するときは大金が動くからか、「運気が重要」と、タイミングや方角を占う人もいますが、人生は決断の繰り返しです。大きな出来事だけに慎重になっても、日々の積み重ねや過去の決断が間違っていれば、未来の幸運の運気にも乗れなくなります。

自分の「運命グラフ」を深く読み解き、決断のタイミングを見極めてください。

運命グラフの読み方

How To Read The Graph of Destiny

1 自分の星を割り出し（P.228〜参照）、自分の運命グラフを見つけてください。

2 運命グラフがわかったら、今年や来年の運気がどんな状況か、今いる自分の位置を把握してください。

3 過去の運気のよかった年、☆や◎の年に自分はどんな人と出会って、何をしていたのかを振り返ります。今、不調な人は、そこで手にしたものを手放していないか？　そこで決めたことを、▼や×の年に諦めてしまってはいないか？　冷静に思い出してください。

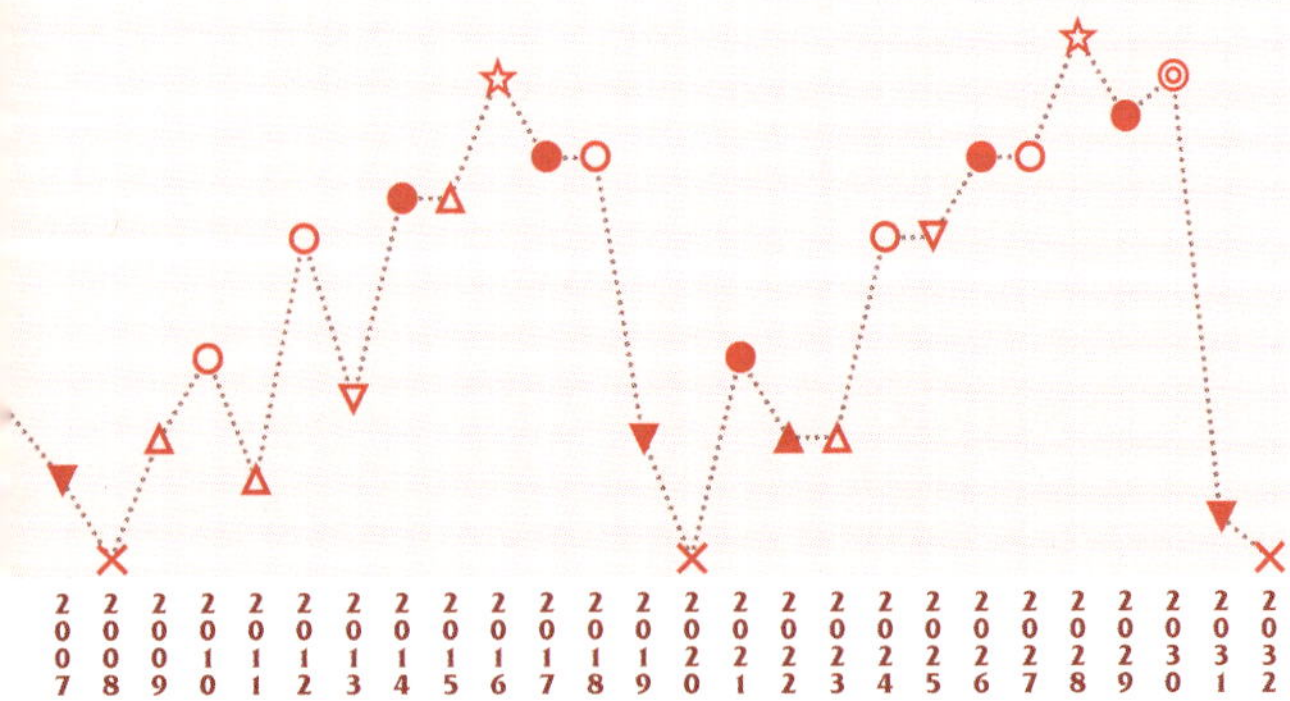

4 ▼や×の年に新しいことを始めたり、大きな決断をしていないかも思い出してください。▼や×の年に決断してしまったことは、その後の苦労の原因になることが多く、それをどのタイミングで切り替えるかが好転へのカギになります。

5 ○の年は軌道を修正したり、好転させることのできる大切な年。▼や×で決断したことがあっても、この年にそれまでの自分とは違った方向に一歩でも進むこと。引っ越し、転職、パートナーとの決別、イメージチェンジ、模様替えなどなんでもいいのです。それが運命を変える第一歩になります。

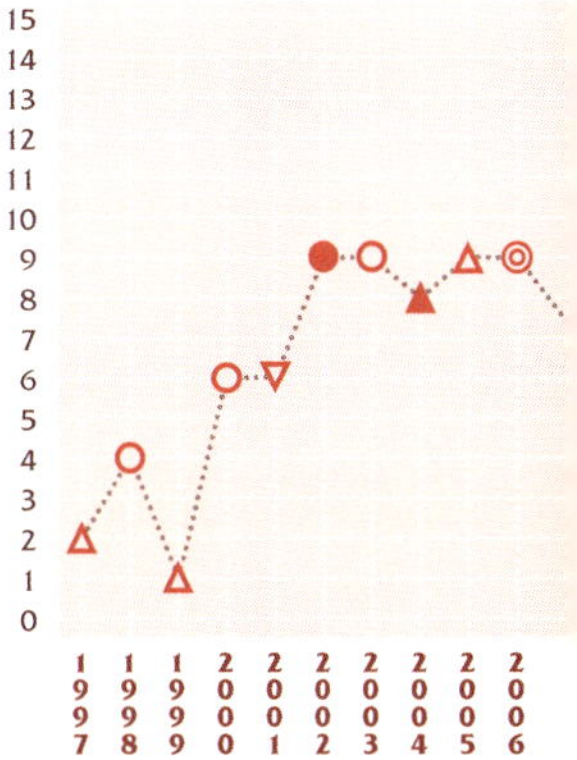

- ☆ 36年に1〜3回の最高に幸運な年
- ◎ 最高の運気を備えた年
- ○ 人生を軌道修正するのに最適な年
- △ 下半期から運気の流れを変えられる年
- ▲ 決断には不向きな年
- ▽ 体を休めること、リフレッシュにあてるべき年
- × これまで積み上げたことが崩れてしまう破壊の年
- ● 幸運と不運が入り組んだ複雑な年
- ▼ 流れを止める急ブレーキの年

運命グラフ内の印の位置✨

現在がいい時期なのか悪い時期なのかは、運命グラフを見ればわかると思いますが、グラフ内の印の位置が高いからといって単純に喜ぶのではなく、高い時期だからこそ次の一歩やチャレンジが必要となります。

特に高い位置（10以上）のときは素敵な人物に出会えたり、いい経験が多くできる可能性が高く、魅力や才能も評価されやすいので、新しいことにも思い切って飛び込んでみるといいでしょう。

逆に低い位置にある場合は、慎重に行動することが大切です。不運や苦労からいろいろなことが学べる時期だと思い、困難から簡単に逃げたり、甘い誘惑に乗ったりしないようにしておきましょう。

でも、臆病にじっとしている必要はありません。この時期は「失敗や困難がある」と覚悟をすることが大切なのです。何か困難があっても、その後の○や◎の年に軌道修正ができるので、それまでは修行だと思って頑張ってみると、いい仲間やいい経験がたくさんできるでしょう。

出会いを分析する✨

もう1つ、大切なことが「出会い」です。○、◎、☆の年での、新しい出会いを大切にしてください。人生は人との出会いで大きく左右されます。自分の人生は自分で決めることよりも、他人が評価をすることが多いのです。自分の人生は自分では決められないことのほうが多いことは、生きていればわかってくることですが、その中でも、あなたにとっていい影響を与えてくれる人や運命的な人と出会える時期が○、◎、☆の年なのです。

この時期は、できるだけ人の集まる場所に参加することと、交友関係や人脈を広げる努力を続けてみてください。必ず、運命を変えてくれる人に会えるでしょう。臆病にならず、笑顔と愛嬌を忘れず、挨拶や礼儀もしっかりすることがこの年には重要になってきます。この年までに、清潔感ある服装で上品な印象を人に与えられるよう、しっかり準備できていれば、さらに素敵な出会いにつながるでしょう。

最後に、運命を変えるには、それなりの覚悟が必要になります。何となく生きている人には何となくしか運は味方しません。自分の好きなことは何なのか、自分の夢や希望は何なのかハッキリさせられるように、いろいろなことを勉強したり、視野を広げる努力を続けてみてください。

幸せの価値観は人それぞれです。親や先生が言う幸せがあなたの幸せとは限らない。本当に自分の好きなことは何なのか、自分の楽しいことで周囲や他人をどうしたら喜ばせられ、感謝され、感謝できる人になれるか考えて行動してください。タイミングさえしっかりわかり、決断、行動すれば、運命は必ず変えられます。

『五星三心占い』とは？

僕の占いの基本を初めて解説します

人はとても単純でわかりやすい。複雑でもなんでもありません。

僕の占いでは、人は5パターンの性格と3種類の運気しかありません。

正確には、人は5つの欲望に支配されています。5つの欲望とは、「金欲」「食欲・性欲」「権力支配欲」「創作欲」「自我欲」。

金欲は、お金や物を手に入れたいと思う欲。食欲・性欲は、食べ物への執着、セックスを追い求める欲。権力支配欲は、人の上に立ち、人をコントロールしたいと思う欲。創作欲は、芸術や文学、音楽、アイデアなどを生み出す欲。自我欲は、自己満足だけの欲。

すべての人はこの欲望によってコントロールされています。その欲が満たされれば幸運で、その欲が満たされないと不運と思い込んでしまいます。金欲に支配されている人は、お金があれば幸運で、お金がないと不運になります。でも、創作ができてもできなくても、幸運とも不運とも思いません。

五星三心占いの、五星は「5つの欲望」です。しかもこの欲望は、ひとりに1つではなく、少ない人でも2つ、多い人では5つすべてもっていることもあります。そして、時期によってその欲望がくるくる変わっていきます。欲望が変わるから、自分の目的や目標を見失って、グラグラ揺れてしまったり、人生に迷ってしまうことがあるのです。

自分の欲望が変化するタイミングが事前にわかれば、心の準備ができます。いつ自分の欲望が変化をし、動き始めるのかが、わかればいい。その変化のパターンは3つあり、この3つが五星三心占いの三心になります。

心の動きは、天、海、地の3つに分けられます。ここに陰陽が交じり、6種類。そこに表裏の運気が交じり、12種類にまでなります。12星座など、12種類のタイプに分ける占いが一般的ですが、原点は3つだと理解しておくといいかもしれません。原点の3つの心のリズムが理解でき、5つの欲望がわかれば、どのタイミングに心や運気が乱れ、また整うのかもわかってきます。

今回は、五星三心占いの完全版ではなく、運命を変える方法を伝授する本になっているので、五星三心占いの詳しい占術方法などは、また別の本で披露したいと思っています。

Contents

The Way To Change Your Destiny

僕が占いを始めたわけ

占いとの出会い

僕が初めて占いに触れたのは21歳の頃。占いなんかが当たるわけがないと思っていた。名古屋のある占い師の先生に占ってもらうまでは……。

最初は漫才やコントのネタにでもなるかと思って占いに行った。当時の僕は、大学の落語研究会で漫才やコントを書いていた。ネタを書くにはいろいろな体験や経験が必要になってくる。「物事を否定してばかりいると視野が狭くなっておもしろいことも思いつかなくなってしまうのでは？」と思った僕は、あえてもっとも興味のない占いの店に飛び込んでみた。半信半疑どころか、完全に疑って占いに行った。

ところが「何でそんなことがわかるの？」と、本当に驚いたことを今でも覚えている。これは何なんだろう？　とても不思議で心地よい気持ちになる。明るい未来が突然見えたような、今まで体験したことのない感じがした。

闇雲に走るのではなく、目標を定められた感じがした。そのとき、その占い師に「飯田さんは、占い師と芸人が向いてますよ」と、言われた。

数カ月後、その占い師が言った通りに物事が流れ、恋人ができたり、オーディションに受かったりした。

過去のことならデータや人間観察で何となくわかっても、なぜ未来のことが的確にわかるんだろうと思い、何度かその占い師のところに通った。

その占い師が占うときには、必ず本で調べる。謎の数字と漢字を使い、占っている。

あるとき、「あれ？　この先生がすごいのではなく、この本がすごいのでは？」と思い、「すみません。その本はどうやったら手に入れられるんですか？」と尋ねた。

すると、「これは市販はされていない本なんで」と、返された。

「でも、製本してあるんだから、どこかで手に入りますよね？」

「飯田さんは占いの才能があるから、占いの勉強をすればこの本以上のものが作れますよ」

その言葉が始まりだった。

それは1997年のこと。僕の運気は「○」。まったくの偶然だが、物事をスタートさせるのにいい○の年に、僕は占いの勉強を始めたのだ。

独学スタート

それから、ありとあらゆる占いの本を読みあさった。当時はお金がなかったので、古本屋で占いのコーナーに行っては本を購入して、誰かに教わることもなく、ひとりで家で勉強をした。

いろいろな占い師にも占ってもらった。すると、同じことを伝えるのにも人によって表現がいろいろあることがわかり始める。

「この人は、この星のことをこんなふうに表現するんだな」など、占いは結果を出すことも大切だ

ゲッターズ飯田の運命グラフ
1975年4月4日生まれ
銀のインディアンG

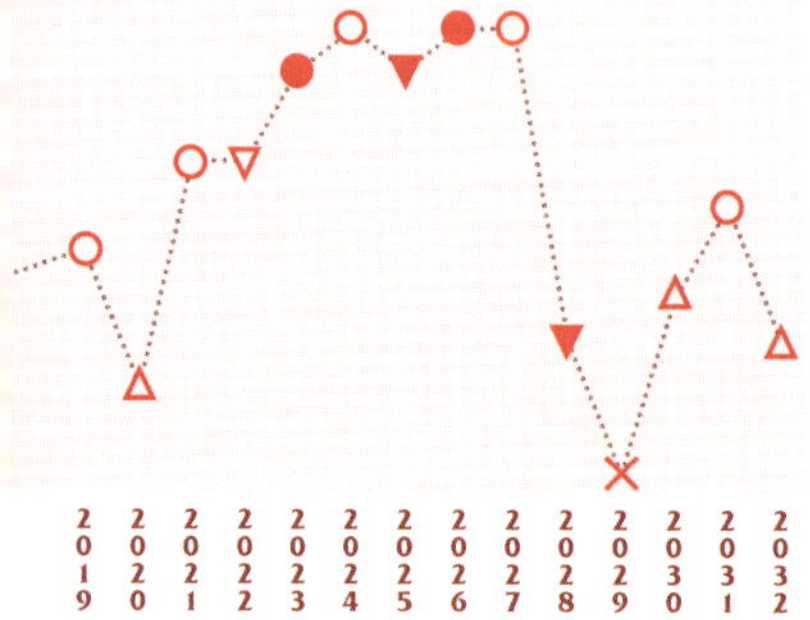

が、重要なのは伝え方だと、そのときに感じた。

　そして、知人を占ってみた。はじめは「当たってない」と言われることが多かったが、いろいろな占いを交ぜ始めると、共通点があることがわかった。

　たとえば「12星座占いだと真面目でしっかり者」「四柱推命だと堅実」「手相だと真面目」と出ている場合は「あなたはかなり真面目ですね」と重なっている部分を強調することで的中するようになってきた。

「重なったところは外れない」、そう確信し、さまざまな占いの共通点を探すようになり、当てることに専念するようになった。

　占いだから当てることが当たり前だと思われるが、「当たる・当たらない」などは占いのほんの入り口でしかないことに、当時の僕はまだ気がついて

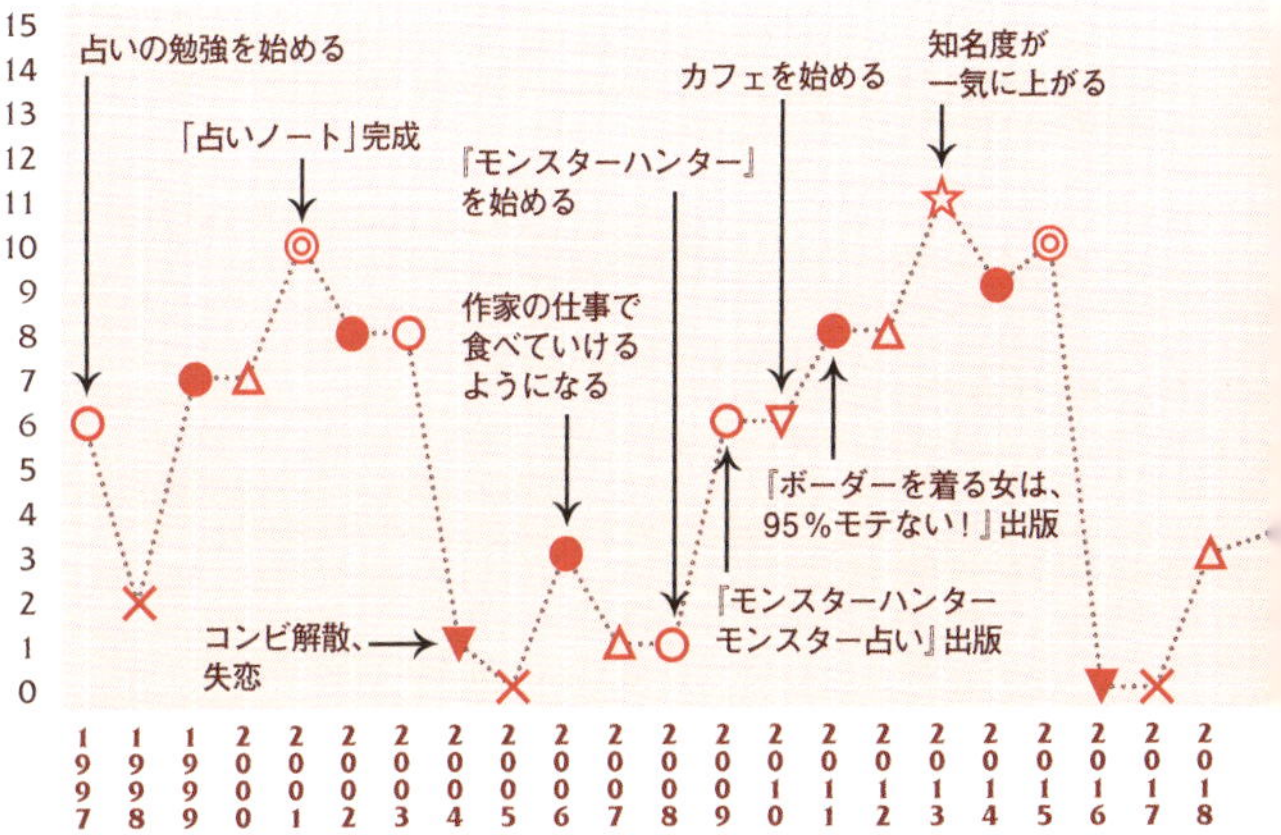

いなかった。

当時、お笑い芸人をやりながら占いの勉強をしていると、「占いができる」という噂が広まり始めた。ファンレターをいただくと、「占ってください」と相談内容が書いてある。多いときでは1週間に70通以上の「ファンレター風人生相談」が届く。「これも勉強だ」と思って、占っては結果を手紙に書いて送る。当時、占いをするのに30分以上かかり、切手代や便せん代もかかった。生活はドンドン苦しくなる一方だった。

バイトとお笑いのネタ作りと練習、占いの勉強の日々。占いは「いつか芸の足しになるかもしれない」と、思って続けた。何よりも占いの勉強がおもしろく、勉強のために日々、いろいろな人を占っていた。

占いが「当たらない」人

僕の占いが当たると噂になり始めたのは、5000人以上占った頃だった。何となくパターンや伝え方がわかってきたからだ。相談内容もそれほどバリエーションがないこともわかってきた。恋愛では「いつ出会う？」「誰と相性がいい？」「結婚は何歳くらいで？」。仕事では転職と天職、上司や部下との相性。他には健康運、家族関係、お金に関わることなど。

よく考えれば、人の悩みや不安がそれほど多いわけがない。占わなくても答えられるのではないかと思えるような相談が増えてくる中、占いでしっかりデータを取ることを続けた結果、相談してくる人の流れもわかるようになってくる。

1万人を占った頃には、何がどうなるのか、どんな流れになるのか、おおよそはわかってきた。ただ、100%当たることはない。なぜ当たらないのか？

「こんなに当たるんですか！」と驚く人がいる一方で、「当たらない」と言う人もいた。なぜ当たらないのか？

それを調べ始め、見えてきたことは「占いが当たらない」と口に出す人は、マイナス思考やネガティブな人が多いということ。他には、邪心や悪意のある人、ひねくれた人や他人の足を引っ張るような人の多くが、わざわざ「当たらない」と言うこともわかってきた。当たらないのではなく、そう言いたいだけの人がいることもわかってきた。

上手に説明をすれば当たっていることも多かった。ただ、完璧ではなかった。なぜ当たらないのか？　当たるも八卦、当たらぬも八卦なのか？　そう思いながら僕はあることを続けていた。

すべて占いの示すままに

占いの勉強を始めて、最初にやったことは自分を占うことだった。一般的には「占い師は自分のことを占えない」と言われるが、そんなわけがなく、占いの結果が一番体験できるのは自分だ。自分の占いの実験台には、自分が最高にいい。病気になりやすい×の年に病気になるのか、モテ期である◎の年にモテるのかなど、いろいろと実験をした。

特に買い物にはこだわった。自分で占う特権で、年、月、日単位で運気を調べることができた。運気のいいときだけ買い物をし、運気のいいときだけ打ち合わせを入れた。逆に、〇、◎、☆など運気のいいときはできるだけ人と会わなかったり、勉強したり、地味なことをするようにした。

占い通りに、運気のいいときには決断をして、運気の悪いときには流れに身を任せるということを続けているうちに、運気が最大に悪い時期が訪れた。

占い通りに、僕がやっていたお笑いコンビ「ゲッターズ」は解散して、同時に失恋もした。お笑い芸人という夢はここで終わることになるが、それも占い通りだったので驚くこともなかった。流れに逆らわないで流れに身を任せれば必ず運気はよくなる。不安がなかったといえば嘘になるが、すでに自信もあった。

多くの人が運気の流れ通りに生きていることがわかってきた。運気のいいときに始めたことを大切にしていれば、必ずいい流れに乗れる。

コンビ解散、失恋した年の数年前、幸運な時期に僕は、当時の所属事務所のマネジャー、市川さんの「占いのデータをしっかり取りなさい。ノートにまとめておきなさい。飯田くんは10年後にすごいことになる」というアドバイスを信じて、数年間勉強したことをノートにまとめ、◎の年である2001年に、「占いノート」を完成させていた。

そのノートを完成させてから、占う人数もさらに増えていった。元々、無料で占っているので、いろいろなところに呼ばれて占いをした。まだお金がなかったので、都内を自転車で移動して、飲み会やらコンパやらの集まりに呼ばれれば、どこへでも行った。データはさらに集まり、自分の占いのレベルが上がっていくのを実感した。

2006年、31歳の夏まではまだ、アルバイトもしていた。占いはすでに「プロ以上に当たる」と言われたこともあったが、「占いではお金をいただかない」、今も昔もその意志は曲げなかった。曲げなかったから生活が苦しかったのだ。

多くの人に「占いでお金をもらえば?」と言われたが、占いは統計学だと思っているので、統計なら無償で集めた無作為なデータでないと当たらないと信じて占いを続けていた。

芸人の夢を諦めた後、放送作家の道に進むことになるのだが、作家とは名ばかりでパソコンを買うお金もなかった。事務所に行ってパソコンを貸してもらったが、インターネットを引くお金もなかったので、打ち込んだ原稿は自転車で運んだ。出版社などにUSBを持っていき、そのついでに占いをする。

「なんか変な出張占いの人、来ましたよ〜」

そう言われながら毎回いろいろな人を占っているうちに仲よくなり、仕事が増えていった。

必ず、運気が上がる時期が来る。そう信じて、新しい出会いがある時期には積極的に新しい人に会い続けた。自分の占いを信じて、占いを続けていた。

●の年に起きたこと

2006年は、●の年だった。昔なじみの番組プロデューサーにたまたま再会した。

「飯田、最近どうだ?」

「まだバイトもしてますが、元気でやっています」

そう答えたところ、本気で怒られてしまった。

「お前は俺をナメているのか！　お前に仕事をつくれないように見えるのか！　来週から番組に来い。隅っこで弁当でも食べて会議に出ていろ。バイト代くらいのギャラは払ってやる」

そう言って、何の才能もない僕を番組スタッフに入れてくれた。振り返れば、その人との出会いは◎の年のことだった。

●の年は、幸運と不運が入り交じる年でもあるのだが、後に『ゲッターズ飯田の開運ブック』でお世話になるライターさんともこの年に出会った。

バイトをやらなくてもすむようになり、何とかご飯を食べられるようになった2年後の2008年、○の年に、運命を変えるもう1つの出来事が起きた。

当時大人気の（今でも大人気ですが）『モンスターハンター』（以下MH）に出会うことになったのだ。すでに、周囲の芸人さんやタレントさんがこぞってゲームで狩りをしていた。「飯田さんもやりましょうよ」と、何度誘われても、どうも気が進まなかったのだが、運気のいい○の年の運気のいい月に購入してゲームを始めてみた。

○の年はいい決断ができたり、長い付き合いになる人が現れる時期。MHに出会ったことで人脈は一気に広がった。幸運にも中川翔子さんのつながりで、カプコンでMHを作った人に会えることになり、狩り会（ゲームをする会）にも進んで参加した。その会にいたのがMHの初期から携わっている小嶋慎太郎さんだった。年齢も同じということで仲よくなり、流れと勢いで、『モンスターハンターモンスター占い』を出版することになった。

僕にとって、初めての本だった。この年、２００９年は、◯の年。◯の年に本を出せるということは「自分の人生は本によって変わってくるのではないか」と、思い始めた。

翌年の２０１０年、▽の年は体調を崩す可能性があったので、僕は全財産を投資してカフェ「シーラカンス」をオープンした。基本的には紹介のない人は占っていなかったが、そのおかげでイベントに呼ばれることが多くなり、占いイベントのチケットも即日完売するようになっていた。もうその頃は「会いたくても会えない」と言われるような占い師になってしまっていた。

そうして呼ばれた占いイベントなどでお客さんからいただいたお金を貯めていたのを、ここで一気に使い切ってしまった。この年の不運を避けるためには、お金を使い切ったほうがいいと判断したのだ。オープンしたシーラカンスでは、毎週木曜日に20組のお客さんを占うことにした。毎週いろいろなお客さんが来てくれた。

約2年間、シーラカンスに関わることになるが、所詮、素人の始めたお店が上手くいくわけがなかった。そもそも自分の不運を避けるためだけに始めた店だった。

2年間続けた占いイベントはノーギャラだった。でも、カフェを開いたことでいろいろな人が人を紹介してくれるようになった。後にネイルや化粧品とコラボすることになったり、僕の人生を大きく変えることになる書籍『ボーダーを着る女は、95%モテない!』のライターである森綾さんと仲よくなったのもこの店がきっかけだった。

『ボーダーを着る女は、95%モテない!』が出版されたのは2011年、●の年。すでにモンハン占いの本は数冊出版されていたが、この本が出版されたことで僕の人生は一気に変わり始めることになる。

それまで基本的にはテレビの出演を断ってきた。放送作家や、裏方の仕事のおもしろさを理解できてきた頃なので、自分がテレビに出演するなど、とても恥ずかしくてできなかった。

だが、出版社の方から「宣伝のためなのでお願いします」と言われ、渋々打ち合わせに足を運び、そこにいたスタッフを占うと、「是非、テレビ出演しましょう!」と提案された。

「嫌ですよ。仮面をつけて顔を出さないか、背中から撮るならいいですが」

そう伝えると、

「じゃ〜、仮面用意します」

そんなわけで僕の仮面は、●の年の吉凶入り交じる中で生まれ、その後は、業界の方のつながりや周囲のスタッフのつながりでテレビ出演が増えていった。

2013年の☆の年には、『笑っていいとも！』など多くの番組に出演させていただき、○の年だった2009年に始めた携帯サイトも一気に軌道に乗り始めた。

また、2014年、●の年に出した『ゲッターズ飯田の開運ブック』は、これまで出版してきた僕の本の中で一番のヒットになった。

ちなみに2011年、●の年に結婚もして、2013年、☆の年に子供も生まれた。

妻との出会いは2010年、▽の年の年末。次の年が●の年だったので、運命を変える出会いかもしれないと思っていたら、結婚することになった。

妻になる彼女と出会ったとき、「あなたは2010年の12月か2011年1月に1975年生まれの男性に出会って、その人と結婚します。2013年の夏に子供も生まれますよ」と、占った。まさかそれが自分だとは思いもしなかったことを今でも覚えている。

決断の時期は高速道路の入り口

僕の半生を運命グラフに合わせながら紹介してきたが、これは単なる偶然ではなく、僕は自分の意志で運気の流れに乗ってきた。ここでは書ききれないほど細かい占いもあるが、占いで「友人に会え」と出れば会いに行き、「恋人と別れろ」と出れば別れる（結果的に別れる空気にもなるんですが）。「買い物をする日」と出れば買い物をする。

自分が一番の実験台だと思い、運気の流れに乗るようにしてきた。そして「大切なのは、決断のタイミングだ」ということがわかった。

人生にはいろいろな決断がある。仕事を続けることも決断、転職することも決断。引っ越し、告白や交際、別れ、日々の買い物や契約や約束、人との集まりに参加するかどうか……すべて決断しなければならない。

占いというデータを利用すれば、どれほど合理的に決断し、生きることができるだろう。悩む時間が一番の無駄。「行くか行かないか」「始めるか止めるか」「付き合うか別れるか」……人生にはハッキリとわかりやすい決断よりも、「どうでもいい、どちらでも構わない」決断のほうが多い。そのすべてを占いで判断すると運が後押しをしてくれる。見えない運が味方になってくれることが自分の実体験でわかった。

決断する時期とは、道路でいえば高速道路の入り口のようなもの。それが、どのタイミングで現れるのかわかっていれば乗れるが、突然現れたら見逃してしまう。

引き返して乗ることができないのが人生。再び、幸運の高速道路の入り口が来るまで待たないといけない。そのためにまた何年も同じ生活を繰り返さないといけなくなってしまう。グルグル何度も回っていればそのうちに、ここが高速道路に上がる入り口だとわかる人もいるだろう。

この本の108の運命グラフを見ればわかるように、運命を変えられる決断の時期である☆、◎、○の年はそんなに多くはない。一度逃すと2～3年はめぐってこない。中には5～6年空いてしまう場合もある。

この本を読んでガッカリする人もいるかもしれないが、次のタイミングがわかったということだけでも十分幸せだと思う。次のチャンスまでにどれだけ準備できているかが重要になるだろう。

また、僕の半生を振り返ると、●の年もカギになっていることが多い。この年は吉凶入り交じる複雑な年のはずなのに、「いいことしか起こっていない」と思う人もいるかもしれない。でもこの●の年、人との縁が切れたり、不運もいろいろあった。

●の年に大事なのは、一見、不運に見えても、「不運だ」と思わないこと。「面倒くさいことになるなあ」とわかっていても、逃げずに正面から受け止めること。それによって、悪い運気を最小限で終わらせることができる。不運から逃げることはできないが、恐れることはない。不運は上手に消化することが重要なのだ。

運命グラフの読み解き方

それでは、実際に自分の運命グラフを
読み解いていきましょう。
それぞれの年の運気の特徴を知り、
その年に自分がどんなことをしたのか、
振り返ってみてください。
最後に、さらに深い運命グラフの読み解き方、
相性などについても解説しています。

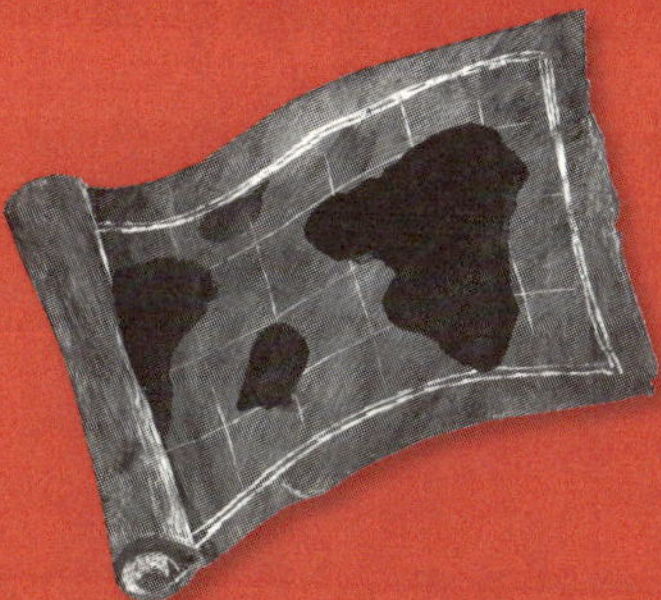

☆の年

36年に1〜3回しかない、もっとも幸運な年。始まりの年でもあり、最高の決断期

〔特徴〕

人生を最高のものにできる運命の年。地位や名誉、財産、恋愛、あらゆる幸せを手にする年であり、運気のよさを実感できる年です。結婚、引っ越し、転職、独立など、大きな決断をするのに最適ですが、すべてを手に入れられる分、大切にしなければならないのが「何をスタートするのか」。幸運に満足して何もしないでいると、そこから数年は落ちる一方になることがあります。

何年後に自分はどうなっていたいのか、具体的な目標をしっかり定めることが重要です。向上心をもって、自分のレベルを上げられるような目標を立てましょう。この時期に決断・覚悟したことには、運が味方してくれるようになります。

そして、そのために学び、準備することが、さらに運気の流れをよくします。「このままでいい」など、無気力なことを口にしていると、抜けられない闇に突入することになるので気をつけましょう。

また、過去の○、◎、☆の年に決めたことを変えることが「不幸の始まり」にもなる年です。

〔過去にある☆の年〕

どう過ごしたのかが、とても重要です。多くの人は楽しい年だった印象が強いと思いますが、そこで自分は何をしていたのか、何を大切にしていたのかを改めて思い出してみると、自分のやるべきことや進むべき道が見えてくるでしょう。今の苦労は、その年に決めたことを変えてしまったために始まっていることも多いのです。思い当たる人は、○、◎、☆の年に軌道修正をするといいでしょう。

〔未来にある☆の年〕

未来の☆の年、あなたは何歳になっていますか？　その年齢のとき、どんな自分になっていたいですか？　その夢を現実のものにするためのチャレンジを○、◎の年にしてください。一度逃すと10年以上来ない場合が多いのですが、☆の年に向かう数年前から運気の流れはよくなってくるので、目標を見失わぬように頑張りましょう。夢がかなう年だと思って、努力や自分磨きを怠らぬように。

〔恋愛運〕

これまで恋に縁遠かった人にも大きなチャンスがやってくる年。逆に、モテ過ぎてしまうため、調子に乗ってしまいがちです。選り好みして、運命の人を逃してしまうことのないように注意しましょう。誠意ある人、優しい人、一緒にいると楽な相手が一番。外見やワクワク、ドキドキばかり追い求めるのも要注意です。この年に交際をスタートした人が結婚相手になる確率が高いでしょう。

すでに恋人がいる人は、結婚を決めるのに最高の年。決断すれば、幸せな結婚生活が待っています。

◎の年

最高の運気を備えた、決断に最適な年。能力や魅力を思う存分、発揮できる

〔特徴〕

☆の年に次いで、幸運な年。仕事も恋も充実し、楽しい時間が増えるでしょう。チャンスをつかみやすい運気なので、夢や希望をかなえられる可能性も高く、結婚、家やマンションの購入、起業や独立など、あらゆることに運が味方をしてくれるでしょう。特に、過去の○の年に決断して突き進んだことは、この◎の年にいい結果として表れ出します。隠れていた才能が開花することも多い年です。「○の年にいいことがなかった」という人は、▼、×、●、▲の年に決断したことが原因ではないですか？　思い当たることのある人は、この◎の年に気持ちを切り替え、新たな目標を立てて努力や勉強を始めると、いい流れに乗ることができるでしょう。

新しい出会いを求めて行動すること、失敗を恐れないでチャレンジすることがさらに運気をよくします。逆に、他人の足を引っ張るようなことや、悪いことは決してしないように。この年の悪事は必ず表に出ることになり、それまでの幸せを失ってしまう結果になるでしょう。

〔過去にある◎の年〕

◎の年に決断したことは続けることが大切です。◎の年に始めたことはないか振り返り、そこで始めたことや出会った人を大切にするといいでしょう。途中で挫折して、▼、×の年に他の道に進んでしまった場合は、○、◎、☆の年に軌道修正してください。

｛未来にある◎の年｝

未来に◎の年がある人は、大きな決断はそこまで先延ばしにしてもいいでしょう。それまでは辛抱することも多いですが、すべてこの年に報われます。

ただ、この幸運な年も、何の努力もしなければ普通の年として過ぎて行きます。◎の年に自分がどうなりたいかを具体的に思い描き、そこへ向かって準備を始めておきましょう。

｛恋愛運｝

最高の恋ができる年。恋人のいる人は結婚話が出たり、明るい未来が見えてくるでしょう。恋人がハッキリしないタイプなら、この年はあなたからプロポーズしても幸せになれます。

出会いも期待できる年です。恋愛に縁遠かった人も突然モテ始めたり、出会いのチャンスが増えるでしょう。調子に乗り過ぎ、素敵な人を見逃さないように注意。この年に出会う人は、あなたにとって最高の人である可能性が高いので、臆病にならず、自分からアプローチする勇気も必要です。

あなたの魅力が輝くときでもあります。日々の自分磨きを怠らず、さらに輝いてください。

○の年

人生の軌道修正に最適な年。素敵な出会いや人生を変える体験ができる

〔特徴〕

人生を軌道修正することができる大切な年。過去にどんなことがあっても、この年にやり直したり、新しく始めることができれば、運気の流れを必ずいい方向に進めることができるでしょう。

○の年は高速道路の入り口のようなもの。乗るか乗らないかはあなた次第ですが、「人生がどうもうまく進まない」と感じるなら、この年にあらゆることを変えてみましょう。イメージチェンジ、部屋の模様替え、引っ越し、転職、結婚、高価な買い物などにも最適。ただ、無謀なローンや借金は苦労につながる場合があるので、現実的に払える範囲内にしておきましょう。

▼、×、●の年の決断を整理すること、付き合いが始まってしまった人との縁を切ることが後の人生に非常に重要です。この年に始めた習い事や勉強は、人生にとってとても大切なものになるでしょう。

ただ、○の年は決断の年でもあり、ここで少しでも悪いことや他人の足を引っ張るようなこと、法を犯すようなことをすると後に更に大きな不幸になって戻って来るので気を付けましょう。運とは善意の人、素直に真剣に頑張ってきた人に味方するものだということを忘れないようにしましょう。

〔過去にある○の年〕

過去の○の年に決断したことがある場合は、簡単に諦めないことが大切。▼、×、●、▲の年に、○の年に始めたことから逃げてしまうと、それまでの苦労が無駄になってしまうでしょう。困難も試練だと思い、真剣に取り組めば必ず突破口が見つかるようにできています。○の年に決断したことは覚悟をもって突き進めば、現実的な夢や希望が手に入ると信じる力も大切でしょう。

〔未来にある○の年〕

○の年に、人生を変える決断ができるよう準備をすること。○の年は楽しいことや嬉しいことがある年ではなく、道を変えることのできる運命の分岐点です。何もしなければ、何もなく通り過ぎてしまいます。それまでに自分の好きなことが何なのか、挑戦したいことを見つけて、この年にチャレンジすることが重要。それまでは準備の年だと思って視野を広げる努力をしておきましょう。

〔恋愛運〕

運命的な出会いがある年。それまで出会いがないと思っていた人でもこの年は素敵な異性に出会えるでしょう。この年に結婚が決まったり、互いに意識するようにもなります。将来の話をしっかりすれば前に進むことになりますが、×、▼など決断に不向きな年からの出会いや交際は、この年に問題が発生する場合もあるでしょう。別れることになったとしても、いい出会いが待っています。

△の年

上半期は流れのままに。下半期から行動的になれば、流れを変えられる年

〔特徴〕

この年の上半期は、できるだけ力を温存したり、先走った行動に走らないことが大切。どうしても動きたくなっても辛抱が必要。半年様子を見るだけでも周囲の流れが変わったり、あなたの意識も変わってくる年です。

特に大きな決断は、下半期になってからがよく、年末に近づくにつれて、運気のよさや周囲からの協力を得られることを感じるでしょう。我慢の限界を感じる場合は、8月になった時点で動き出したり、変化を起こしてもいいですが、自分の星に合った決断時期に合わせることを忘れないようにしましょう。

翌年が、○、◎、☆の年の場合は、転職や引っ越し、結婚は先延ばしにしてもいいですが、この年の年末にすべてを決めることでいい流れに乗ることもできるので、思い切った決断をしても問題ないでしょう。

〔過去にある△の年〕

過去の△の年の上半期に決断したことがある場合は、なかなか形にならず、苦労が続いてしまう場

合があります。でも、上り調子のときなので、周囲の協力を得るための努力と感謝の気持ちを忘れなければ運気が沈むことはないでしょう。

下半期に決断をした場合は、いい流れに乗る決断をしたといえます。ただ、上り調子の始まりの年なので、状況に不満がある場合は、◯、◎、☆の年に、引っ越しをしたり、大きな決断をするといいでしょう。

〔未来にある△の年〕

未来に△の年がある場合は、運気が上がっている時期なので、安心しておきましょう。ただ、出会いが多く、未経験なことも増える時期なので、新しいことが起きる覚悟だけはしておきましょう。

〔恋愛運〕

上半期は出会いは期待できませんが、下半期はこれまでと違ったタイプの異性に出会える機会が増えたり、人脈が広がりそう。誘いも増えるので、できるだけいろいろな場所に顔を出しておくといいでしょう。

長年付き合った恋人がいる場合は、年末に結婚の話が出ることも多いので、心の準備をしておくといいでしょう。ただ、▼、×、●の年から始まった交際は、この年に縁が切れてしまうこともあるでしょう。

▲の年

決断には不向きな年。現状維持を目的にして、自分への課題をクリアする時期

〔特徴〕

新しいことに挑戦したり、引っ越し、転職など生活リズムを大幅に変える決断をするには、不向きな年です。できるだけ現状維持をすることが大切。

変化がなく、つまらない年になるわけではなく、やることや要求されることが増え、慌ただしくなります。ここは筋トレの時期だと思い、何事も自分の力になると思って頑張りましょう。ここでの頑張りの結果はすぐには出ませんが、数年後に「あのとき頑張ってよかった」と言えるような体験や経験が必ずできます。人脈も広がることが多く、苦労をともにできる人も多く集まるでしょう。

ただ、ここでの縁はやや薄く、苦手な人や面倒な人とも一緒になる場合があります。それも勉強だと思って取り組むと、人として成長できるでしょう。「苦手だから」「面倒だから」とこの時期に逃げてしまうと苦労から抜けられなくなるので、安易な行動に無計画に突っ走らないようにしましょう。

次の年の影響も受けやすい年。特に▲の年が▼の前年に当たる場合は、春辺りから現状の生活に不満が出てしまったり、新たな挑戦をしたくなる可能性が高いので、周囲のアドバイスにしっかり耳を

傾ける必要があるでしょう。▼の前年の秋以降に決断すると、長い闇に突入することもあるので、▲→▼となる年は用心して判断しましょう。

〔過去にある▲の年〕

過去の▲の年に決断したことは、苦労の原因でもあるので、できれば○、◎、☆の年に転職や引っ越しをして生活パターンを変えましょう。どうしてもできない場合は、服装や髪型を大幅に変え、イメージチェンジしてみるといいでしょう。

〔未来にある▲の年〕

新しいことややるべきことが増える覚悟をする必要があるでしょう。運気が沈んでいるわけではないので、力を付ける時期だと思い、チャレンジ精神を忘れない心構えが必要です。苦労の中から得られることが多いので、無闇に恐れないように。

〔恋愛運〕

出会いのチャンスは訪れても形にならなかったり、進展をしても大恋愛に発展することは少ないでしょう。相手の運気がいい場合は、相手に身を任せることでいい流れに乗る場合もあります。特に前年がいい運気の場合は、勢いで異性に注目されたり、結婚に進む場合もあるでしょう。ただ、この年の結婚は、互いの愛情を試されることが度々訪れるので、思いやりが大切になるでしょう。

▽の年

リフレッシュに最適な年。年末のチャンスにむけ、体調管理をしっかりと

【特徴】

周囲から求められることが増え、心身ともに限界を感じる年。疲れが抜けない日々が続き、特に体力的な限界を感じることもあるでしょう。事故や怪我もしやすいので、調子に乗った行動は控えるように心掛けること。転職など現状を変えたくなる年ですが、大きな決断には向かない年です。▽の年は、できるだけ体を休めること。しっかり休暇をとりストレスを発散させ、しっかり働くことが重要。働き過ぎても休み過ぎてもいけない時期だと思いましょう。

休むことが大切な年ではありますが、運気の流れがよく、あなたの能力や魅力が評価され始める時期でもあるので、サボりは厳禁。これまでの苦労が水の泡になってしまうので、体調管理をしっかりしながら、これまで以上に頑張りましょう。年末に大きなチャンスに恵まれたり、嬉しい流れを感じられるようになるでしょう。

【過去にある▽の年】

過去の▽の年に、引っ越しや転職をした場合は、できれば○、◎、☆の年に引っ越しをするか、転職をおすすめします。○、◎、☆の年がくるまで体調管理をしっかりして、きちんと休むことを生活

リズムに取り入れられるなら問題ないですが、体調を崩したり、ストレスが溜まる出来事が長く続いたりして、我慢できない場合は、早めに変化を起こしてもいいでしょう。その際も○、◎、☆の年に再度、軌道修正が必要になるでしょう。

〔未来にある▽の年〕

未来に▽の年がある場合、大切なことは、前年の後半からスタミナ作りや体調管理をできるだけしっかりやっておくことです。生活リズムを無理のないように組んで、▽の年に備えましょう。体調に異変が感じられるなら、▽の年に突入する前にできるだけ早く病院に行っておくといいでしょう。

〔恋愛運〕

数年の付き合いがある人とは最後の試練が待ち構えているでしょう。相手のワガママや自分と噛み合わない部分が表面に出てきます。大きな喧嘩になったり、気持ちが離れることもありそうですが、この年を乗り切れば結婚に話が進みやすくなるので、本当に好きな相手なら互いに譲り合って乗り越えましょう。早ければ、年末に結婚の話が進む可能性があるでしょう。

出会いは秋までは期待できません。年末に素敵な人に会える可能性が高いので、知り合いのつながりを大切にしておくと、運命的な出会いがありそうです。それまでは諦めないで、周囲でモテている人や幸せそうにしている人の雰囲気やファッション、メイクなどのマネをしておくといいでしょう。

×の年

これまで積み上げたことが崩れてしまう破壊の年。安易に動かないこと

〔特徴〕

仕事や恋愛、人間関係など、これまで積み重ねてきたすべてのことが破壊される年。体調を崩してしまったり、これまで努力してきたことを諦めざるを得ない状況になってしまうのがこの年の特徴です。身内の不幸、信じていた人の裏切り、事故、怪我などトラブルの連続になる場合もあるでしょう。

特に、底辺に近い×の年は要注意です。大きな決断は避け、忍耐強く流れに身を任せること。次の年には変化が待っています。失うことを必要以上に恐れないでください。荷物がいっぱいでは、新しい山は登れない。失うことは、新しい局面を軽々と越えていくための準備でもあるのです。

注目したいのは、次の運気です。次の年が、○、◎、☆の年の場合は、×の年の年末あたりから、方向転換できるような手助けがあるなど、救いの手が差し伸べられるでしょう。日頃の行いのいい人、周囲に感謝をしっかりしている人は、秋口あたりには幸運の光が見えるかもしれません。

ただ、安易に動いたり、甘い考えで決断すると、後悔することになるので気を付けましょう。

〔過去にある×の年〕

過去の×の年に決断したこと、付き合いが始まってしまった人とのことでトラブルが続いていないか振り返りましょう。ある場合は、○、◎、☆の年に整理すること。

また、過去の○の年に決断したことを、×の年に投げ出してしまっていませんか？　それにより、過去の苦労や努力など、積み重ねてきたものがすべて破壊されています。そのことが尾を引いているようなら、○、◎、☆の年にもう一度、積み重ねていく準備を始めましょう。

｛未来にある×の年｝

未来に×の年がある場合、前年から体調管理をしっかりしてください。異変を感じたら、早めに病院に行くこと。また、日頃から人に優しく、感謝して過ごすようにしましょう。

｛恋愛運｝

失恋をしやすい年です。順調に進んでいた恋も、この年は喧嘩やトラブルが多くなります。要は愛情を試される時期なのです。ここを乗り越えられないカップルは、結婚の縁がないと思っていいでしょう。逆に、乗り越えられた場合は、結婚する可能性が高くなります。

出会いもあまり期待できませんが、次の年が、○、◎、☆の年の場合は、年末に素敵な出会いが待っていそうです。それまでに、自分磨きと情報収集をしっかりすること。年齢に見合った服装やメイクが幸運を呼び寄せます。

●の年

幸運と不運が入り組む年。高い位置なら幸運へ、低い位置なら苦労は避けられないかも

〔特徴〕

吉凶の交ざった、何事も裏目に出る年。自分の考えとは全く違った方向に運気が流れ、不慣れなことや苦手なことがドンドンやって来ます。印が高い位置にあれば幸運もありますが、低い位置なら苦労が多くなるでしょう。単純に「不運だ」と思っていると、その流れが止まらなくなります。●の年に起きる出来事はすべて勉強。学びの時期だと思い、取り組むことが大切です。

この年は、予想外の出来事が多くなりますが、流れに逆らわないことです。普段なら遊ぶようなことがない人と仲よくなれたり、これまで経験できなかったことができたり、刺激のある出来事が増える年でもあります。決断には不向きな年ですが、数年先にある○、◎の年に方向性を変える覚悟があるなら、決断してもいいでしょう。

〔過去にある●の年〕

過去の●の年で決断したことは、軌道修正が必要になります。○、◎、☆の年に引っ越しや転職をすると、大きな不運やトラブルに巻き込まれなくなるでしょう。すでに苦労をしているという人も、その年までは修行期間だと思って努力することが大切。●の年の決断はすべてが自分にとっての勉強

だと思って、忍耐強く取り組む覚悟が必要でしょう。

〔未来にある●の年〕

未来に●の年が控えている場合、2～3年前から乗り越えるための計画を立てておくことが大切。吉凶が割れる年なので何が起こるか、あらゆる不幸やトラブルを想定して備えておくといいでしょう。事故や病気や身内の不幸なども、心の準備をしておくだけで避けられることが多いので、不運を最小にするためにも考えてみましょう。

〔恋愛運〕

予想外の異性が突然現れる年なので、モテなかった人はチャンスが多くなり、恋を楽しんでいた人は、これまでとは違った異性にハマってしまうでしょう。痛い目にあうことが多いので、安易に交際を始めないように。周囲の評判やアドバイスに耳を傾ける必要があります。慎重に相手を選べば、人生を大きく変える最高に素敵な交際や結婚に進む場合もあるでしょう。

ただ、印が低い位置にある場合の結婚は6～8年で終わることが多いので、できれば避けることをおすすめします。

これまで恋愛のチャンスがなかった人は、短く終わるかもしれないという覚悟をもって恋愛に突き進んでみるのもいいでしょう。

▼の年

流れを止める急ブレーキの年。決断はせず、流れに身を任せて学ぶ気持ちが大切

〔特徴〕

順調に進んでいたこともすべて止まる、急ブレーキの年。▼の年の決断、判断は後の不幸や苦労につながります。新しいことを始めたり、引っ越しや転職、大きな買い物、新築、増築、結婚……など、あらゆる決断はできるだけ避けたほうがいいでしょう。

万が一、ここで始めてしまったことや前年の流れの中で決まってしまっていることがある場合は、それなりの覚悟をして取り組むこと。トラブルやあらゆる問題から自分が何を学ぶことができるかを考え、謙虚な気持ちで受け止めることができると不運の波は小さくなるでしょう。

▼の年は体調を大きく崩しやすいので、油断は禁物。この年になる前年中に精密検査を入念にしておくことが大切です。

〔過去にある▼の年〕

過去の▼の年に就職や引っ越しなどをしている場合は、○、◎、☆の年に引っ越しや転職をすると運気の流れをよくすることができるでしょう。そこまで待つことができない場合は、△の年の後半に

変化をすること。それ以外の年で変化をすると、長い闇が続いてしまったり、苦労のサイクルから抜け出せなくなります。苦労は自分への宿題や勉強だと思って課題に応える努力を続けましょう。

〔未来にある▼の年〕

▼の年は誰にでも必ずあります。同様に、その前年、前々年あたりに、☆や◎の年が必ずあると思います。ここでの決断を変えないこと。大きな買い物や決断はその年のうちにしておき、継続していることを▼の年に変えないこと。そうすれば大きな不運は必ず避けられるでしょう。

また、前年の後半時期から無謀な行動に走りやすくなるので、▼の年の前年だからといって油断しないように。運気はあなたの思う以上に前倒しに動いています。前年の秋からはこの年のために お金を蓄えたり、日頃世話になっている人に感謝を表したり、仲間を集めておくといいでしょう。備えさえあれば、恐れることはありません。

〔恋愛運〕

最悪な異性との出会いしかないと判断していいでしょう。特に出会いは、危険な目に遭ってしまったり、大損をしたり、深い痛手を負うことになるので、軽はずみな判断で飛び込まないようにしましょう。

交際中の人は破局を迎えることが多い年です。この年を乗り越えられれば、絆は強くなるでしょう。

もっと深く「運命グラフ」を読み解くために

決断期に始めたことは簡単に諦めない

ここまで各運気の特徴を読んできて、運命を思い通りに変えるためには、決断の時期と分岐点を逃してはいけないということがおわかりいただけたでしょうか。

次に重要なのは、「決断期に決めたことを諦めない」ということです。たとえば、高速道路に乗って、「なんか違う」と気づいても、高速道路から飛び出したり、Uターンしたりすると大事故になってしまいます。

人生もこれと同じように、決断の時期に始めたことや決めたことは簡単に諦めてはいけないことになっています。このルールを破って、諦めてしまったり、努力を続けないでサボってしまうと、せっかくの幸運期にも幸運が訪れなくなってしまいます。

決断の時期に必要なことは「覚悟」だということを忘れないようにしてください。目的や夢のために突き進む覚悟はありますか？　覚悟を決めたときの気持ちを忘れなければ、必ず幸せを手に入れられるでしょう。

決断期には、勉強や習い事を始めたり、自分や周囲のためになることを身につける努力をしてください。ただ、この大切な時期に、法を犯すような悪いことや、悪意ある行動や他人の足を引っ張るようなことを始めると、地獄への道を突き進んでしまうことになるので注意しましょう。

幸運の時期に運を味方につけるには、人として当たり前のことができていることがとても重要になります。「自分がされて嬉しいことは他人にもする。自分がされて嫌なことは他人にはしない」「感謝と笑顔で楽しく日々を過ごす」ことを忘れないようにしてください。

▼、×の年に始めてしまったことへの対処法

幸運になれない、運が味方してくれない原因は、▼、×の年に新しいことを始めたり、引っ越し、転職、結婚、新築、増築などをしていることです。ここで新しく始めてしまったことはその瞬間

は幸せでも、後にトラブルになってしまったり、不運が続く原因になる可能性が高いでしょう。

できれば○、◎、☆の年に軌道修正をすることをおすすめします。仕事の場合は転職、賃貸の場合は引っ越すことができますが、新築や結婚、開業などなかなか後戻りができない場合もあるでしょう。

苦労の要因が家にある場合は、幸運の時期に部屋の大幅な模様替えをしたり、家具をできるだけ買い替えるなどすると不運を回避できるようになります。結婚の場合は、幸運の時期に2人の新たな記念日をつくってお祝いをしたり、記念写真を撮ったりするのもいいでしょう。お子さんができると、運気の流れも変わります。

開業、独立をした場合は、屋号を変えたり、移転や大幅なリニューアルオープンをしておくといいでしょう。決断に不向きなときに始めたことで面倒なことやトラブルが絶えない場合は、決断の時期にいろいろ変えてみることです。

出会ったタイミングがいい人が、運命の人になる

僕の占いで相性を見るときには必ず「いつ出会いましたか?」と尋ねます。運命的や宿命的な相性も重要ですが、出会ったタイミングがよければ、その後、縁が続くことが多いのです。元々

もっている相性よりも出会ったタイミングを優先することで、他の占いでは不仲になると思われるカップルが結婚して幸せになっているケースを何度も見てきました。

出会ったタイミングがよければ互いの印象は大幅によくなり、よい縁になることは十分にあり得るでしょう。そのため、決断の幸運期には、できるだけ人に会うことが重要になります。

運命のいたずらとはおもしろいもので、幸運の時期だからといって運命の人に直接出会える場合とそうでない場合があります。運命の人につながる知り合いや友人ができるのもこの時期なので、「好みじゃない」と言って縁をつながないでいると、相性のいい人にたどりつけない場合もあるでしょう。

「人と人との縁は枝葉」です。枝を切ってしまったら、その先の葉にたどりつけない。葉にたどりつけなければ、花にも実にも近づけないことを覚えておきましょう。

逆に、▼、×の年に出会ってしまった人とはできるだけ早く縁を切るか、一度離れたほうがいいでしょう。「恋には刺激とドキドキワクワクが必要」などと言っている人が、運気の乱れや不運な時期を刺激だと勘違いして、自分とはまったく合わない、最悪な異性とつながってしまい、縁が切れずに苦労している様子をたくさん見てきました。

▼、×の年が必ずしも悪いわけではないですが、苦労の原因である可能性があるので一度距離

を置いて冷静に考えてみることも大切でしょう。刺激があることと相性がいいこととは関係ありません。ちなみに相手が幸運の時期に出会ってしまうと、縁がなかなか切れない場合もあるので、相手の運気を調べて、離れるタイミングを見計らってみるといいでしょう。

人生は36年周期の繰り返し

運命グラフには、36年間の運気を示しましたが、人生はこの36年周期を3度繰り返すと思っていいでしょう。

この本には、1997年から2032年として載せていますが、2033年からはまた、1997年からと同じ周期が始まります。その逆に1996年は2032年と同じになります。自分の人生に何度ピークが来るのか、人生を変える分岐点は何度あるか、調べてみるのもいいでしょう。

幼少からの嫌な思い出やトラウマの時期がぴったり当てはまったり、不運の年に受験があるなどで苦労する人や、痛い失恋の原因もわかってくると思います。

このグラフが100%だとは言い切れませんが、このような流れがあることを知って、今後の人生に役立てていただければ幸いです。どんな人にも必ず幸運の流れに乗るチャンスはある。運命は必ず変えられると信じて、日々の生活を精進してください。

決断期は、年だけではない

各星には月ごとの決断の時期があります。この月に新しく始めることは実になることが多く、いい流れに早く乗ることができるでしょう。年間の運気と合わせて使うことでより運気の流れをよくすることができます。

また、2～7月が上半期、8～1月が下半期となります。翌年の運気がいい場合は、下半期の決断月に影響が出始めると思っていいでしょう。

たとえば、次の年が☆の年の場合の銀のインディアンは、下半期の決断月である11月から幸運の流れが始まっているので、次の年を待たず、大きな決断の準備をしてもいいことになります。

次の年が☆の年の銀のイルカの場合は、9月辺りから次の年の影響が出始めることがありますが、11、12月と決断には不向きな運気があるので、大きな挑戦は避けたほうがいいでしょう。

各星の決断月は次の通りです。この月に決断したり、新しいことを始めると、いい流れに乗れるでしょう。それ以外の月は、流れに身を任せたほうがいい時期なので大きな決断は避けておきましょう。

〈各星の決断月〉
金のイルカ　2月・3月・4月・8月・9月
銀のイルカ　3月・4月・5月・9月・10月
金のカメレオン　4月・5月・6月・10月・11月
銀のカメレオン　5月・6月・7月・11月・12月
金の時計　1月・6月・7月・8月・12月
銀の時計　1月・2月・7月・8月・9月
金の鳳凰　2月・3月・8月・9月・10月
銀の鳳凰　3月・4月・9月・10月・11月
金のインディアン　4月・5月・10月・11月・12月
銀のインディアン　1月・5月・6月・11月・12月
金の羅針盤　1月・2月・6月・7月・12月

運が悪い時期はない

五星三心占いでは、運の悪い時期はありません。

といっても、運命グラフが落ちているときや、▼や×の年などは、悪いことや嫌なことが起きるのではないかとビクビクする人もいますが、それほど恐れることはないでしょう。

一般的な占いには「空亡」や「天中殺」、「大殺界」などと言われる時期があることは、占いが好きな人は知っていると思います。僕の五星三心占いでは、この時期を「裏期」と呼んでいます。

何もかもが裏目に出る、思い通りに進まない時期。

「やっぱり悪いじゃないか」と思う前に「裏目に出る」ならはじめから裏を狙えばいい。もしくは裏を楽しんでしまえばいい。楽をしようとするから苦労する時期なのです。あえて苦労を選択すればどうなるか。そうです、想像通り、楽になるのです。モテない人には恋のチャンスが訪れ、不慣れな仕事は「新たな挑戦のできる仕事」になります。

考え方1つでこの時期も、楽しく過ごせます。

ただ、何でもかんでも楽しく過ごせるかというと、さすがに健康だけは違います。裏期に突入する前には必ず病院に行って、人間ドックや精密検査を受けておくことをおすすめします。

裏期に現れる、別の顔

そして、裏期になったとき、自分がどうなるのか事前にわかっていたら、もっと気が楽になると思いませんか？

星にはそれぞれ「裏側の性格」があります。金のイルカの裏側は銀の鳳凰に、銀の鳳凰の裏側は金のイルカになります。

自分の星の裏側の性格を読んでみると、裏期にする行動や考えに当てはまることが多いはずです。自分の裏側にある性格を理解しておけば、自分がどう乱れるかがわかります。そうなれば、いたずらに心を乱すこともなくなります。

不運と感じられることの多くは、自分の裏側が出てきているだけ。裏も表も鍛えることで人として成長することができるのが人生です。表ばかり伸ばして裏の自分とのバランスが悪いと、思わぬ落とし穴にハマってしまうこともあります。裏の性格を理解して、時々出る裏の自分と上手に付き合うようにしましょう。

〈各星の裏側の性格〉

金のイルカ↓銀の鳳凰
銀のイルカ↓金の鳳凰
金のカメレオン↓銀のインディアン
銀のカメレオン↓金のインディアン
金の時計↓銀の羅針盤
銀の時計↓金の羅針盤
金の鳳凰↓銀のイルカ
銀の鳳凰↓金のイルカ
金のインディアン↓銀のカメレオン
銀のインディアン↓金のカメレオン
金の羅針盤↓銀の時計
銀の羅針盤↓金の時計

12の
星の特徴と
108の
運命グラフ

五星三心占いは、
６つの星がそれぞれ「金」と「銀」の対をなし、
全部で12の星となります。
同じ星でも、運気の流れは微妙に異なり、
９つに分類されるため、運命グラフの総数は108。
「自分の星の割り出し方」（P.228）にならい、
自分の星と運命グラフを割り出してください。

金のイルカ

Golden Dolfin

負けず嫌いの頑張り屋。
常に輝き、注目されることで、
自分を高められる人

基本性格

五星三心占いの中で、もっとも頑張り屋

負けず嫌いの頑張り屋。周囲から注目されることで自分を高め、さらに努力できるのが金のイルカです。海を泳ぐイルカのように、常に輝いていることで能力をアップさせることができるでしょう。何事にも積極的にチャレンジできますが、身勝手な行動に走ってしまったり、ワガママな発言が増えてしまうこともあります。時には責任を背負い過ぎ、頑張り過ぎが原因でトラブルを引き起こしてしまうこともあります。でも頑張りが空回りしたことがわかれば、周囲も許してくれるタイプでしょう。

持ち前のパワーが魅力となり、幅広い人脈もできますが、ライバルやともに頑張れる人がいると、より力を発揮します。やる気が起きないときは、ライバルを見つけるといいでしょう。

地味な服装よりも、目立つ服装や個性を表したものを身にまとったほうが運気の流れを引き寄せることができます。さらに、清潔感のある華やかな服装を選ぶようにすると、人気も集めることができるでしょう。

根の部分に遊び人の気質もあるので、しっかり仕事をした後はしっかり遊んでストレスを発散

したり、自分へのご褒美が必要な人です。仕事や勉強ばかりにならないようにするか、仕事や勉強も遊びだと思ってしまうといいでしょう。遊ばないままや恋をしないとストレスが溜まり、勉強や仕事にも悪影響が出ることに。「自分は真面目で、遊びには興味がない」という人も、遊びや休みの予定をしっかり立ててみると、運気の流れは自然といい方向に進み始めるでしょう。

また、人に見せない裏側は頑固なので、意地を張り過ぎてしまったり、視野が突然狭くなってしまい、自らチャンスを逃してしまうことがあります。意地を張り過ぎないように心掛ける必要もあるでしょう。控えめでいることは能力や運気を下げるので、日々努力をして人前にしっかり立てるように心掛けておくと、人生を楽しく過ごせるでしょう。

恋愛運

恋愛がエネルギーの源！の積極派

金のイルカは、自分が「好き」と思うと積極的にアプローチができ、一気に距離を縮めようと努める人。初対面でも、相手のことをよく知らなくても深入りすることができる度胸のあるタイプでしょう。まれに、積極性に欠ける人がいますが、片思いが長くなると突然、無謀な告白をすることもあり、冷静に考えれば、内なるパワーを秘めていることがわかるでしょう。

基本的には恋愛が好きで、周囲には常に異性がいます。燃えるような恋をしたほうが、仕事や勉強にも力を注ぐことができる人ですが、恋に力を入れ過ぎてしまい、複数の異性を相手にしてしまう場合もありそう。また、積極的なため、周囲が驚くような有名人やお金持ちをつかまえることもあるでしょう。

自己中心的な恋を進めようとするあまり、押しが強くなり過ぎてしまったり、自分の話ばかりしてうんざりされてしまうこともあるでしょう。競争心が強いので、周囲でも人気の異性や外見のいい異性に、それだけで飛び込み、何度も痛い目にあってしまいがちなタイプ。また、都合のいい人間になってしまったり、都合のいい相手をキープするような人間になってしまうこともありそう。恋に力を入れるのはいいことですが、恋中心の生活にならないように心掛け、仕事や勉強に楽しんで取り組むことで魅力を輝かすことができるでしょう。

仕事運＆金運

目標設定で、自分を高めていける人

五星三心占いの中でもっとも頑張り屋なのが金のイルカ。目標を掲げて突き進む力や、生きるパワーがもっともある星です。常に高いレベルを目標にすることや、憧れの人を作ることで自然と理想に近づくことができるでしょう。

何となく働いたり、流れに身を任せて仕事をしているようでは、金のイルカ本来の能力は発揮されません。欲を全力で出して、お金や地位や名誉のために一生懸命取り組むことが大切。ただ頑張りが過ぎると、体調を崩してしまったり、トラブルの原因にもなるので、時にはしっかりと休んで自分へのご褒美を与えることも忘れないようにしましょう。

金のイルカであるにもかかわらず、仕事や学業などを頑張ろうと思えない人は、生きる目標や夢をしっかり定めることが大切です。なかなか見つからない場合は、欲しいものを探してみたり、家やマンションを購入することを目標にするのもいいでしょう。

また、人前に出る仕事や目立つことで能力を発揮する場合もあるので、陰に潜んでいないこと。ドンドン前に出ることも仕事運&金運アップにつながるので、「若いときはしごかれてナンボ」だと思って、いろんなことにチャレンジしましょう。失敗や挫折から学ぶことも大切です。

金のイルカの決断月

2月・3月・4月・8月・9月

この月に決断したり、新しいことを始めると、いい流れに乗れるでしょう。それ以外の月は、流れに身を任せたほうがいい時期なので、大きな決断は避けておきましょう。

金のイルカの運命グラフ

人生は36年周期の繰り返し。人によって異なる、その36年間の運気の流れを表したのが「運命グラフ」です。グラフ上の印の位置の高低はそのまま運気の高低。10以上が「好調」となります。

金のイルカ A

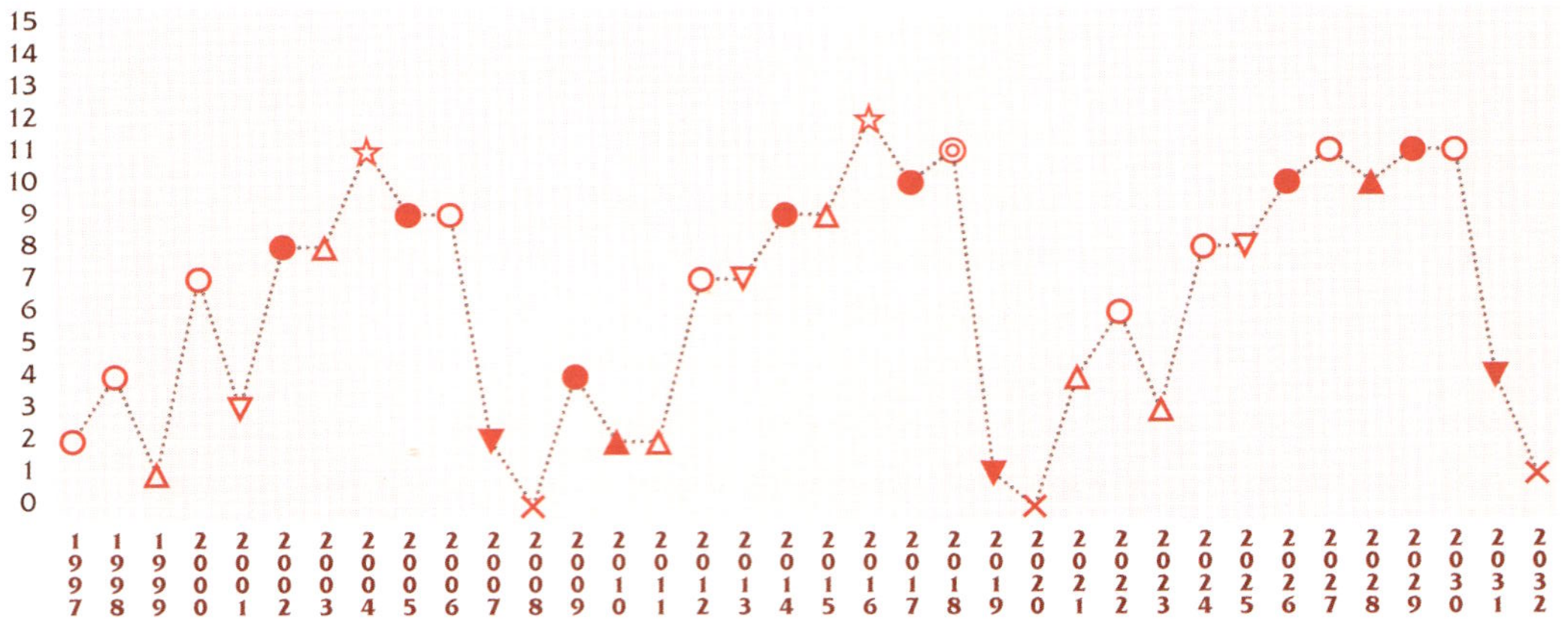

金のイルカ B

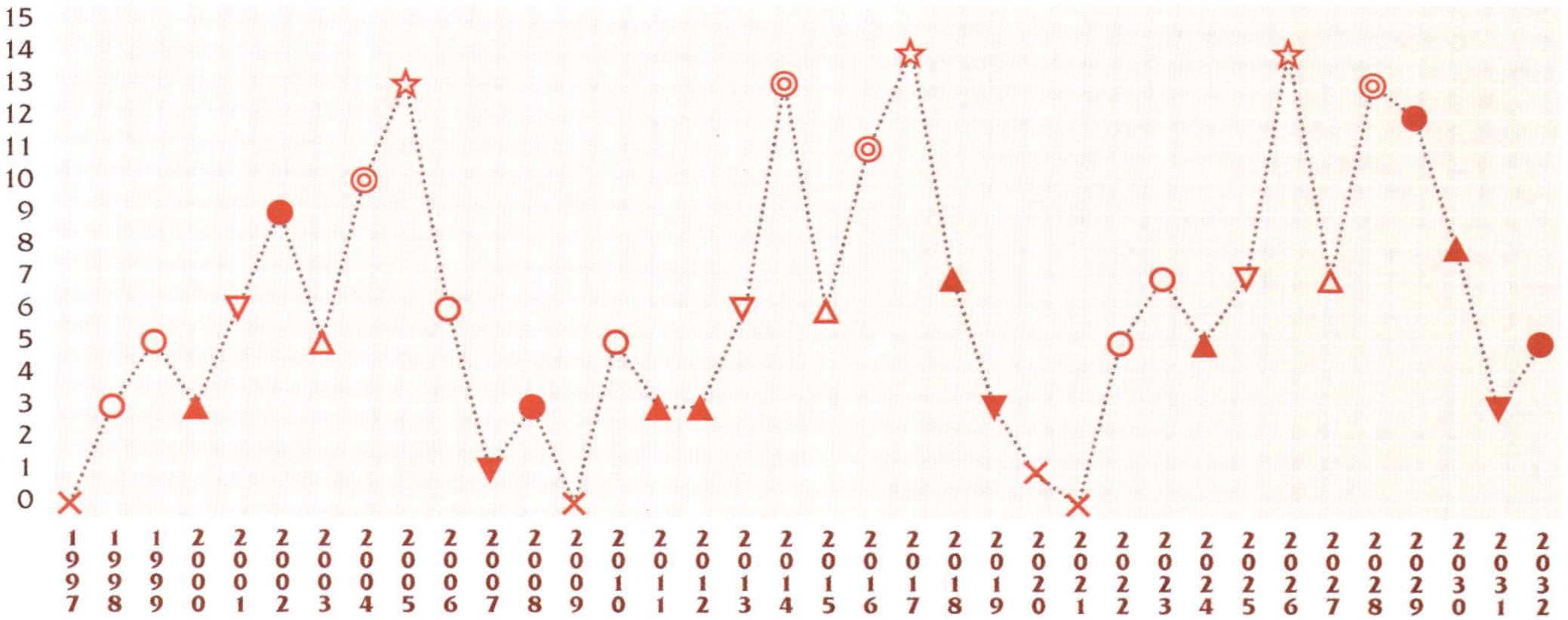

- ☆の年　36年に1～3回しかない、最高に幸運な年。始まりの年でもある
- ◎の年　最高の運気を備えた年。能力や魅力を思う存分、発揮できる
- ○の年　人生を変える決断に最適な年。軌道修正するにも最適
- △の年　上半期は流れのままに、下半期からは行動的に流れを変えていける年
- ▲の年　決断には不向きな年。自分の課題をクリアするとき
- ▽の年　体調を崩しがち。体を休めること、リフレッシュにあてるべき年
- ×の年　これまで積み上げげたことが崩れてしまう破壊の年
- ●の年　幸運と不運が入り組んだ複雑な年。予想外の出来事に見舞われる
- ▼の年　流れを止める急ブレーキの年。決断は避けるべき

金のイルカ C

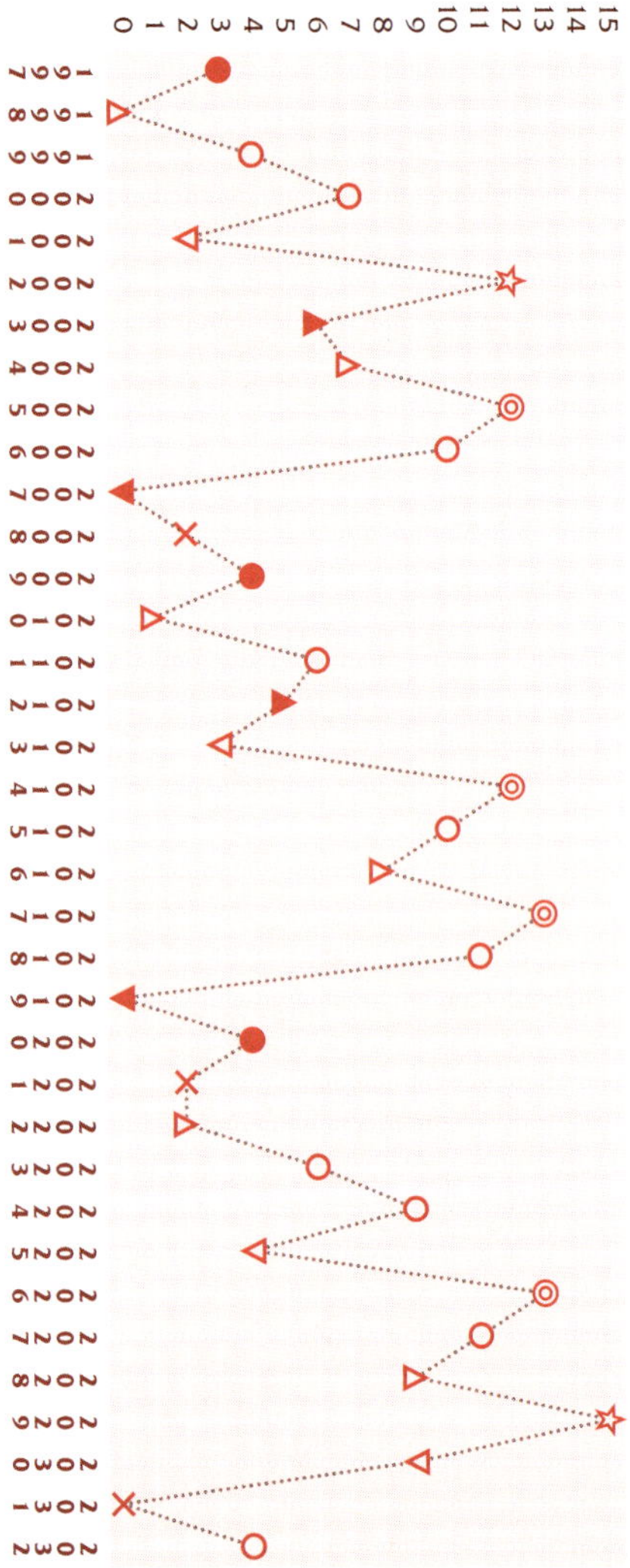
0 1 2 3 4 5 6 7 8 9 10 11 12 13 14 15
1997 1998 1999 2000 2001 2002 2003 2004 2005 2006 2007 2008 2009 2010 2011 2012 2013 2014 2015 2016 2017 2018 2019 2020 2021 2022 2023 2024 2025 2026 2027 2028 2029 2030 2031 2032

金のイルカ D

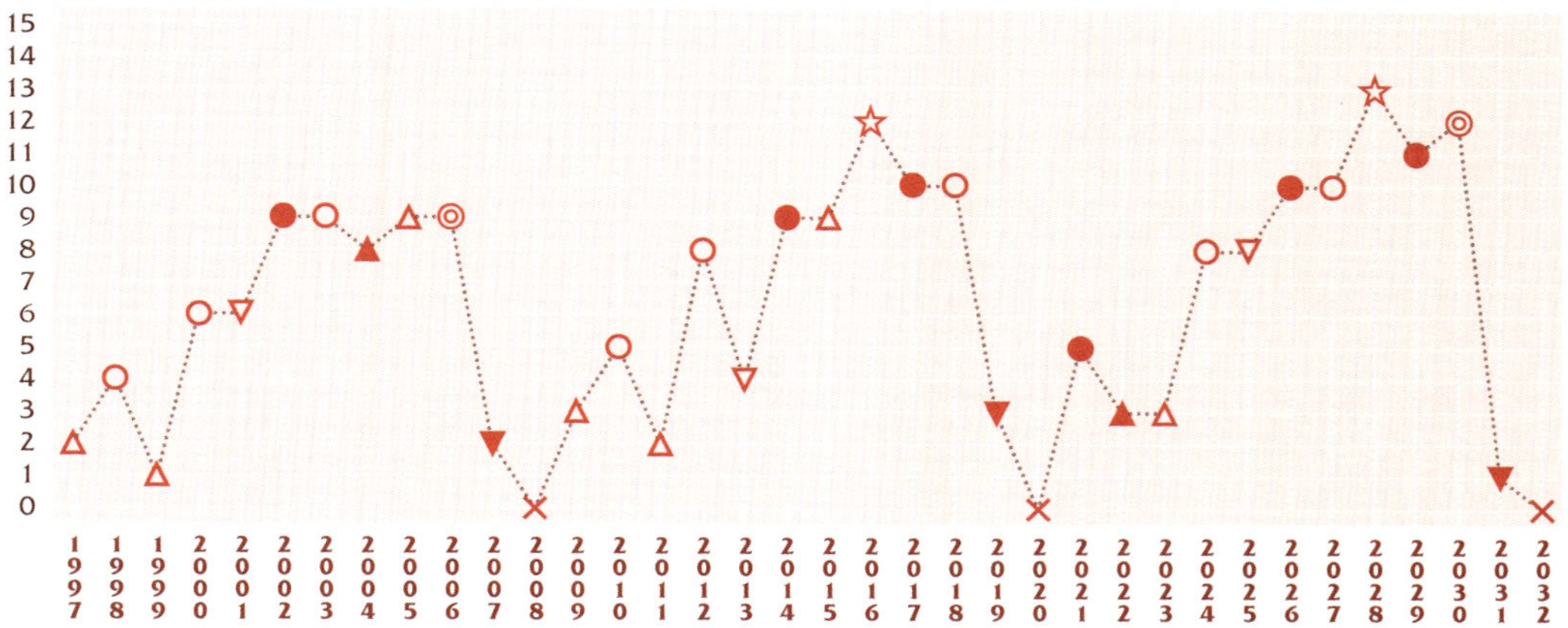

☆の年　36年に1～3回しかない、最高に幸運な年。始まりの年でもある
◎の年　最高の運気を備えた年。能力や魅力を思う存分、発揮できる
○の年　人生を変える決断に最適な年。軌道修正するにも最適
△の年　上半期は流れのままに、下半期からは行動的に流れを変えていける年
▲の年　決断には不向きな年。自分の課題をクリアするとき
▽の年　体調を崩しがち。体を休めること、リフレッシュにあてるべき年
×の年　これまで積み上げげたことが崩れてしまう破壊の年
●の年　幸運と不運が入り組んだ複雑な年。予想外の出来事に見舞われる
▼の年　流れを止める急ブレーキの年。決断は避けるべき

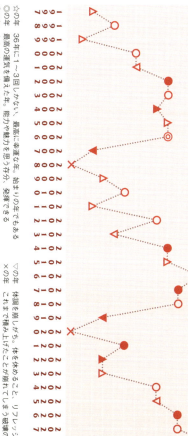

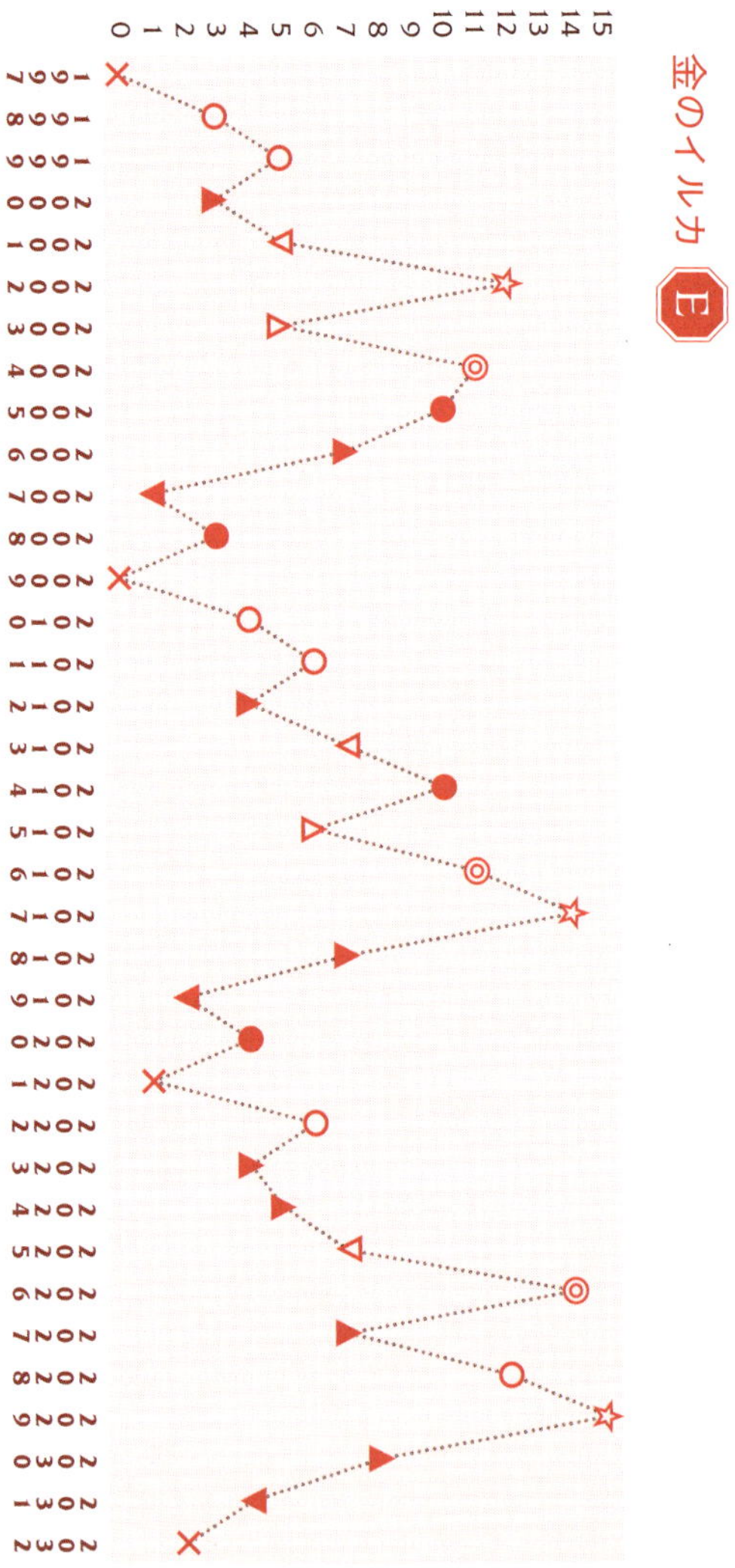
金のイルカ
E
0
1
2
3
4
5
6
7
8
9
10
11
12
13
14
15
1997
1998
1999
2000
2001
2002
2003
2004
2005
2006
2007
2008
2009
2010
2011
2012
2013
2014
2015
2016
2017
2018
2019
2020
2021
2022
2023
2024
2025
2026
2027
2028
2029
2030
2031
2032

金のイルカ F

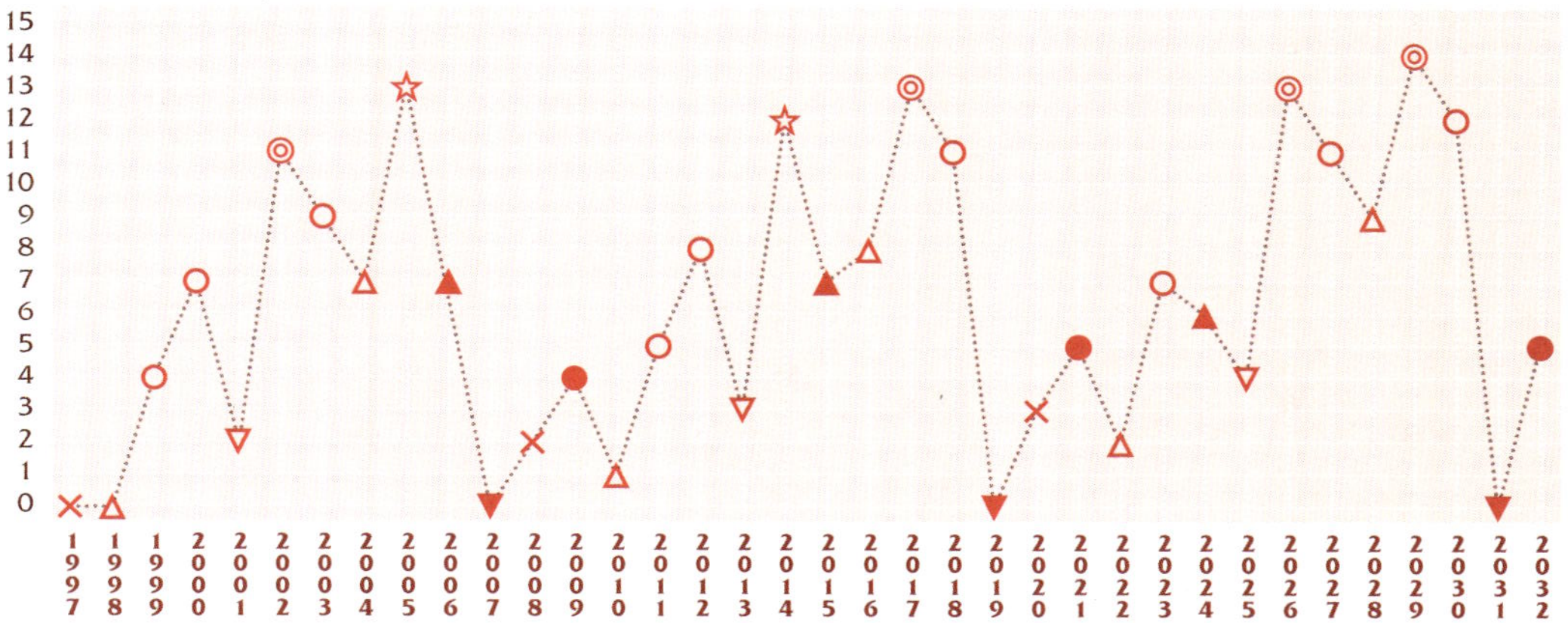

☆の年　36年に1～3回しかない、最高に幸運な年。始まりの年でもある
◎の年　最高の運気を備えた年。能力や魅力を思う存分、発揮できる
○の年　人生を変える決断に最適な年。軌道修正するにも最適
△の年　上半期は流れのままに、下半期からは行動的に流れを変えていける年
▲の年　決断には不向きな年。自分の課題をクリアするとき
▽の年　体調を崩しがち。体を休めること、リフレッシュにあてるべき年
×の年　これまで積み上げたことが崩れてしまう破壊の年
●の年　幸運と不運が入り組んだ複雑な年。予想外の出来事に見舞われる
▼の年　流れを止める急ブレーキの年。決断は避けるべき

金のイルカ G

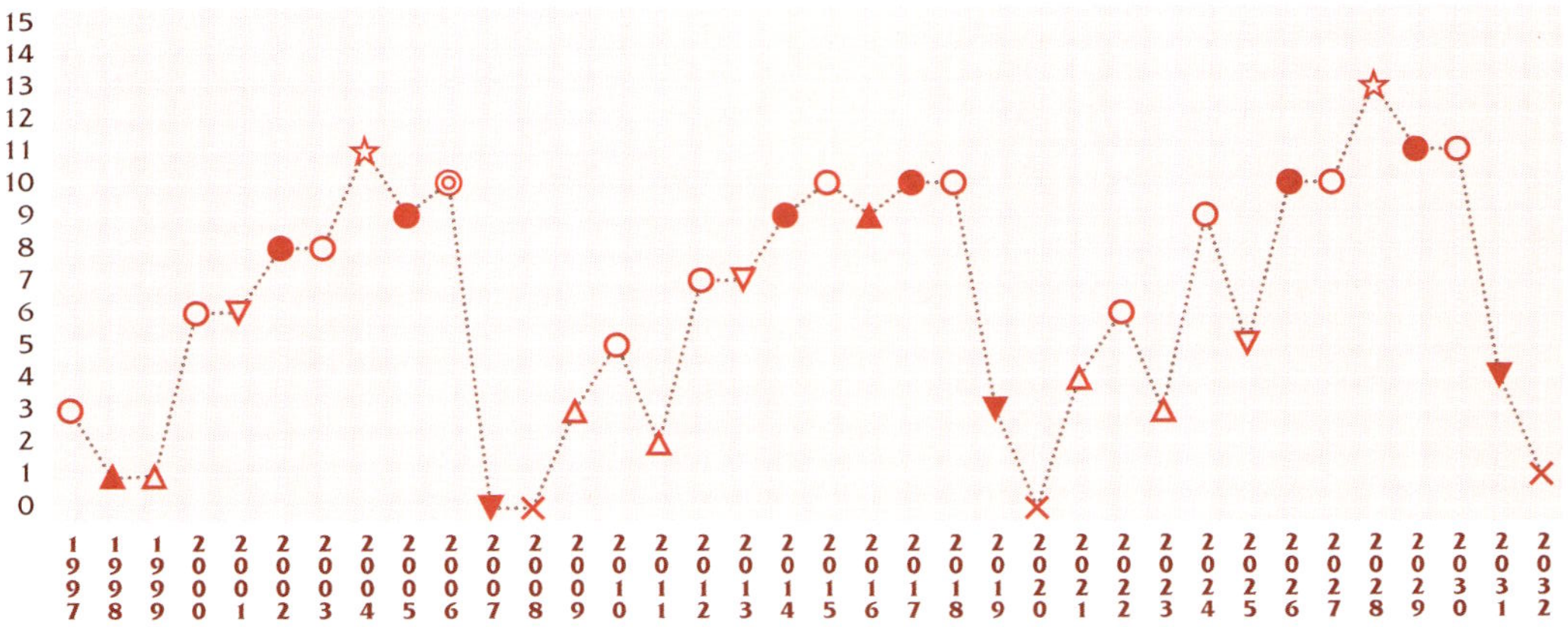

15
14
13
12
11
10
9
8
7
6
5
4
3
2
1
0
1997
1998
1999
2000
2001
2002
2003
2004
2005
2006
2007
2008
2009
2010
2011
2012
2013
2014
2015
2016
2017
2018
2019
2020
2021
2022
2023
2024
2025
2026
2027
2028
2029
2030
2031
2032

金のイルカ H

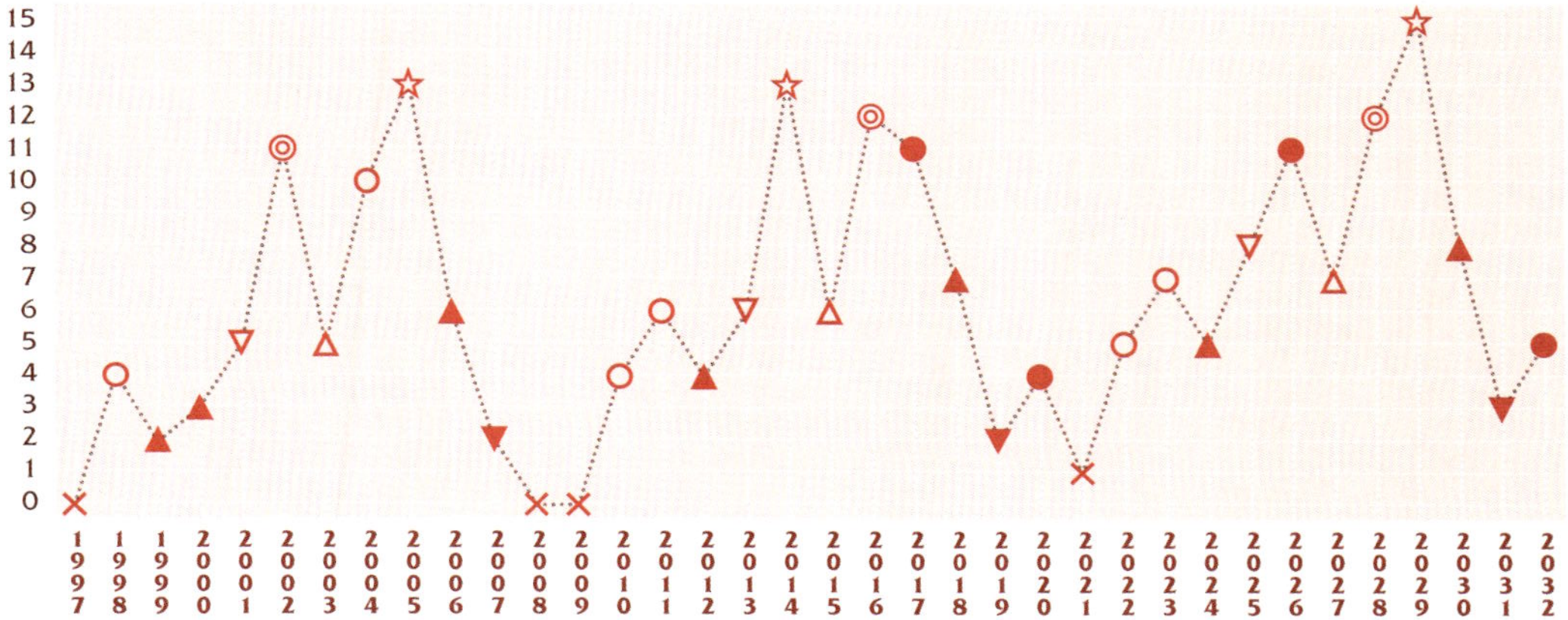

☆の年　36年に1～3回しかない、最高に幸運な年。始まりの年でもある
◎の年　最高の運気を備えた年。能力や魅力を思う存分、発揮できる
○の年　人生を変える決断に最適な年。軌道修正するにも最適
△の年　上半期は流れのままに、下半期からは行動的に流れを変えていける年
▲の年　決断には不向きな年。自分の課題をクリアするとき
▽の年　体調を崩しがち。体を休めること、リフレッシュにあてるべき年
×の年　これまで積み上げたことが崩れてしまう破壊の年
●の年　幸運と不運が入り組んだ複雑な年。予想外の出来事に見舞われる
▼の年　流れを止める急ブレーキの年。決断は避けるべき

金のイルカ Ⅰ

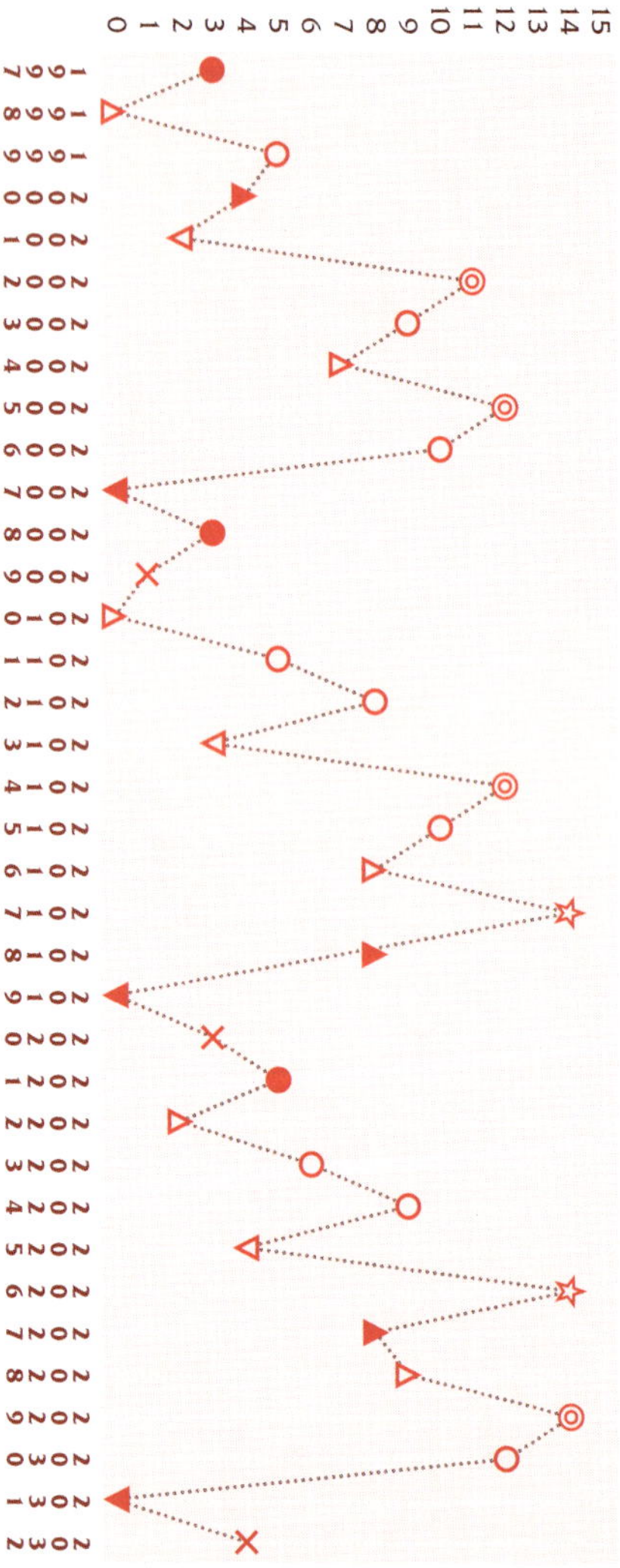

銀のイルカ

Silver Dolfin

会話上手な人気者。
器用に、華やかに
人生を歩んでいける人

基本性格

人を楽しませることが大好きな人気者

　金のイルカに比べ、銀のイルカは人当たりがよく、少し控えめなところはありますが、陽気な性格。柔軟な発想ができ、器用で要領よく人生を歩みます。会話上手で周囲の人を楽しませることが好きな華やかなタイプ。時には厳しい言葉が出てしまうこともありますが、それも冗談にできたり、周囲を笑わせたり和ませたりすることが上手でしょう。人脈も広く、自然といろいろな人と仲よくなれたり、立場など関係なく交友関係を広げることもできる人気者です。

　ただ、仕事や勉強は一生懸命に見せるフリがうまく、本音は仕事嫌いの遊び大好き人間。受け身で、言われるまで何もやらなかったり、自分の好きなこと以外には腰が重いところがあるでしょう。つい、遊び中心になってしまったり、やる気がなかなか出ないこともあります。そんなときは、勉強や仕事を遊びと連動させると人生が自然と楽しくなるので、仕事を「楽しい」と思い込んで取り組んだり、楽しい部分をできるだけ探して仕事をすると能力が開花するでしょう。

　趣味のために勉強したり、趣味を仕事にするのもいいでしょう。人生そのものも「遊び」と考えてしまうぐらいでちょうどいいかもしれません。

人に見せない部分で頑固になり過ぎてしまうことや、自分のルールを押し通そうとすることがあり、日頃融通が利く分、意地を張り過ぎて大損をすることもあるでしょう。意地を張ってしまったと自覚したときは、日頃の柔軟な発想を忘れないように心掛ける必要もあるでしょう。

もし「遊びが苦手」「社交的になることが不慣れ」だと思う場合は、旅行の計画や休みの日の予定を事前にしっかり立ててみてください。遊びの目標をしっかり作ることで、運気の流れを変えることができるでしょう。

恋愛運 自分の気持ちに素直な、恋多き人

銀のイルカは、社交性があり、華やかで自然と異性の心をつかんでしまう人。恋の相手が途切れることや、周囲に異性がいないことのほうが少ないタイプ。もし「恋のチャンスがない」と嘆くなら、髪型やファッションを華やかに変えてみるといいでしょう。

好みのタイプを見つけると、簡単に気持ちが動いてしまったり、同時に複数の異性と交際を続けてしまう場合もありそう。浮気というよりも自分の気持ちに素直で、「恋の保険」と考えてしまうこともありそうです。

そもそも受け身な性格なので、恋に強引になることはないですが、自然と好きな人の近くにいたり、相手にしつこく執着することがありそう。時には過去の恋を気にするあまり、次の恋に進めなくなってしまったり、都合のいい人になってしまう場合もあるでしょう。

交際までは、相手に上手に合わせたり、いい恋人になる感じを前面に出していきますが、いざ交際が始まると、ワガママが一気に出たり、主導権をしっかりつかむ人です。外に見せる顔と内に見せる顔がガラッと変わることも多く、交際した人に驚かれることも多いでしょう。感情的になると本音をすべてぶちまけて大喧嘩になってしまうこともありそう。交際が長くなればなるほど自分中心になる傾向が強く、頑固な面を恋人に見せ過ぎてしまうでしょう。余計なひと言に注意して、楽しい交際を心掛けないと恋に何度も泣くことにもなりそうです。

仕事運＆金運

仕事を遊びのように楽しむことで大成功

五星三心占いの中でももっとも労働意欲のない星と言っていいほど、楽しい仕事やおもしろい仕事が見つからないとやる気を出さないタイプ。しっかり仕事をして、しっかり休むことができれば一応、問題はありませんが、できるだけ仕事はしたくないのが本音でしょう。そのため、ついついさぼってしまったり、手を抜いてしまうことも多くなり、きっちりとした仕事は不向き。「終わり良ければすべて良し」となるような仕事が向いているでしょう。

華やかな仕事やサービス業、芸能関係の仕事に就くことも多くなります。仕事の後はしっかり休んで休暇を楽しむ予定を立てる必要もあり、遊びのために仕事をするのだと思ったほうがいいでしょう。

仕事を遊びのように楽しむことで驚くような結果を出せたり、起業や独立をして大成功する場合もあります。「人生の楽しみは仕事だ！ 仕事が楽しくて仕方がない」と言って、大金持ちになっている人も多く、「仕事がつまらない、お金がない」と嘆いているなら、自分の好きなことを探し、夢や希望に向かって突き進んでみるといいでしょう。

成功している人を目標にすることでいい流れに乗ることもできるので、憧れの人や尊敬できる人を見つけることが大切になるでしょう。

銀のイルカの決断月

3月・4月・5月・9月・10月

この月に決断したり、新しいことを始めると、いい流れに乗れるでしょう。それ以外の月は、流れに身を任せたほうがいい時期なので、大きな決断は避けておきましょう。

銀のイルカの運命グラフ

人生は36年周期の繰り返し。人によって異なる、その36年間の運気の流れを表したのが「運命グラフ」です。グラフ上の印の位置の高低はそのまま運気の高低。10以上が「好調」となります。

銀のイルカ Ⓐ

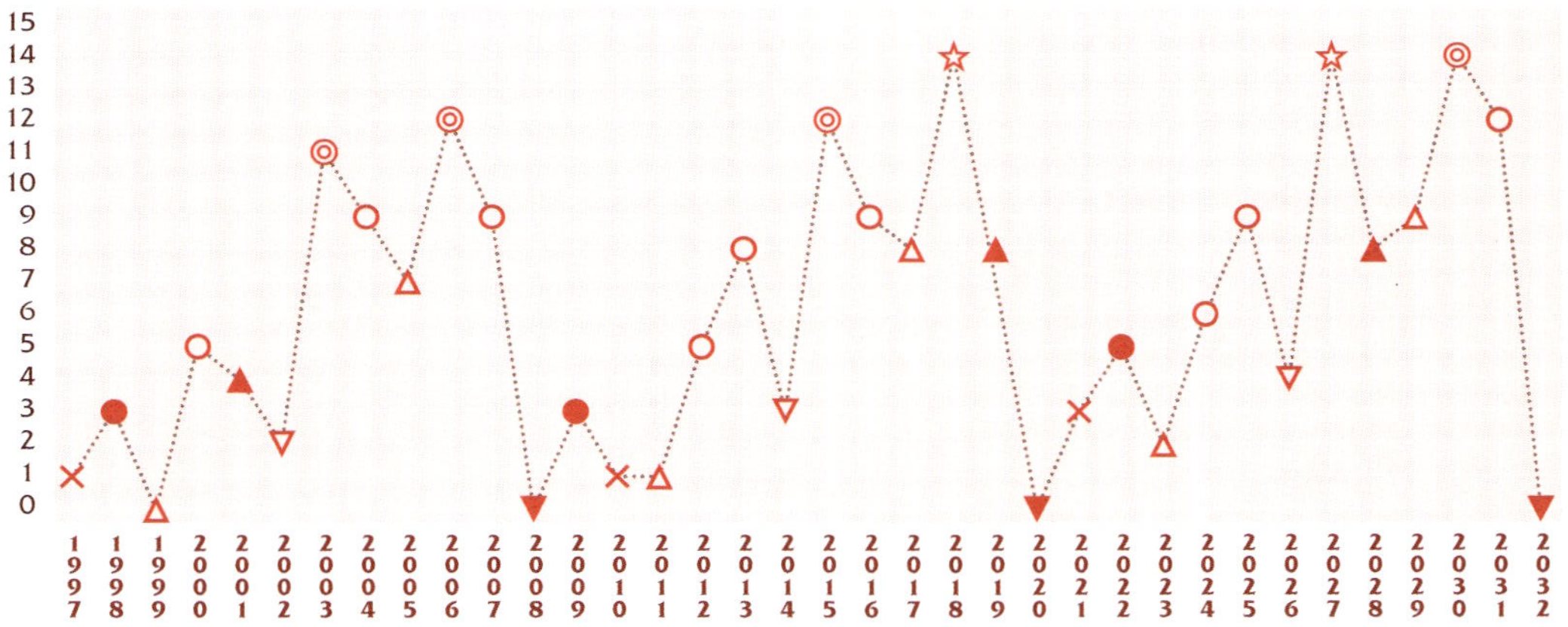

銀のイルカ B

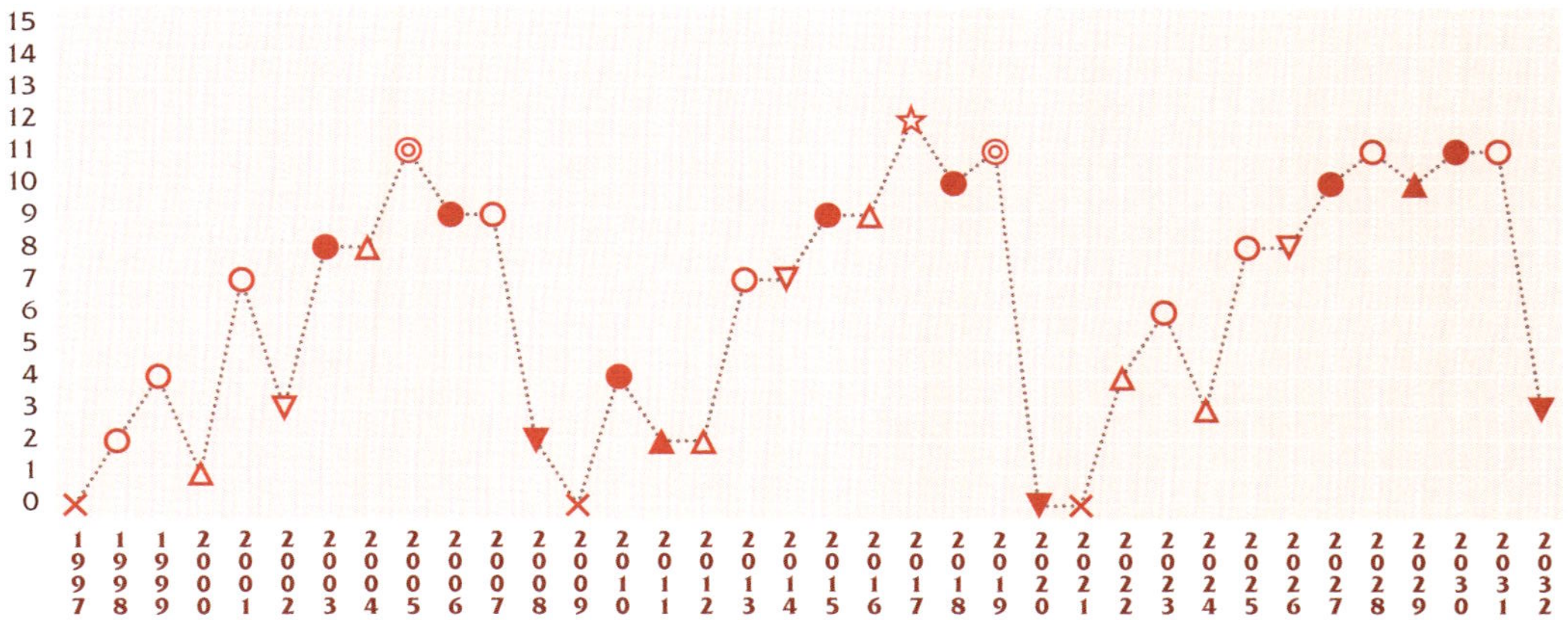

☆の年　36年に1～3回しかない、最高に幸運な年。始まりの年でもある
◎の年　最高の運気を備えた年。能力や魅力を思う存分、発揮できる
○の年　人生を変える決断に最適な年。軌道修正するにも最適
△の年　上半期は流れのままに、下半期からは行動的に流れを変えていける年
▲の年　決断には不向きな年。自分の課題をクリアするとき
▽の年　体調を崩しがち。体を休めること、リフレッシュにあてるべき年
×の年　これまで積み上げたことが崩れてしまう破壊の年
●の年　幸運と不運が入り組んだ複雑な年。予想外の出来事に見舞われる
▼の年　流れを止める急ブレーキの年。決断は避けるべき

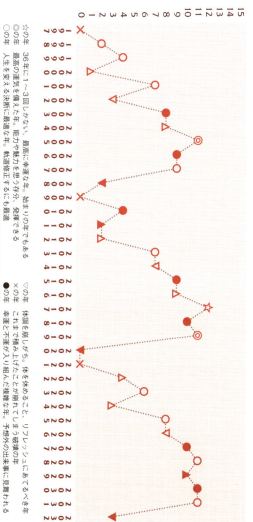

銀のイルカ C

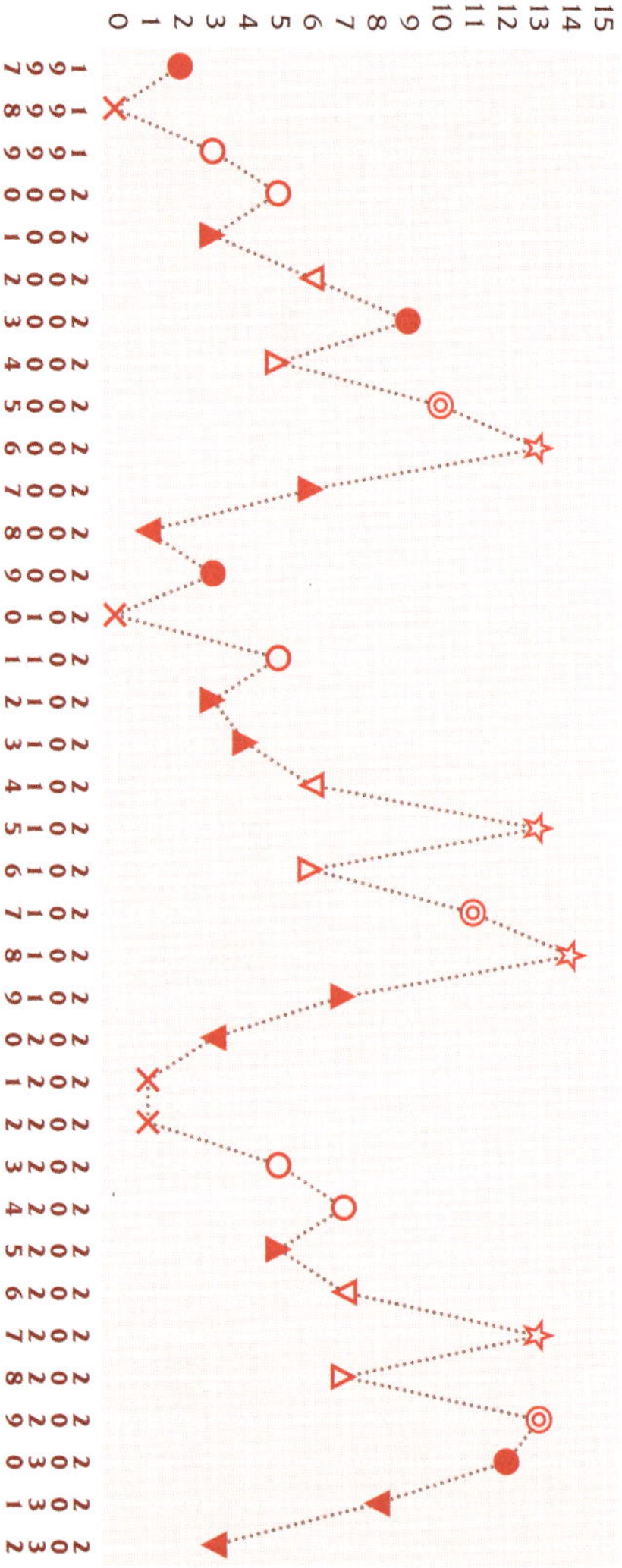
0 1 2 3 4 5 6 7 8 9 10 11 12 13 14 15
1979 1980 1981 1982 1983 1984 1985 1986 1987 1988 1989 1990 1991 1992 1993 1994 1995 1996 1997 1998 1999 2000 2001 2002 2003 2004 2005 2006 2007 2008 2009 2010 2011 2012 2013 2014 2015 2016 2017 2018 2019 2020 2021 2022 2023 2024 2025 2026 2027 2028 2029 2030 2031 2032

銀のイルカ D

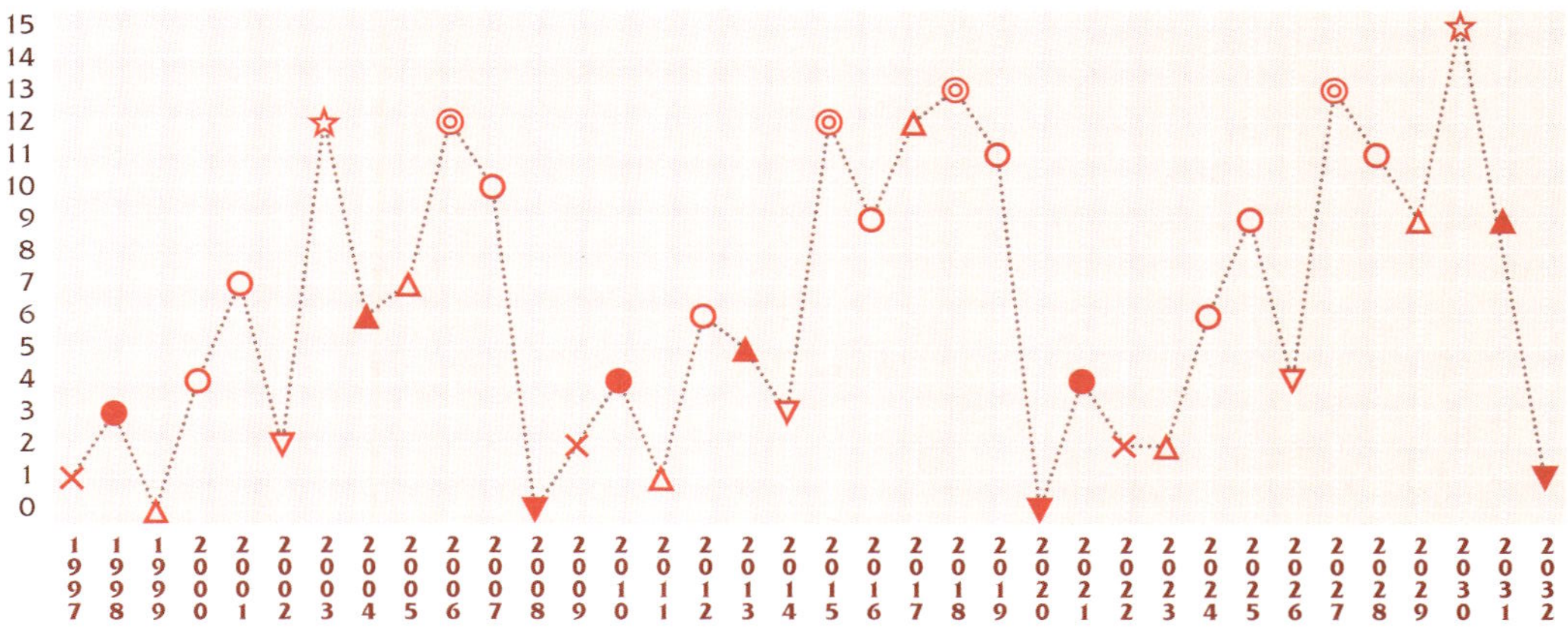

☆の年　36年に1～3回しかない、最高に幸運な年。始まりの年でもある
◎の年　最高の運気を備えた年。能力や魅力を思う存分、発揮できる
○の年　人生を変える決断に最適な年。軌道修正するにも最適
△の年　上半期は流れのままに、下半期からは行動的に流れを変えていける年
▲の年　決断には不向きな年。自分の課題をクリアするとき
▽の年　体調を崩しがち。体を休めること、リフレッシュにあてるべき年
×の年　これまで積み上げたことが崩れてしまう破壊の年
●の年　幸運と不運が入り組んだ複雑な年。予想外の出来事に見舞われる
▼の年　流れを止める急ブレーキの年。決断は避けるべき

銀のイルカ E

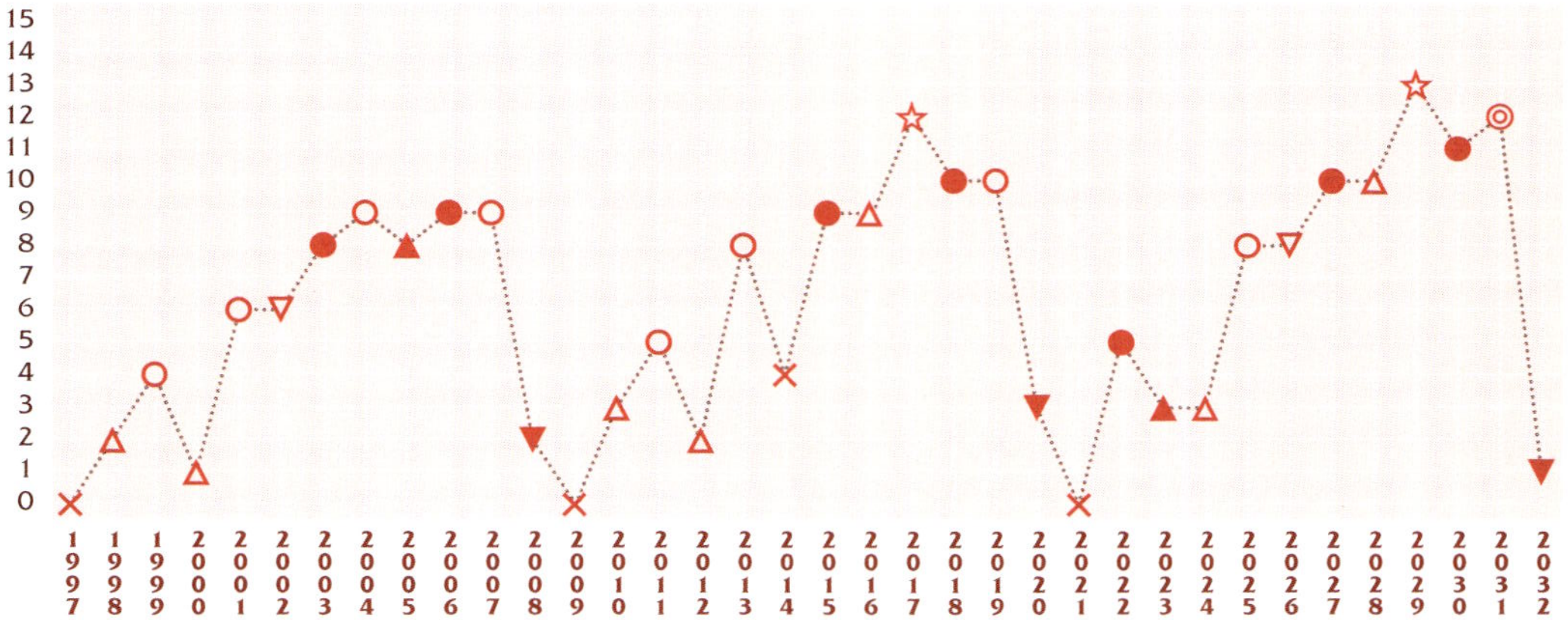

15
14
13
12
11
10
9
8
7
6
5
4
3
2
1
0
1997
1998
1999
2000
2001
2002
2003
2004
2005
2006
2007
2008
2009
2010
2011
2012
2013
2014
2015
2016
2017
2018
2019
2020
2021
2022
2023
2024
2025
2026
2027
2028
2029
2030
2031
2032

銀のイルカ F

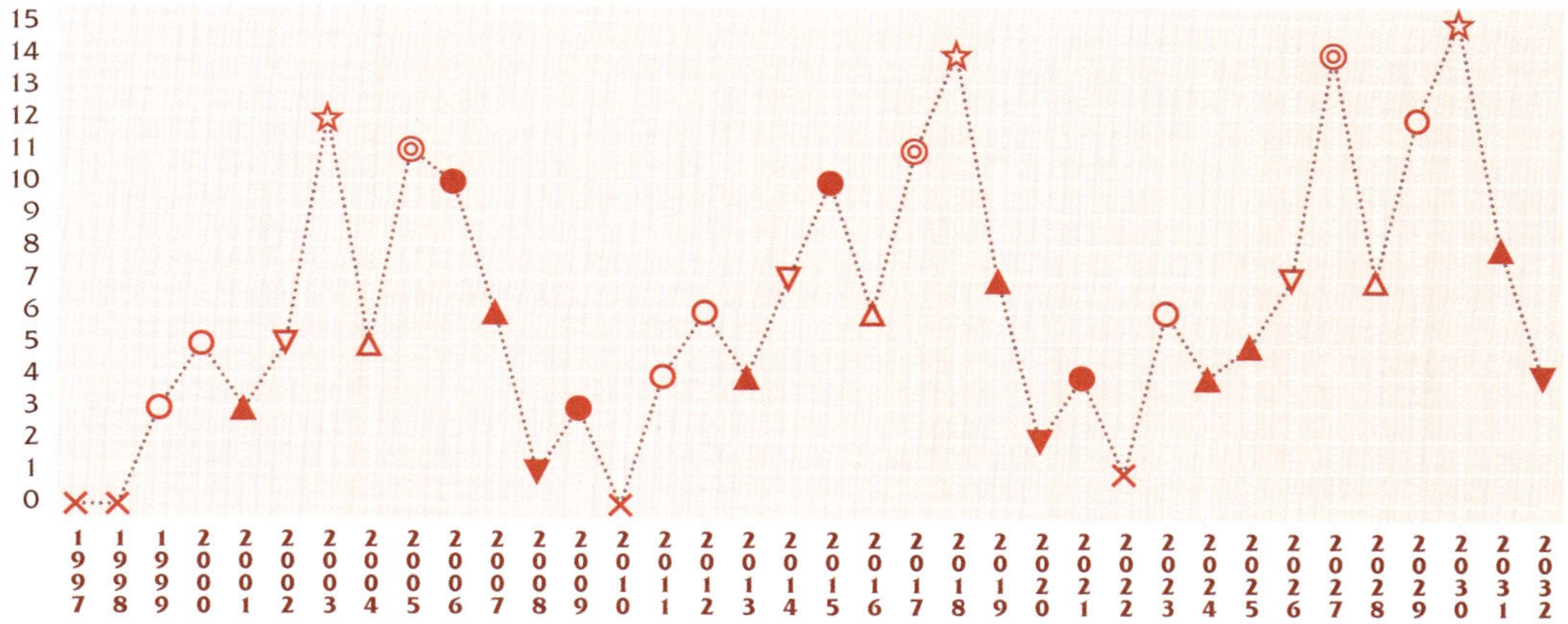

☆の年　36年に1〜3回しかない、最高に幸運な年。始まりの年でもある
◎の年　最高の運気を備えた年。能力や魅力を思う存分、発揮できる
○の年　人生を変える決断に最適な年。軌道修正するにも最適
△の年　上半期は流れのままに、下半期からは行動的に流れを変えていける年
▲の年　決断には不向きな年。自分の課題をクリアするとき
▽の年　体調を崩しがち。体を休めること、リフレッシュにあてるべき年
×の年　これまで積み上げたことが崩れてしまう破壊の年
●の年　幸運と不運が入り組んだ複雑な年。予想外の出来事に見舞われる
▼の年　流れを止める急ブレーキの年。決断は避けるべき

銀のイルカ G

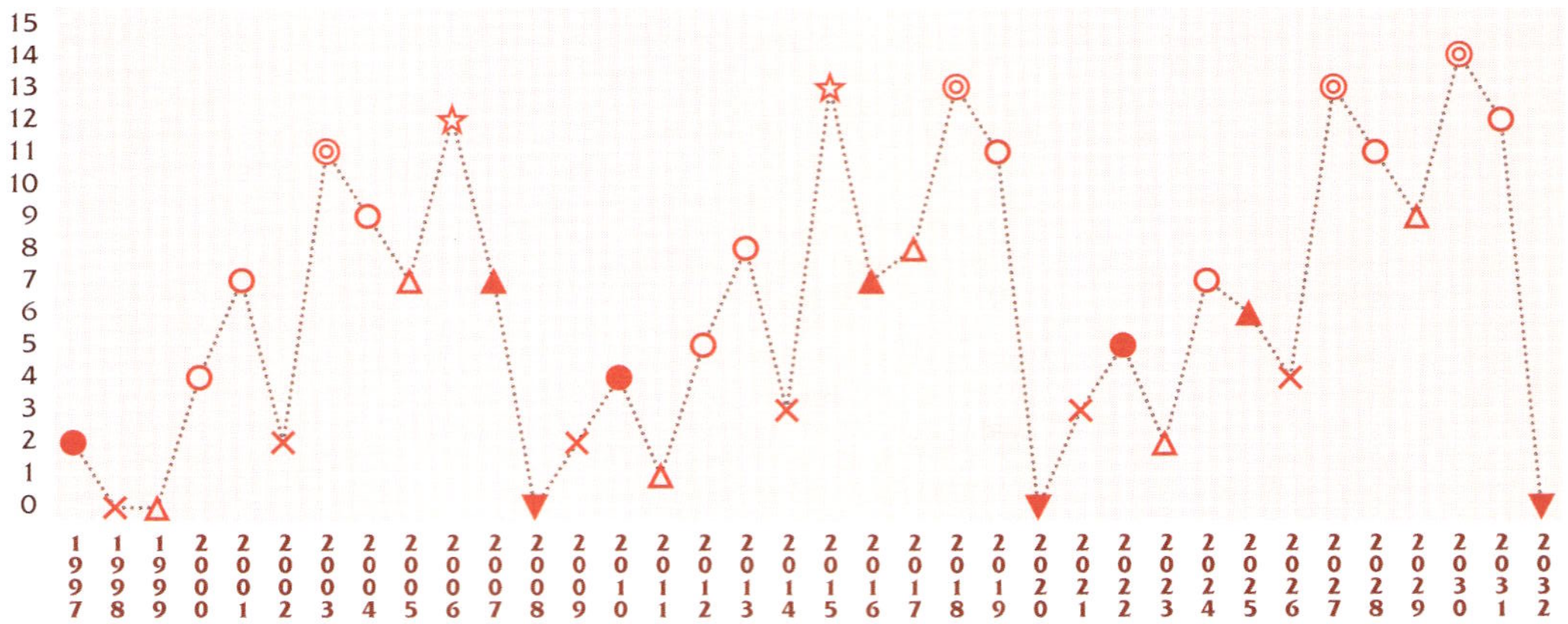
0
1
2
3
4
5
6
7
8
9
10
11
12
13
14
15
1997
1998
1999
2000
2001
2002
2003
2004
2005
2006
2007
2008
2009
2010
2011
2012
2013
2014
2015
2016
2017
2018
2019
2020
2021
2022
2023
2024
2025
2026
2027
2028
2029
2030
2031
2032

銀のイルカ H

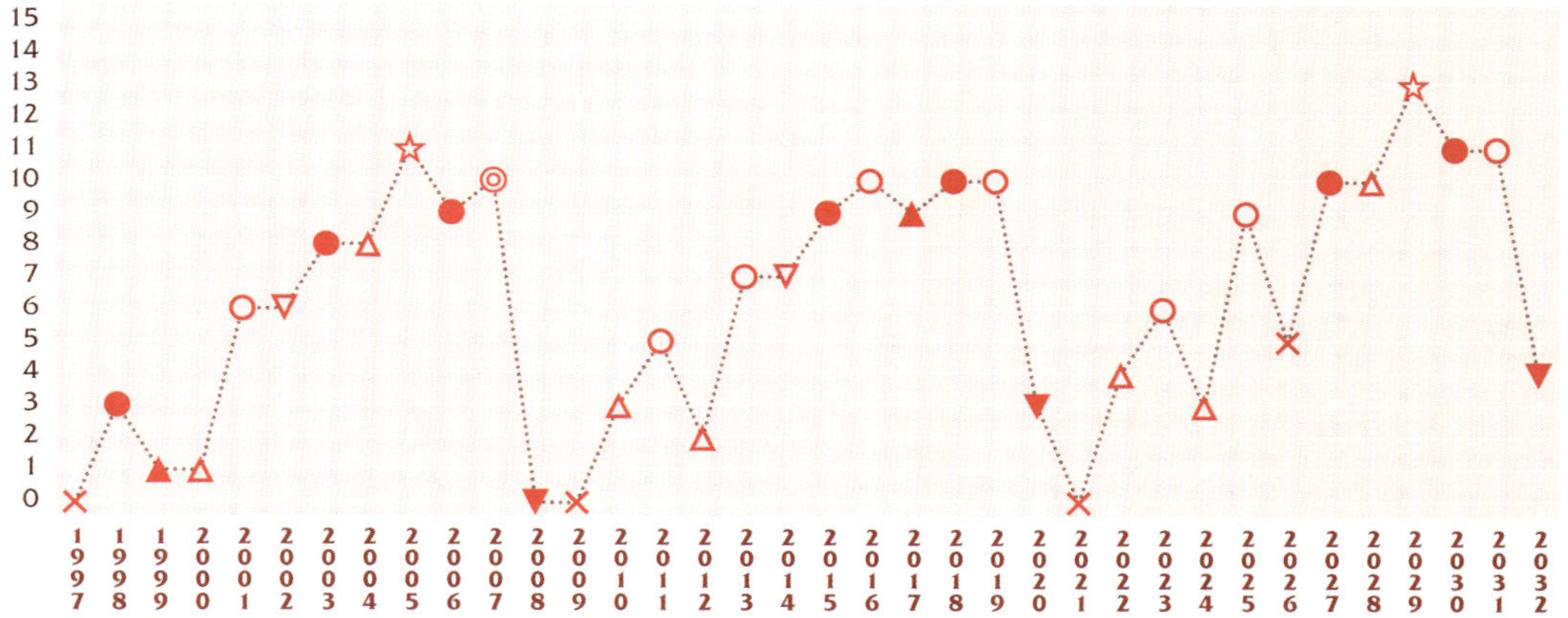

☆の年　36年に1～3回しかない、最高に幸運な年。始まりの年でもある
◎の年　最高の運気を備えた年。能力や魅力を思う存分、発揮できる
○の年　人生を変える決断に最適な年。軌道修正するにも最適
△の年　上半期は流れのままに、下半期からは行動的に流れを変えていける年
▲の年　決断には不向きな年。自分の課題をクリアするとき
▽の年　体調を崩しがち。体を休めること、リフレッシュにあてるべき年
×の年　これまで積み上げたことが崩れてしまう破壊の年
●の年　幸運と不運が入り組んだ複雑な年。予想外の出来事に見舞われる
▼の年　流れを止める急ブレーキの年。決断は避けるべき

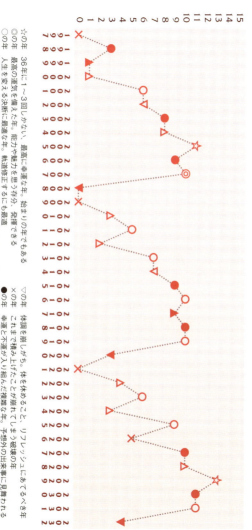

銀のイルカ I

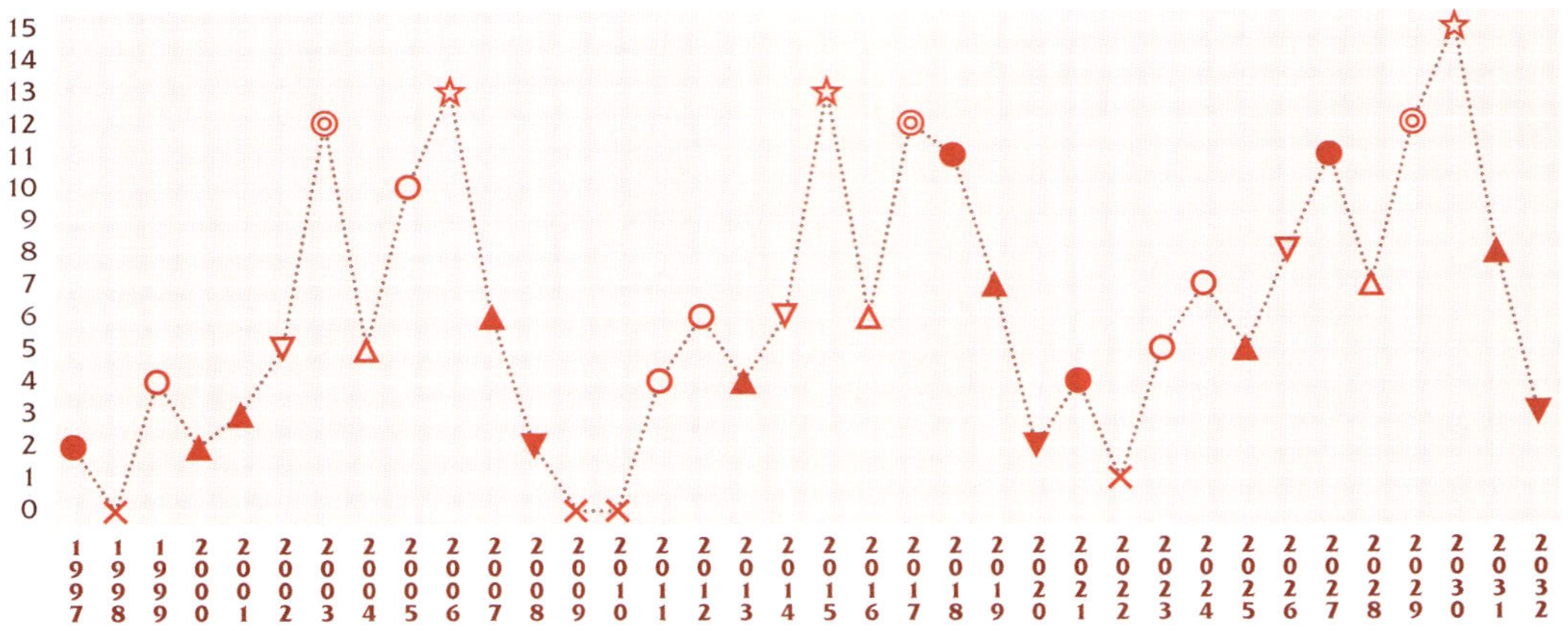

15
14
13
12
11
10
9
8
7
6
5
4
3
2
1
0
1997
1998
1999
2000
2001
2002
2003
2004
2005
2006
2007
2008
2009
2010
2011
2012
2013
2014
2015
2016
2017
2018
2019
2020
2021
2022
2023
2024
2025
2026
2027
2028
2029
2030
2031
2032

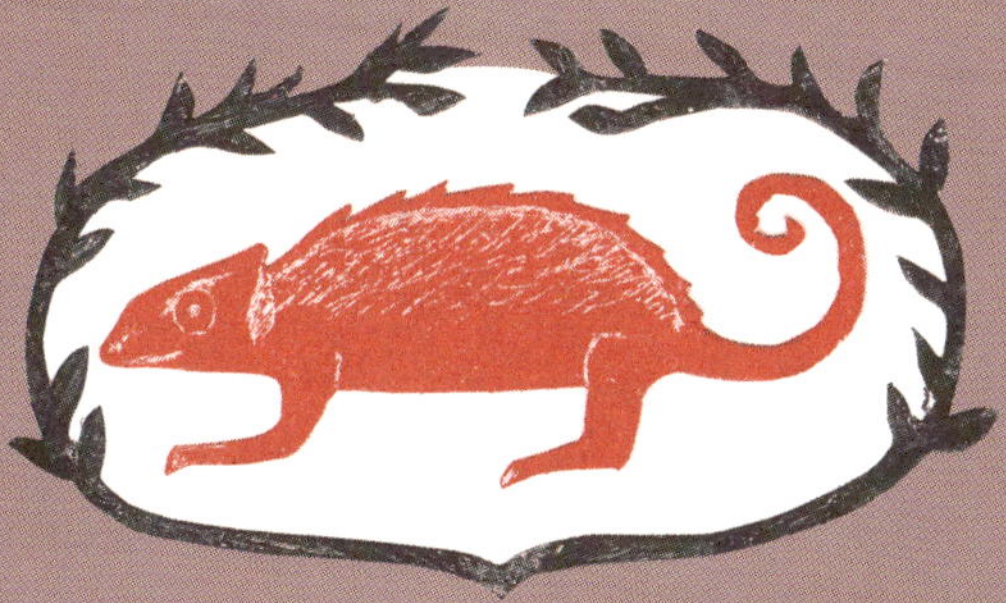

金のカメレオン

Golden Chameleon

学習能力、吸収力が
抜群に高い星。
古風で現実的な理屈屋

基本性格

人マネ上手な努力家

学習能力が高く、人マネ上手なのが金のカメレオン。冷静で知的、現実的に物事を考えられ、堅実に努力を積み重ねていく人です。慌てることなく落ち着いた雰囲気をもっていて、よく言えば「古風」、悪く言えば「古くさい」と思われがちなタイプ。理論的に物事を考えるため、理屈っぽいところがあり、周囲からは「少し冷たい」と思われてしまう場合もあるでしょう。

手先が器用で、基本的なことをしっかり学んでおくと驚くような才能を見せることもできます。他の星に比べ、吸収力が格段に高いので、学ぶことを続けることが大切になるでしょう。

計画に基づいて行動することに長けていますが、無計画なことや初めて挑戦することだと何もできなくなってしまうところがあります。感情的、衝動的な行動をすることはできるだけ避けたほうがいいでしょう。時には計画書を作ってから行動することが必要になるかも。

学習能力が高く、他人のマネをして習得する能力に優れているので、できるだけレベルの高いものを見たり、高度なことまで教えてもらえる人に会えると能力をアップさせられるでしょう。一流の人に会い、学ぶことであなたも一流になれる可能性があります。それだけに、基本的なことに手を抜かないことがよりよい人生を送るための方法でもあるでしょう。

吸収力が高いので、悪い部分まで吸収しないように注意が必要です。善悪の判断をしっかりつけて、悪友や危険な人には近づかないほうがいいでしょう。

人に見せない裏側は、妄想好きで、いろいろなことを考える人。突然無謀な行動に突っ走ってしまったり、不思議な人脈をつくることもできそう。何も気にしないくらい行動力が爆発することがありますが、慎重な自分に戻ったときに後悔し、反省をすることもあるでしょう。

基本的にはしっかり者ですが、感情的な攻めに弱く、攻められると突然、優柔不断になってしまいます。そのため、人生に迷うこともあるので気を付けましょう。悩みや不安があるときは人生をうまく進めている人をよく観察して、マネをしてみましょう。

恋愛運
理屈で恋する慎重派

金のカメレオンの恋は、落ち着きがあり、将来のことをしっかり考えられる相手に向けられます。好きな人を見つけても、時間をかけ、じっくり進めるため、片思いが長くなってしまったり、頭で慎重に考え過ぎてしまい、自ら交際のチャンスを逃してしまうタイプ。基本的に、恋に受け身なので、相手が告白してくれることをひたすら待ってしまったり、相手の情報を一生懸命集めて、妄想恋愛に終わってしまうこともあるでしょう。

美意識が高く、外見を磨くことを自然にできますが、その分、外見だけしか見ないような薄っぺらい異性に引っ掛かってしまうことも多いでしょう。

特に異性からの強引な誘いや告白に弱く、優柔不断なため、押し切られて交際を始めてしまうこともあります。好みではない異性との交際でも、相手に主導権を簡単に取られてしまうことも多く、振り回されてしまう恋も多いでしょう。

感情的な恋をするよりも知的な恋を望むため、考え過ぎたり、作戦を立て過ぎて裏目に出てしまうことも多い人。周囲の情報に惑わされず、素直に恋をすることが大切です。

仕事運&金運

身を置く環境が成功のカギ

五星三心占いの中でもっとも頭のいい星の持ち主。あらゆることを考えられる頭脳をもち、学習能力が高いため、どんな仕事でもこなせます。若いときは、最初は苦労することもありますが、持ち前の吸収力の高さで、仕事のコツを教えてもらったり、技術を学び始めると途端に才能を開花させ、頭角を現すことになるでしょう。応用能力もあり、臨機応変に判断もできるため、優れた人として評価されます。

人マネがうまいため、お金持ちの中に入れば、自分も自然とお金持ちになれる人。そこが弱点にもなり、周囲に染まりやすく、レベルの低い場所にいるといつまでも才能を開花できない場合や、オリジナルを求められると弱さが出てしまう場合があるでしょう。

金のカメレオンで仕事で苦労する人の多くは、自分の生き方ややり方にこだわり過ぎ、学ぶことやマネすることを拒む傾向があります。まずは何事も勉強だと思って、情報収集をしたり、目上の人から教えてもらう謙虚な気持ちが大切でしょう。

新たなことを生み出す才能には欠けますが、新しく見せる工夫はできるので、斬新なことを求められたときは、昔のことや歴史から応用できることを見つけてみるといいでしょう。

金のカメレオンの決断月

4月・5月・6月・10月・11月

この月に決断したり、新しいことを始めると、いい流れに乗れるでしょう。それ以外の月は、流れに身を任せたほうがいい時期なので、大きな決断は避けておきましょう。

金のカメレオンの運命グラフ

人生は36年周期の繰り返し。人によって異なる、その36年間の運気の流れを表したのが「運命グラフ」です。グラフ上の印の位置の高低はそのまま運気の高低。10以上が「好調」となります。

金のカメレオン A

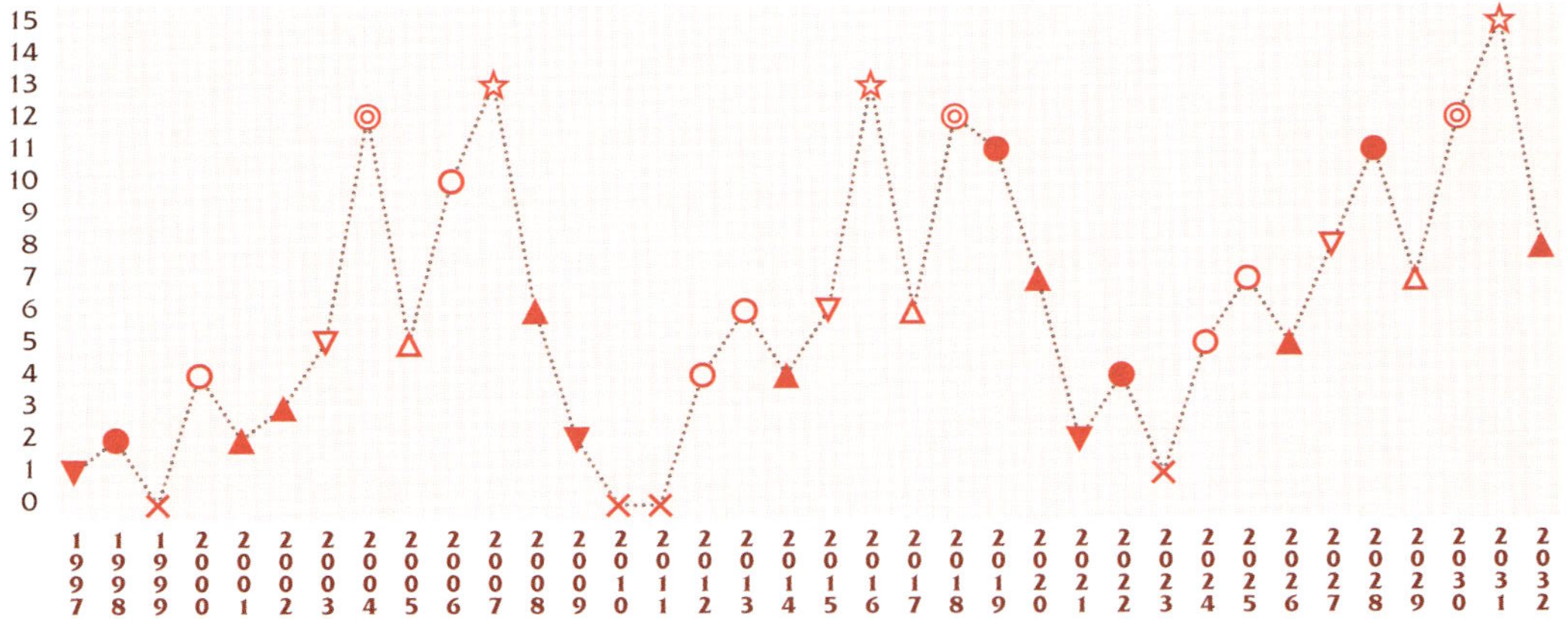

金のカメレオン B

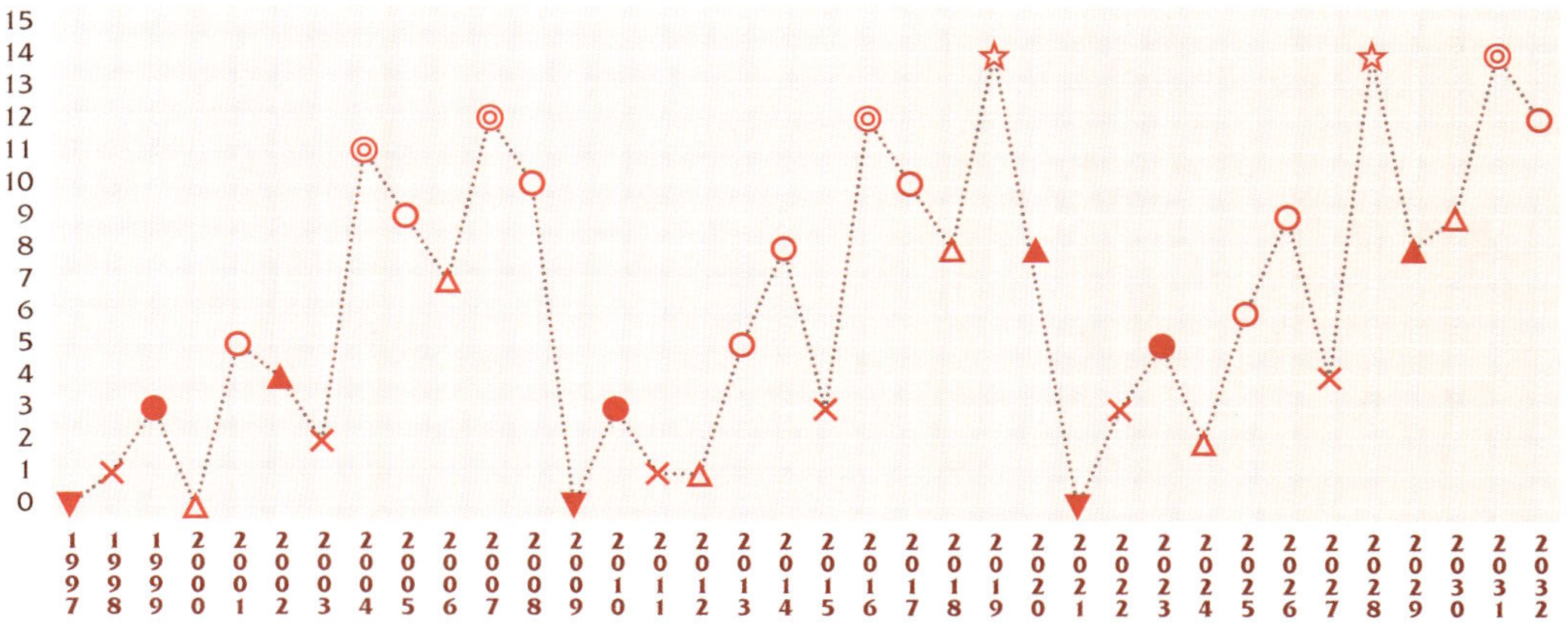

☆の年　36年に1～3回しかない、最高に幸運な年。始まりの年でもある
◎の年　最高の運気を備えた年。能力や魅力を思う存分、発揮できる
○の年　人生を変える決断に最適な年。軌道修正するにも最適
△の年　上半期は流れのままに、下半期からは行動的に流れを変えていける年
▲の年　決断には不向きな年。自分の課題をクリアするとき
▽の年　体調を崩しがち。体を休めること、リフレッシュにあてるべき年
×の年　これまで積み上げたことが崩れてしまう破壊の年
●の年　幸運と不運が入り組んだ複雑な年。予想外の出来事に見舞われる
▼の年　流れを止める急ブレーキの年。決断は避けるべき

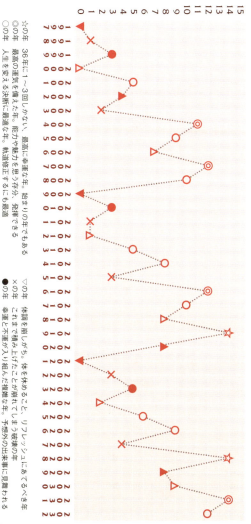

金のカメレオン C

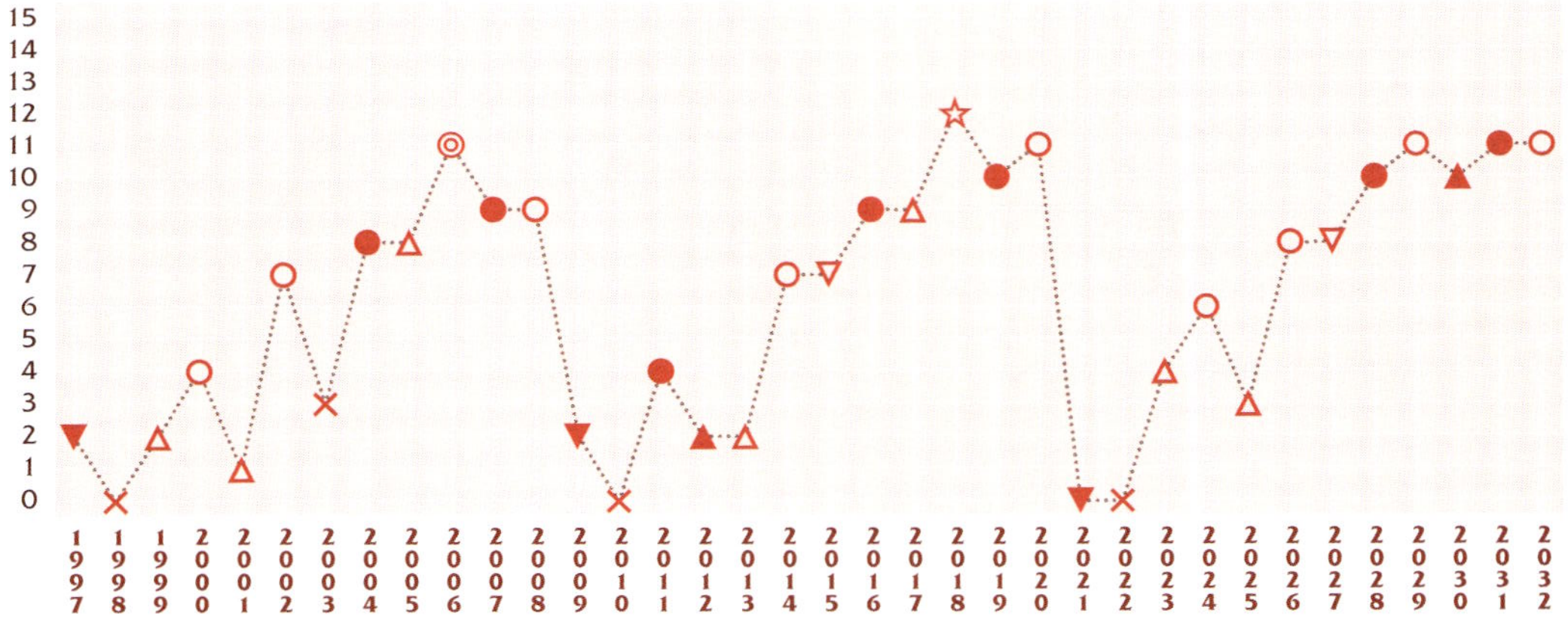
15 14 13 12 11 10 9 8 7 6 5 4 3 2 1 0
1997 1998 1999 2000 2001 2002 2003 2004 2005 2006 2007 2008 2009 2010 2011 2012 2013 2014 2015 2016 2017 2018 2019 2020 2021 2022 2023 2024 2025 2026 2027 2028 2029 2030 2031 2032

金のカメレオン D

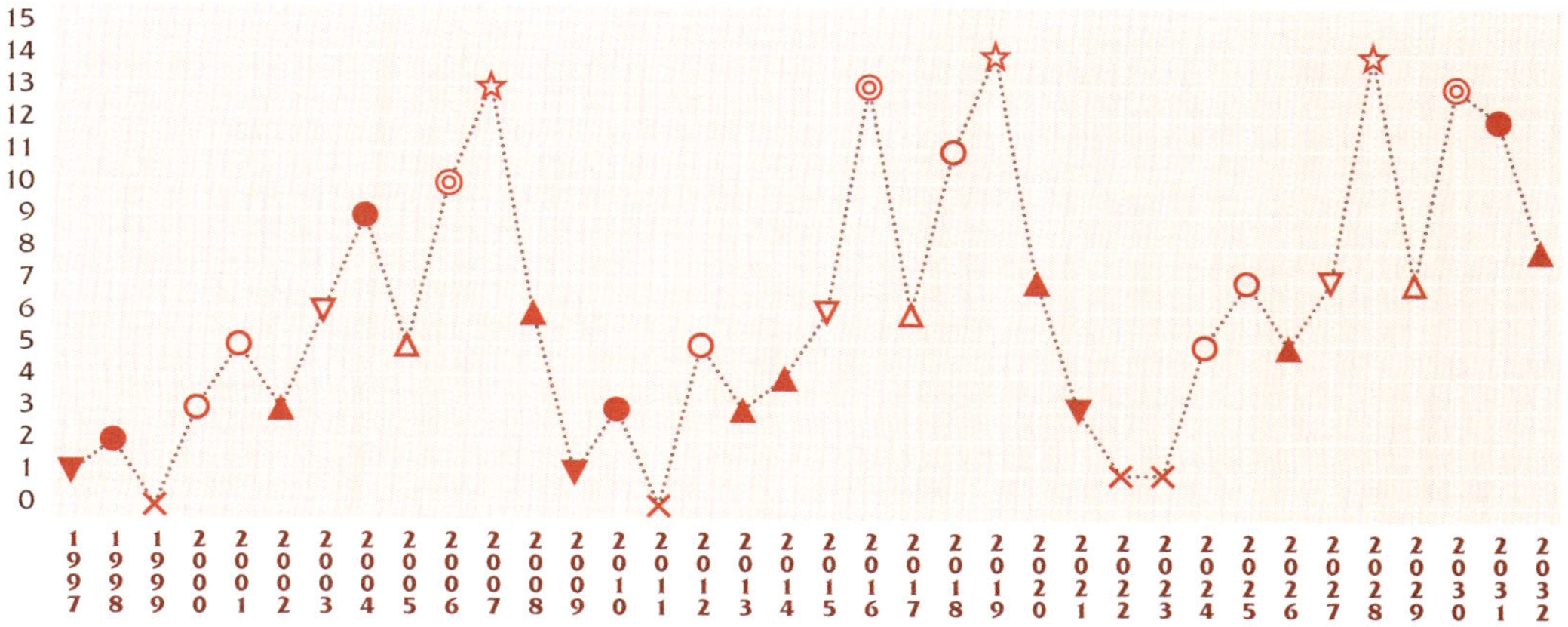

☆の年　36年に1～3回しかない、最高に幸運な年。始まりの年でもある
◎の年　最高の運気を備えた年。能力や魅力を思う存分、発揮できる
○の年　人生を変える決断に最適な年。軌道修正するにも最適
△の年　上半期は流れのままに、下半期からは行動的に流れを変えていける年
▲の年　決断には不向きな年。自分の課題をクリアするとき
▽の年　体調を崩しがち。体を休めること、リフレッシュにあてるべき年
×の年　これまで積み上げたことが崩れてしまう破壊の年
●の年　幸運と不運が入り組んだ複雑な年。予想外の出来事に見舞われる
▼の年　流れを止める急ブレーキの年。決断は避けるべき

金のカメレオン E

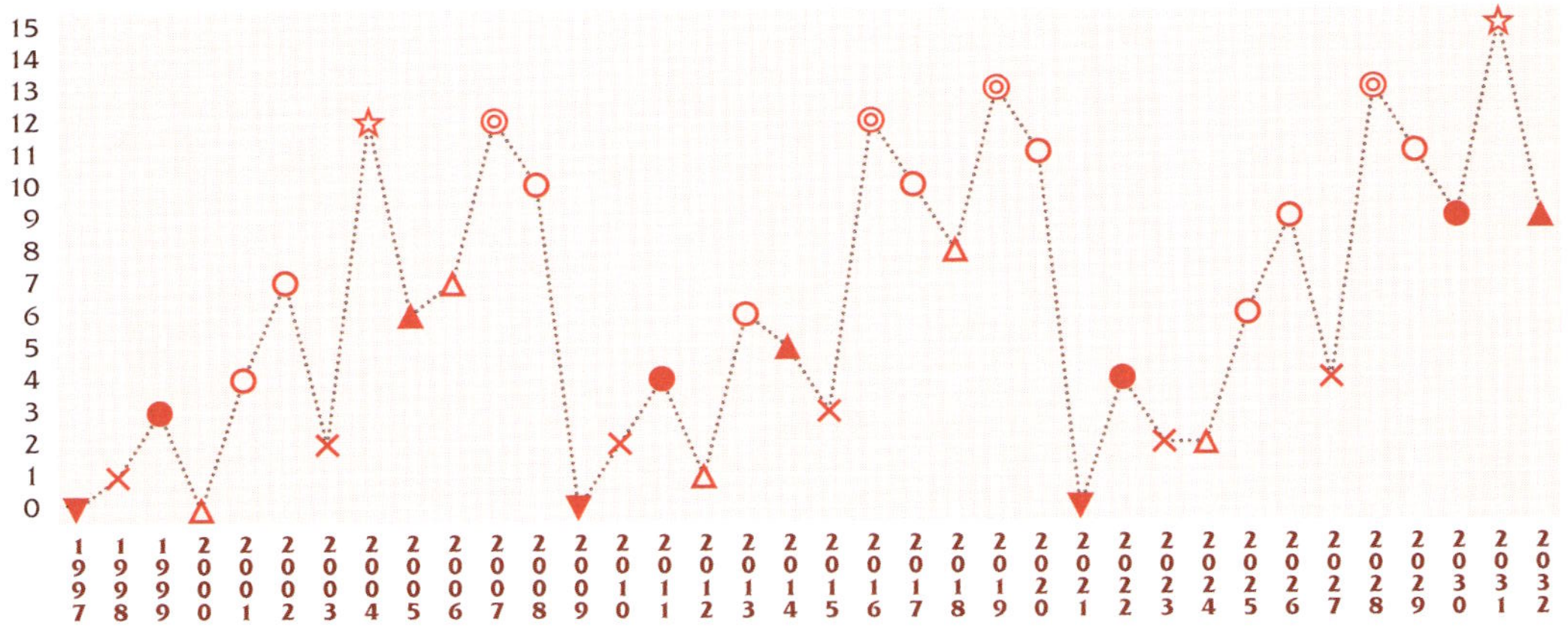

15
14
13
12
11
10
9
8
7
6
5
4
3
2
1
0
1997
1998
1999
2000
2001
2002
2003
2004
2005
2006
2007
2008
2009
2010
2011
2012
2013
2014
2015
2016
2017
2018
2019
2020
2021
2022
2023
2024
2025
2026
2027
2028
2029
2030
2031
2032

金のカメレオン F

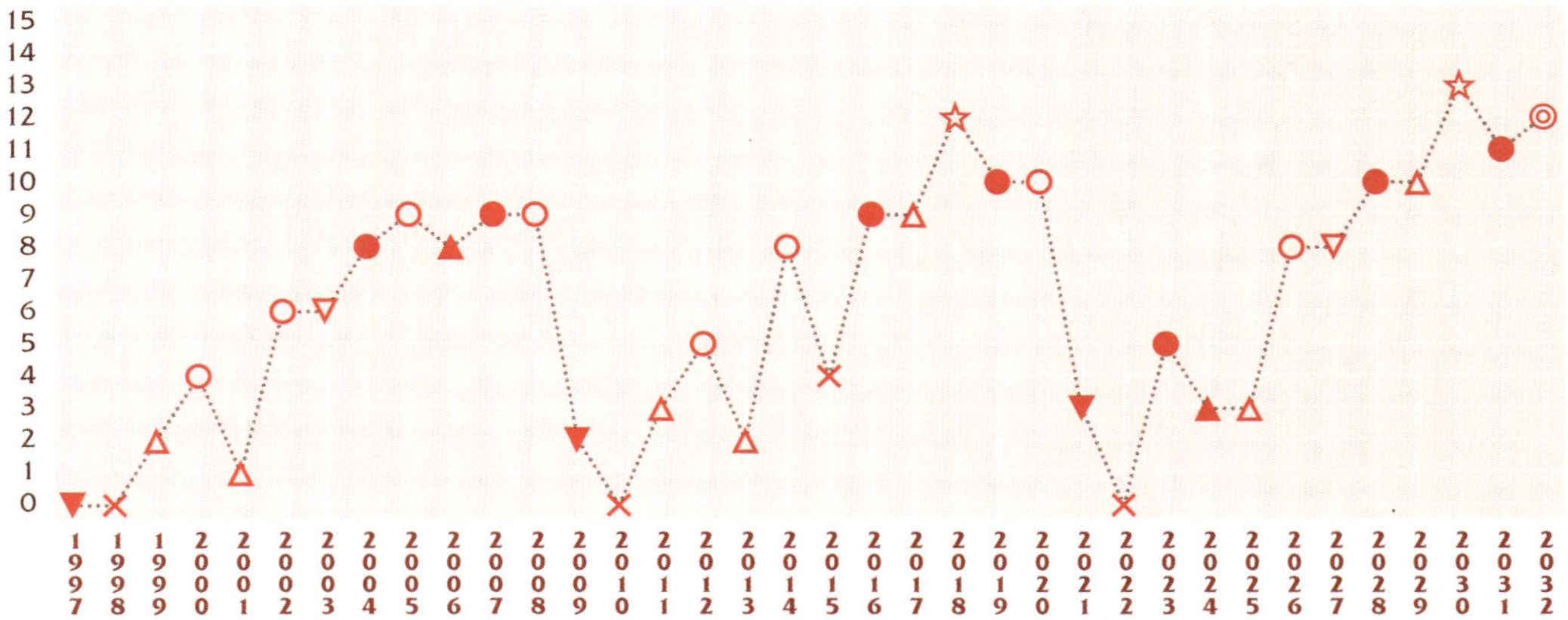

☆の年　36年に1～3回しかない、最高に幸運な年。始まりの年でもある
◎の年　最高の運気を備えた年。能力や魅力を思う存分、発揮できる
○の年　人生を変える決断に最適な年。軌道修正するにも最適
△の年　上半期は流れのままに、下半期からは行動的に流れを変えていける年
▲の年　決断には不向きな年。自分の課題をクリアするとき
▽の年　体調を崩しがち。体を休めること、リフレッシュにあてるべき年
×の年　これまで積み上げたことが崩れてしまう破壊の年
●の年　幸運と不運が入り組んだ複雑な年。予想外の出来事に見舞われる
▼の年　流れを止める急ブレーキの年。決断は避けるべき

金のカメレオン G

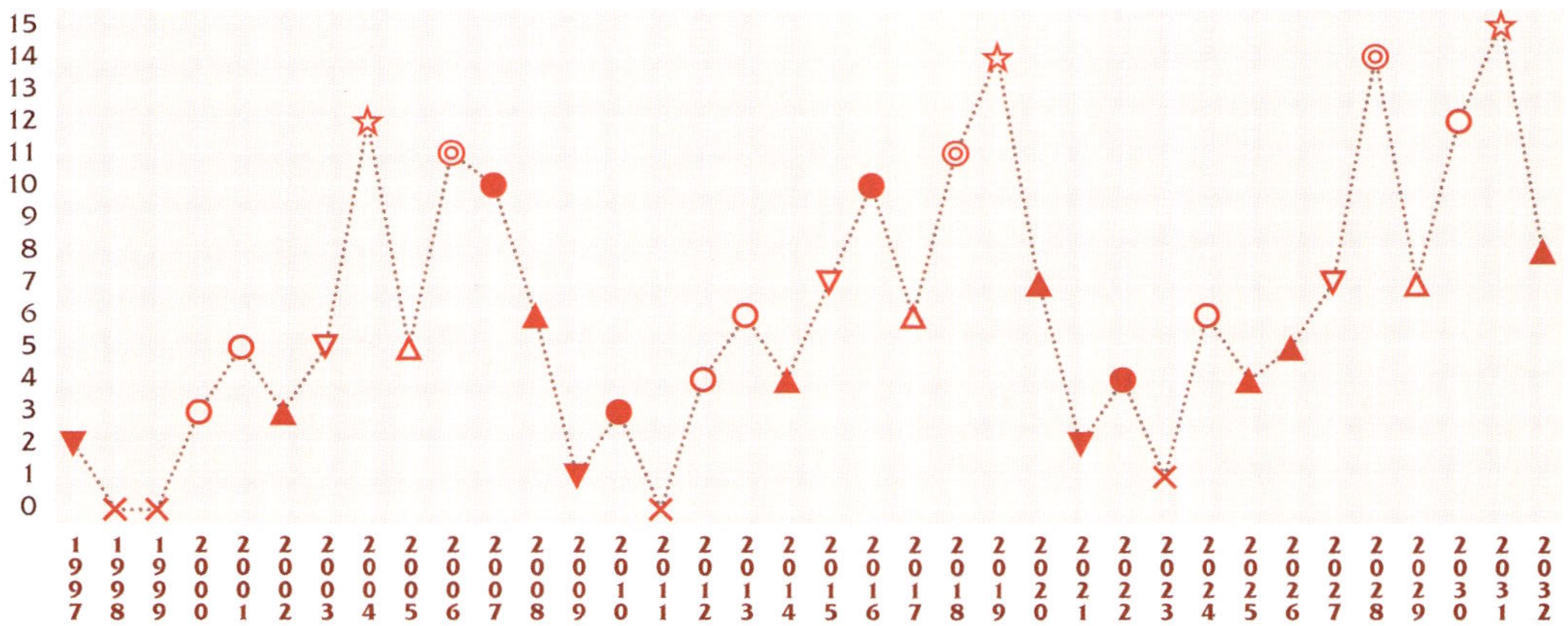
15
14
13
12
11
10
9
8
7
6
5
4
3
2
1
0
1997 1998 1999 2000 2001 2002 2003 2004 2005 2006 2007 2008 2009 2010 2011 2012 2013 2014 2015 2016 2017 2018 2019 2020 2021 2022 2023 2024 2025 2026 2027 2028 2029 2030 2031 2032

金のカメレオン H

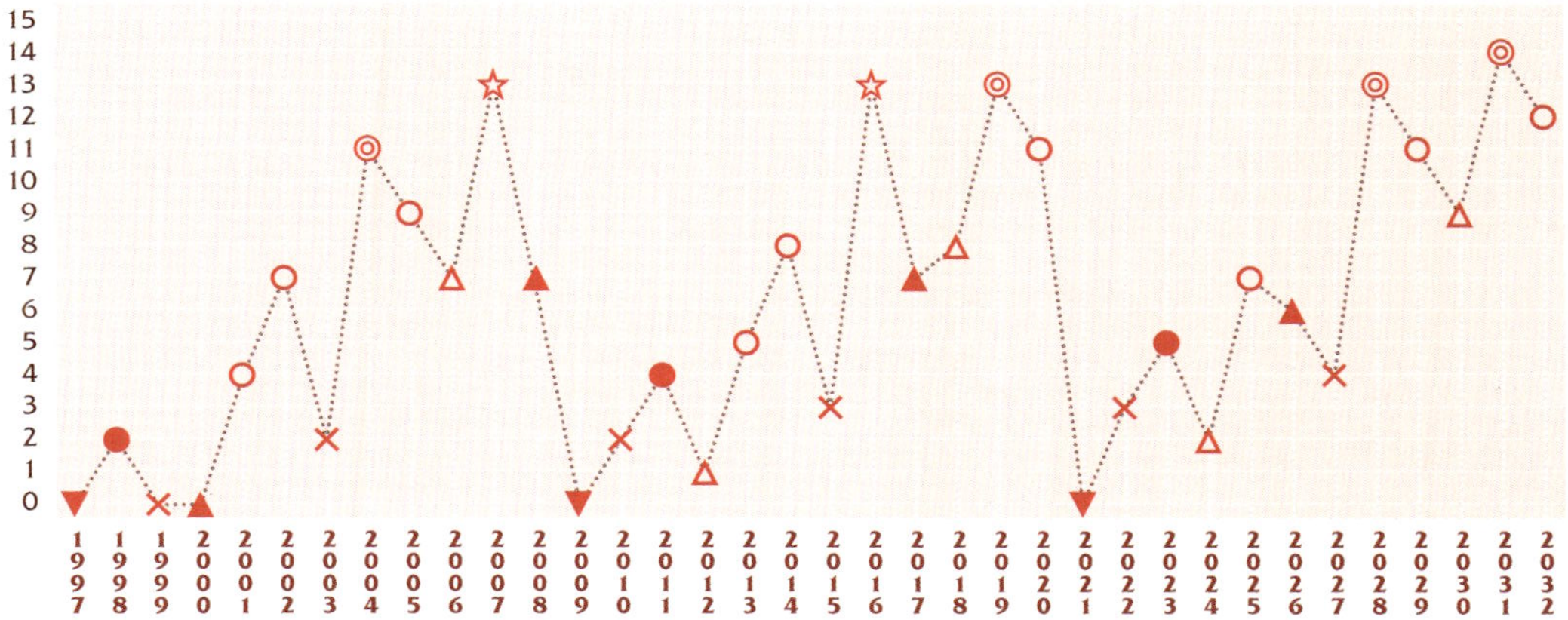

☆の年　36年に1～3回しかない、最高に幸運な年。始まりの年でもある
◎の年　最高の運気を備えた年。能力や魅力を思う存分、発揮できる
○の年　人生を変える決断に最適な年。軌道修正するにも最適
△の年　上半期は流れのままに、下半期からは行動的に流れを変えていける年
▲の年　決断には不向きな年。自分の課題をクリアするとき
▽の年　体調を崩しがち。体を休めること、リフレッシュにあてるべき年
×の年　これまで積み上げたことが崩れてしまう破壊の年
●の年　幸運と不運が入り組んだ複雑な年。予想外の出来事に見舞われる
▼の年　流れを止める急ブレーキの年。決断は避けるべき

金のカメレオン Ⅰ

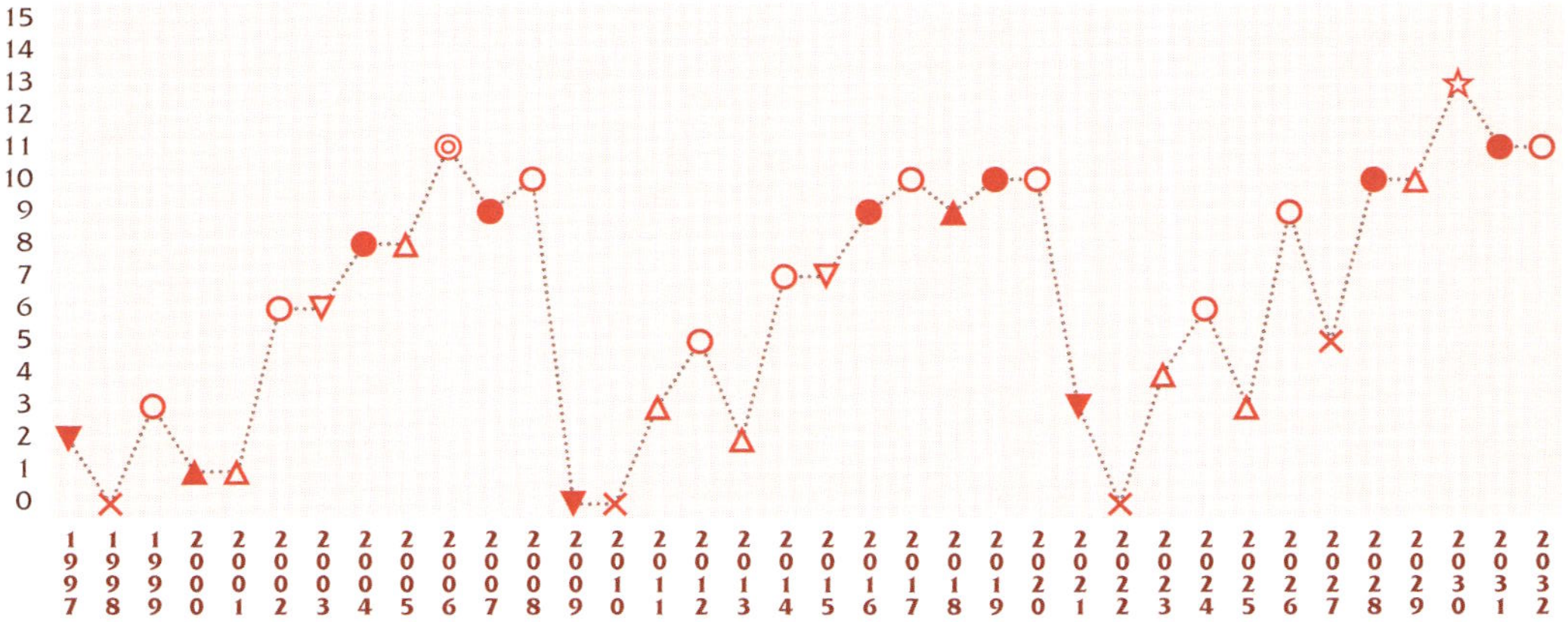
15
14
13
12
11
10
9
8
7
6
5
4
3
2
1
0
1997
1998
1999
2000
2001
2002
2003
2004
2005
2006
2007
2008
2009
2010
2011
2012
2013
2014
2015
2016
2017
2018
2019
2020
2021
2022
2023
2024
2025
2026
2027
2028
2029
2030
2031
2032

銀のカメレオン

Silver Chameleon

冷静さと要領のよさが強み。
堅実に、粘り強く
成功を手にしていく

基本性格

冷静・堅実な頭脳派

金のカメレオンよりも、さらに冷静に考える力があるのが銀のカメレオン。物事を論理的に、合理的に考え、堅実に人生を歩みます。時間とともに才能や個性を発揮できるタイプ。一見、頼りない感じに映ることもありますが、粘り強く時間をかけて物事を進め、継続できるので、手堅い人生を送る人も多いでしょう。

学習能力が高いので、自分よりも優れている人のマネをしたり、仕事や勉強のコツを教えてもらうと、思った以上に早く結果が出ます。レベルの高い人の中に入り、学ぶ心を忘れないことが大切です。

頭は非常にいいと言えますが、古い考えに縛られ過ぎてしまったり、理屈で物事を考え過ぎてしまうこともありそう。少しズル賢いと言えるところもあるでしょう。

几帳面ですが、人間関係は希薄で、なかなか深いつながりになりません。仲のいいグループががらりと変わることも多いでしょう。それでも、本音を話せる親友を探し、本当に信頼できる人と、一度仲よくなると、家族ぐるみの長く深い付き合いを望むでしょう。

自己判断はしっかりしていますが、受動的な面が強いため、周囲から判断を迫られると優柔不断になってしまいがち。迷ったときは、自分の経験を活かして判断するといいでしょう。

上手に他人に甘えることで人生を楽しく過ごせるタイプでもあります。自分よりも能力や才能のある人の近くにいて、上手に甘えることで、いい流れに乗れるようになるでしょう。

人に見せない裏側は、非常にマイペース。自分の世界にこだわって生きてしまったり、周囲に全く合わせない独特な生活をすることもある人で、イメージ能力が高く、アイデアを活かしたり創作力を突然発揮することもあるでしょう。古いものや歴史あるものを見ることで才能を開花させることもあるので、アンティークなものも含め、いろいろ見ておくといいでしょう。

恋愛運
奥手から一転、恋のテクニシャンへ

恋にも几帳面さが出てしまうのが銀のカメレオン。基本的には受け身で、相手の出方を見たり、時間をかけて進めようとします。考え過ぎて恋に臆病になってしまうタイプ。奥手な感じや恋に興味がないように思われることもありますが、ひとたび恋のテクニックを身につければ、狙った相手を確実に手に入れられる人になるでしょう。周囲で上手に恋を楽しんでいる人を観察して、ファッションや髪型、仕草をマネすることで、簡単に恋のテクニシャンになれるでしょう。

好みのタイプというよりも、レベルの高い異性を好むので、外見のいい人や社会的地位のある人、お金持ちなどを見つけようとします。一度火が付くと、いい関係にまで持ち込むことが上手な上、レベルの高い相手を望むあまり、不倫や三角関係、ダメな異性や危険で刺激的な相手にどっぷりハマってしまうことも多いでしょう。周囲が驚くような若い相手を手に入れようと無理をし過ぎて、あきれられてしまうこともあるかもしれません。

恋が始まると、根の真面目さや几帳面さが出過ぎてしまい、相手を束縛したり、少しのことで疑ってしまいます。このため、喧嘩の火種を自らまいたり、余計なひと言や厳しい言葉で恋を終わらせてしまうことも多いでしょう。

結婚や将来の話に関しては、相手任せになってしまい、ダラダラ交際を続けてしまうことがあるので、注意が必要です。

仕事運&金運 学ぶ姿勢と器用さで成功をつかむ

五星三心占いの中でもっとも要領のいい星の持ち主。社員教育がゆき届いている大企業の仕事やきちんとしたマニュアルがある仕事に就くと能力が開花します。仕事のできる人の下やできるだけレベルの高いところで学ぶことが大切。段取りと情報収集をしっかりすれば、自然と仕事ができるようになるでしょう。若いときはある程度苦労をしたり、学びの時間が多いほうが、40代以降に伸びてくることも多いもの。甘えず、苦労から逃げないことが大切になるでしょう。

イメージ能力の高さや手先の器用さを活かした習い事がおすすめ。趣味が仕事につながると金運もアップします。

グルメな星をもち、味覚がすぐれているので、料理人や食べ物に関わる仕事で大成功する場合もあります。趣味でもいいので料理やお菓子作りをしてみると、隠れていた才能が出てくる場合もあるでしょう。また、自分の祖父母と同じ仕事や似た仕事に就くことができると順調に進む場合も多く、自分のやりたい仕事や得意なことが見つからない場合は、祖父母の仕事を調べてみるのもいいでしょう。

銀のカメレオンの決断月

5月・6月・7月・11月・12月

この月に決断したり、新しいことを始めると、いい流れに乗れるでしょう。それ以外の月は、流れに身を任せたほうがいい時期なので、大きな決断は避けておきましょう。

銀のカメレオンの運命グラフ

人生は36年周期の繰り返し。人によって異なる、その36年間の運気の流れを表したのが「運命グラフ」です。グラフ上の印の位置の高低はそのまま運気の高低。10以上が「好調」となります。

銀のカメレオン A

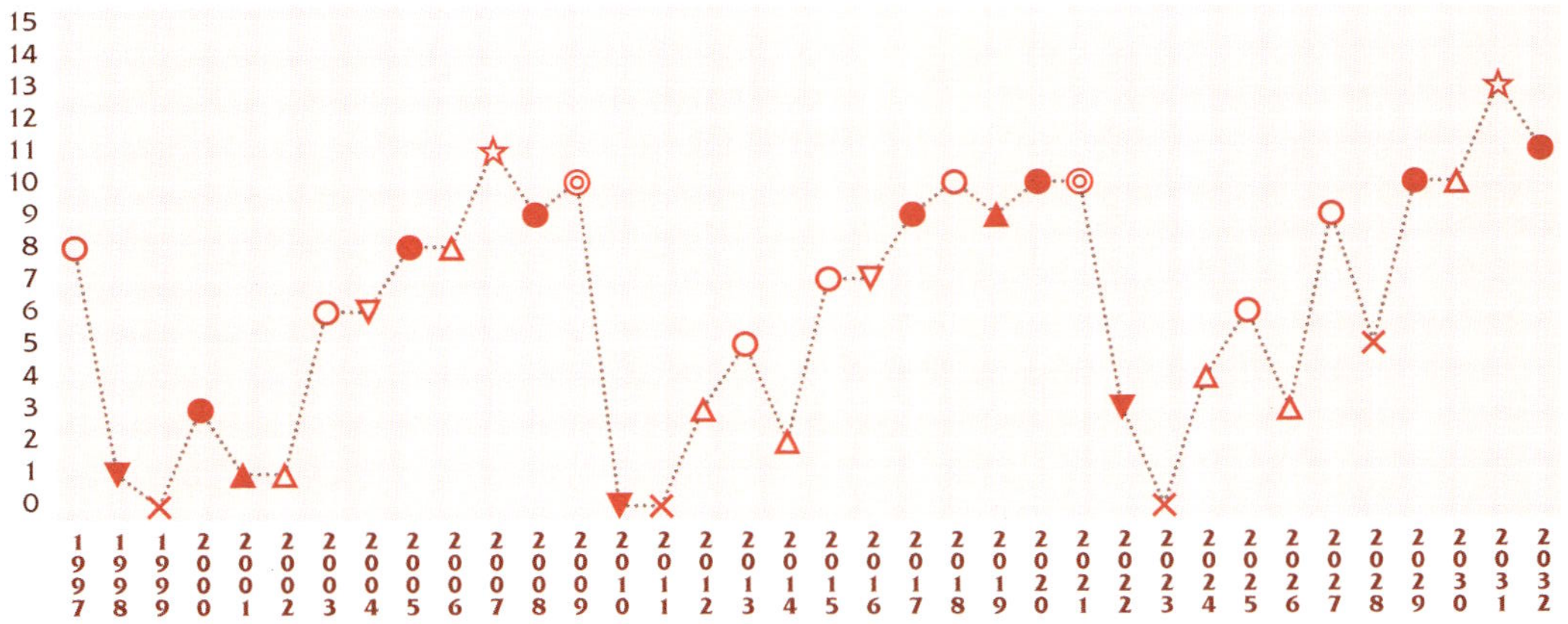

銀のカメレオン B

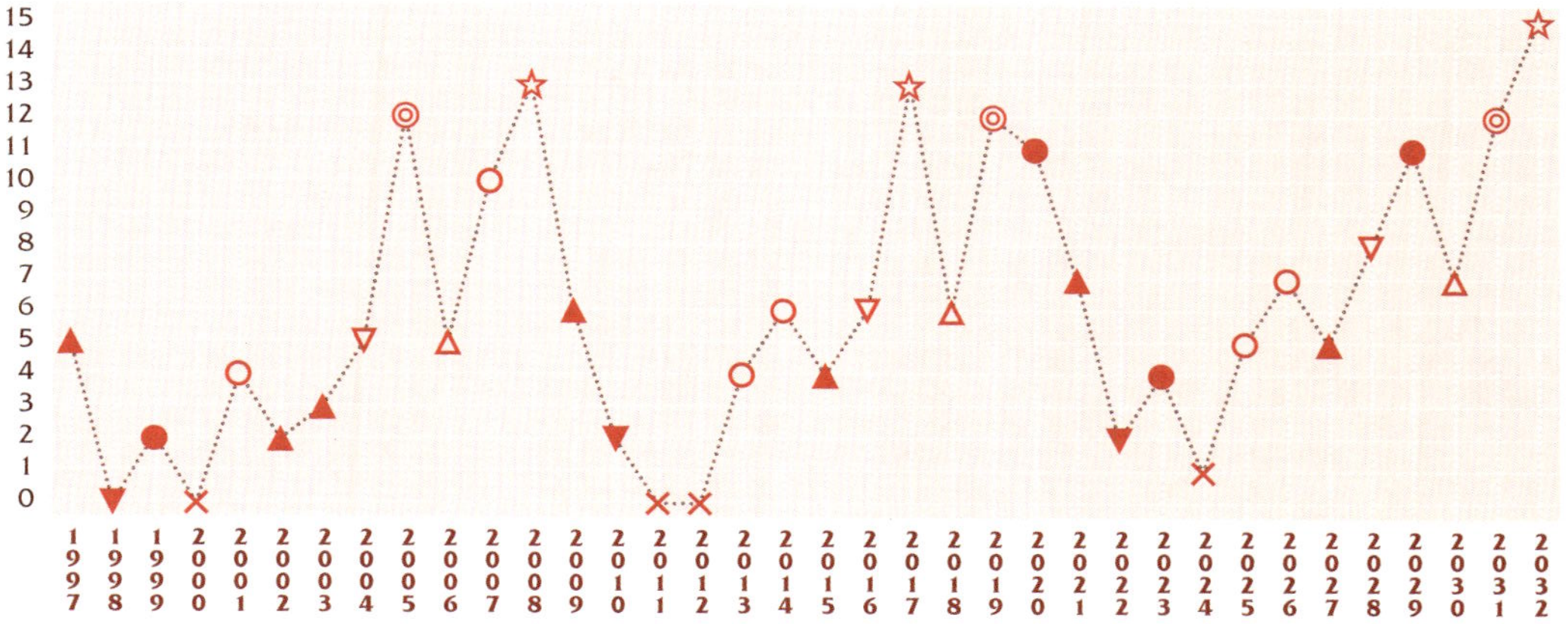

☆の年　36年に1～3回しかない、最高に幸運な年。始まりの年でもある
◎の年　最高の運気を備えた年。能力や魅力を思う存分、発揮できる
○の年　人生を変える決断に最適な年。軌道修正するにも最適
△の年　上半期は流れのままに、下半期からは行動的に流れを変えていける年
▲の年　決断には不向きな年。自分の課題をクリアするとき

▽の年　体調を崩しがち。体を休めること、リフレッシュにあてるべき年
×の年　これまで積み上げたことが崩れてしまう破壊の年
●の年　幸運と不運が入り組んだ複雑な年。予想外の出来事に見舞われる
▼の年　流れを止める急ブレーキの年。決断は避けるべき

銀のカメレオン C

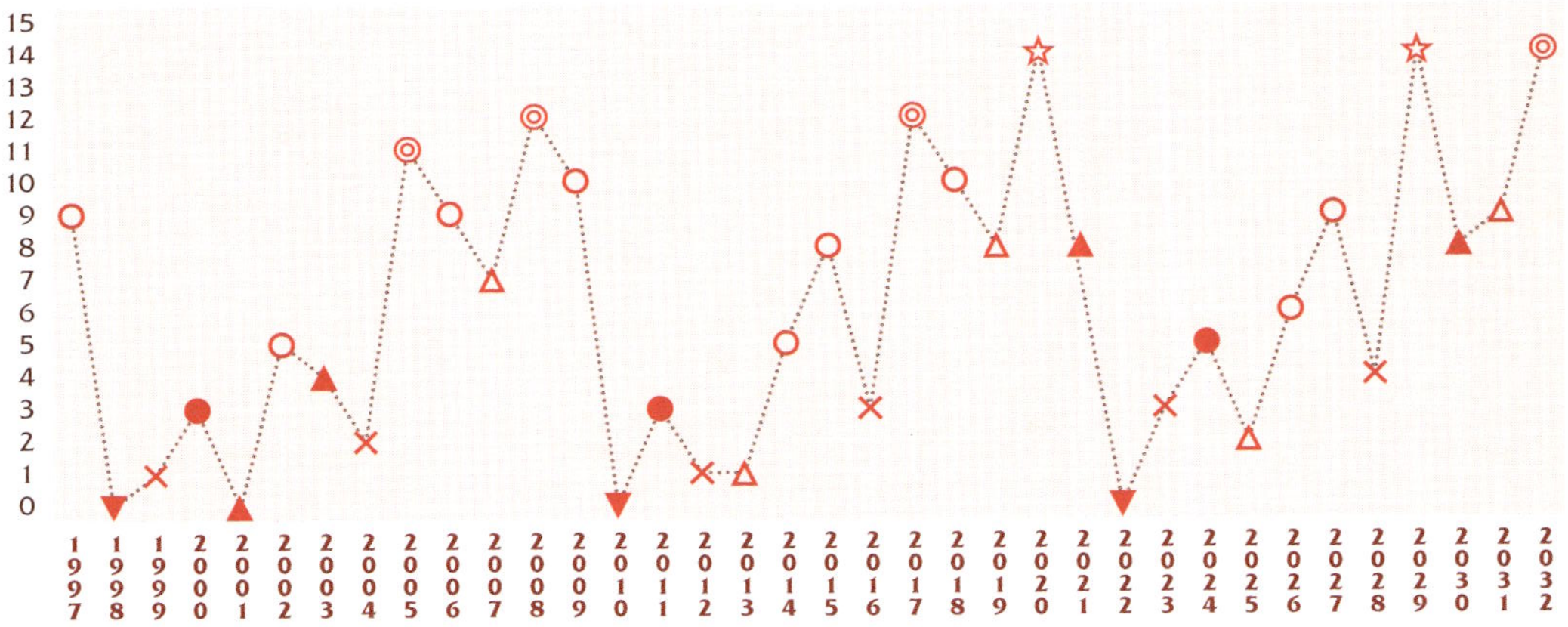
15
14
13
12
11
10
9
8
7
6
5
4
3
2
1
0
1997
1998
1999
2000
2001
2002
2003
2004
2005
2006
2007
2008
2009
2010
2011
2012
2013
2014
2015
2016
2017
2018
2019
2020
2021
2022
2023
2024
2025
2026
2027
2028
2029
2030
2031
2032

銀のカメレオン D

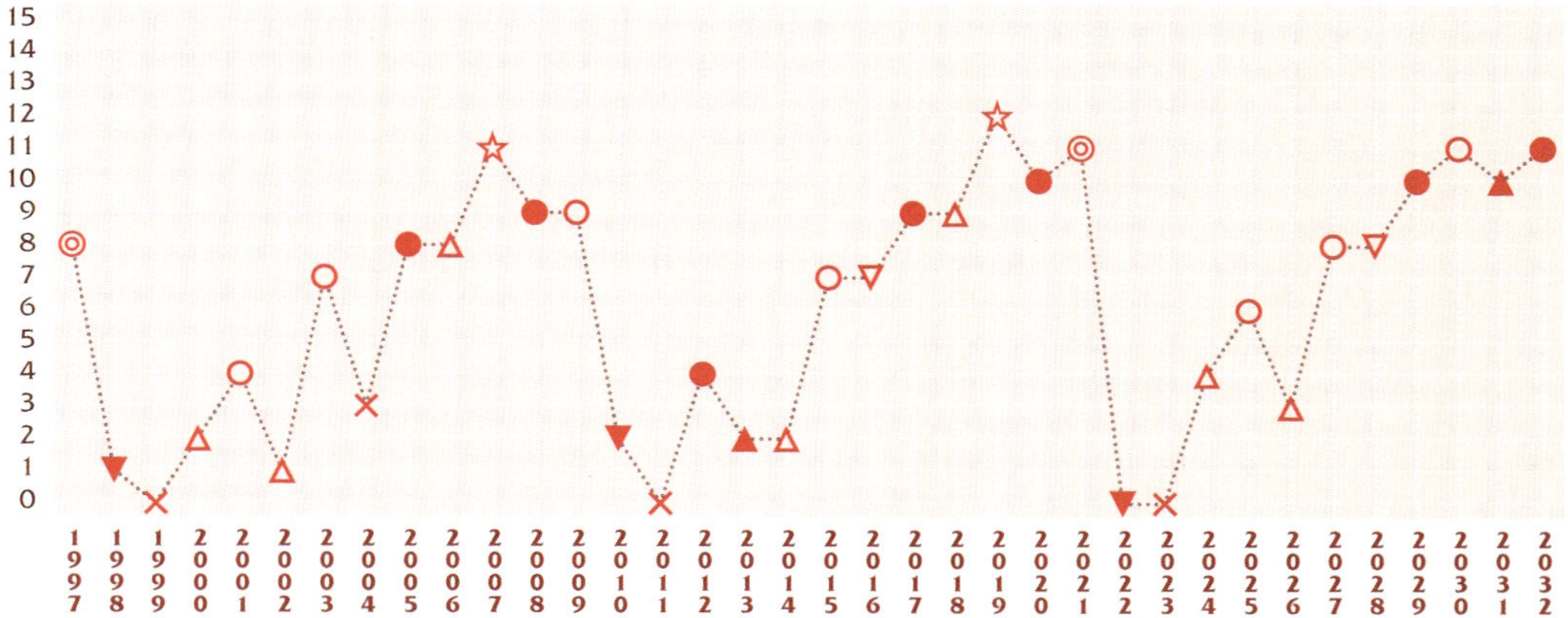

☆の年　36年に1～3回しかない、最高に幸運な年。始まりの年でもある
◎の年　最高の運気を備えた年。能力や魅力を思う存分、発揮できる
○の年　人生を変える決断に最適な年。軌道修正するにも最適
△の年　上半期は流れのままに、下半期からは行動的に流れを変えていける年
▲の年　決断には不向きな年。自分の課題をクリアするとき
▽の年　体調を崩しがち。体を休めること、リフレッシュにあてるべき年
×の年　これまで積み上げたことが崩れてしまう破壊の年
●の年　幸運と不運が入り組んだ複雑な年。予想外の出来事に見舞われる
▼の年　流れを止める急ブレーキの年。決断は避けるべき

銀のカメレオン E

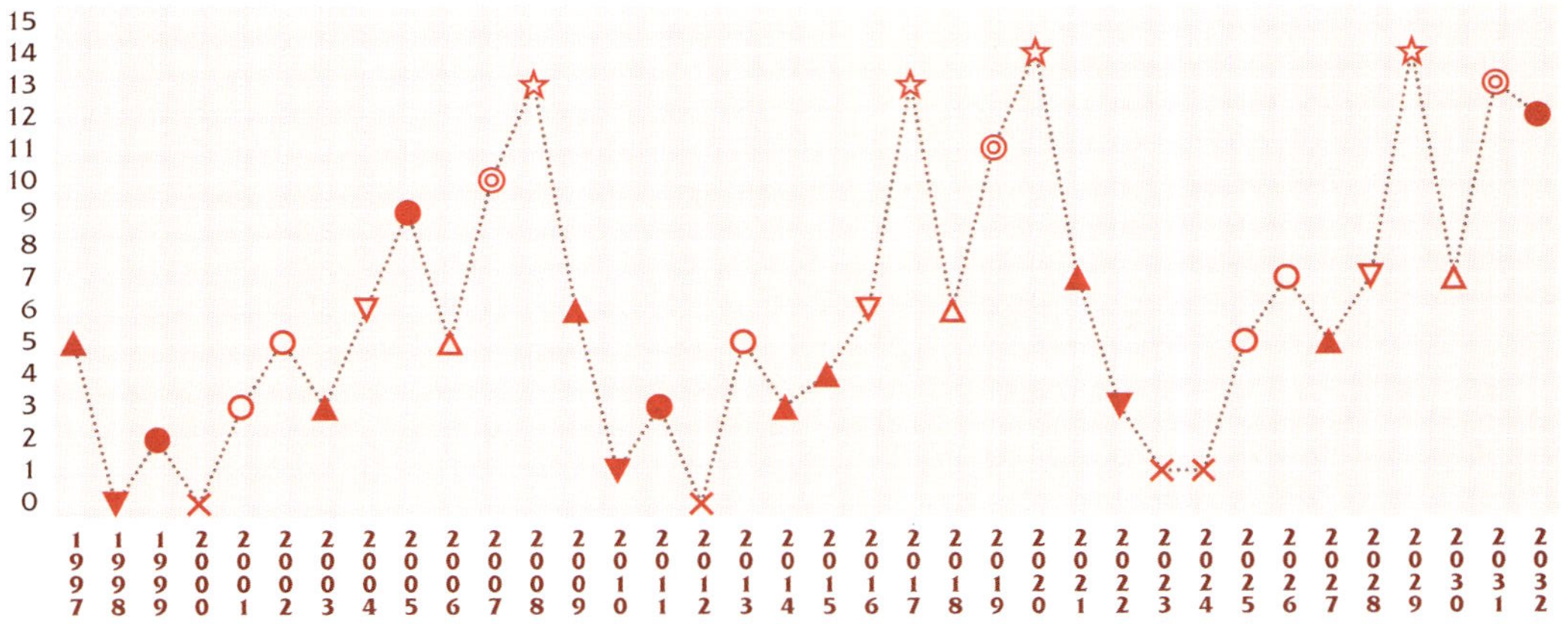

15
14
13
12
11
10
9
8
7
6
5
4
3
2
1
0
1997 1998 1999 2000 2001 2002 2003 2004 2005 2006 2007 2008 2009 2010 2011 2012 2013 2014 2015 2016 2017 2018 2019 2020 2021 2022 2023 2024 2025 2026 2027 2028 2029 2030 2031 2032

銀のカメレオン F

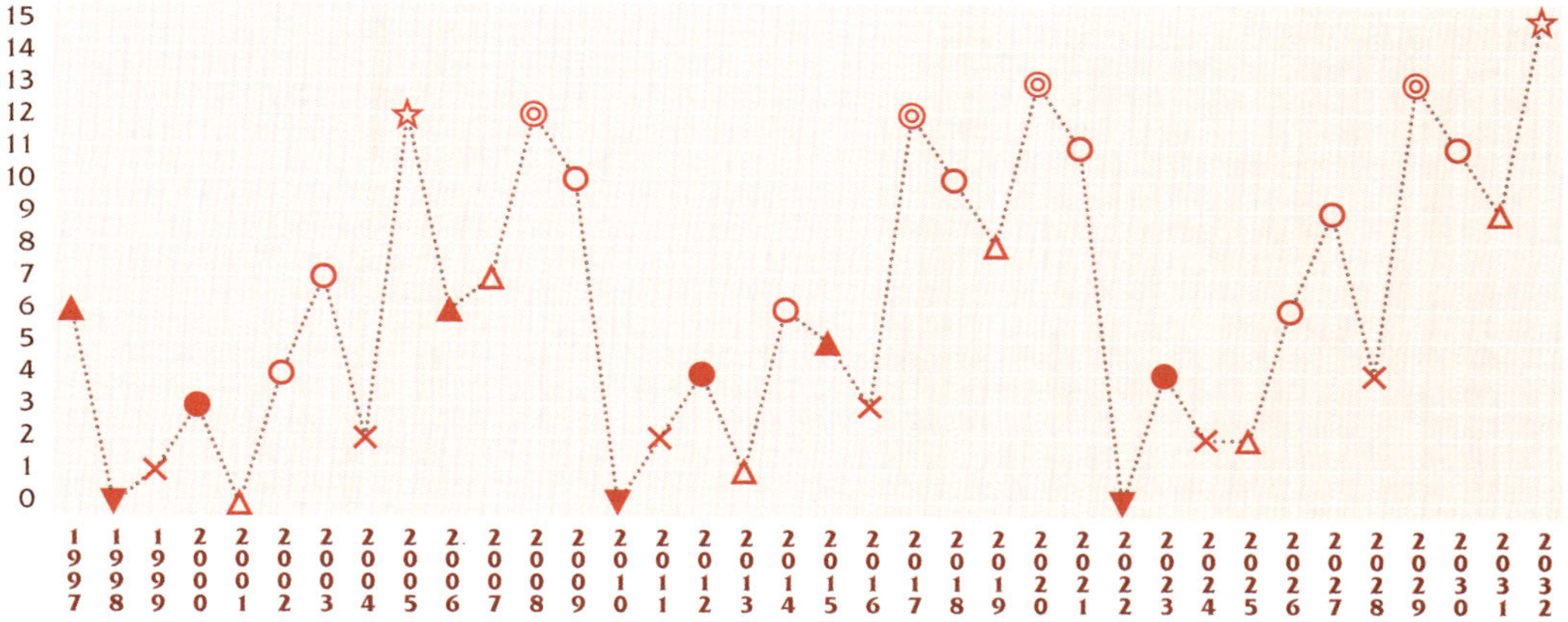

☆の年　36年に1～3回しかない、最高に幸運な年。始まりの年でもある
◎の年　最高の運気を備えた年。能力や魅力を思う存分、発揮できる
○の年　人生を変える決断に最適な年。軌道修正するにも最適
△の年　上半期は流れのままに、下半期からは行動的に流れを変えていける年
▲の年　決断には不向きな年。自分の課題をクリアするとき
▽の年　体調を崩しがち。体を休めること、リフレッシュにあてるべき年
×の年　これまで積み上げたことが崩れてしまう破壊の年
●の年　幸運と不運が入り組んだ複雑な年。予想外の出来事に見舞われる
▼の年　流れを止める急ブレーキの年。決断は避けるべき

銀のカメレオン G

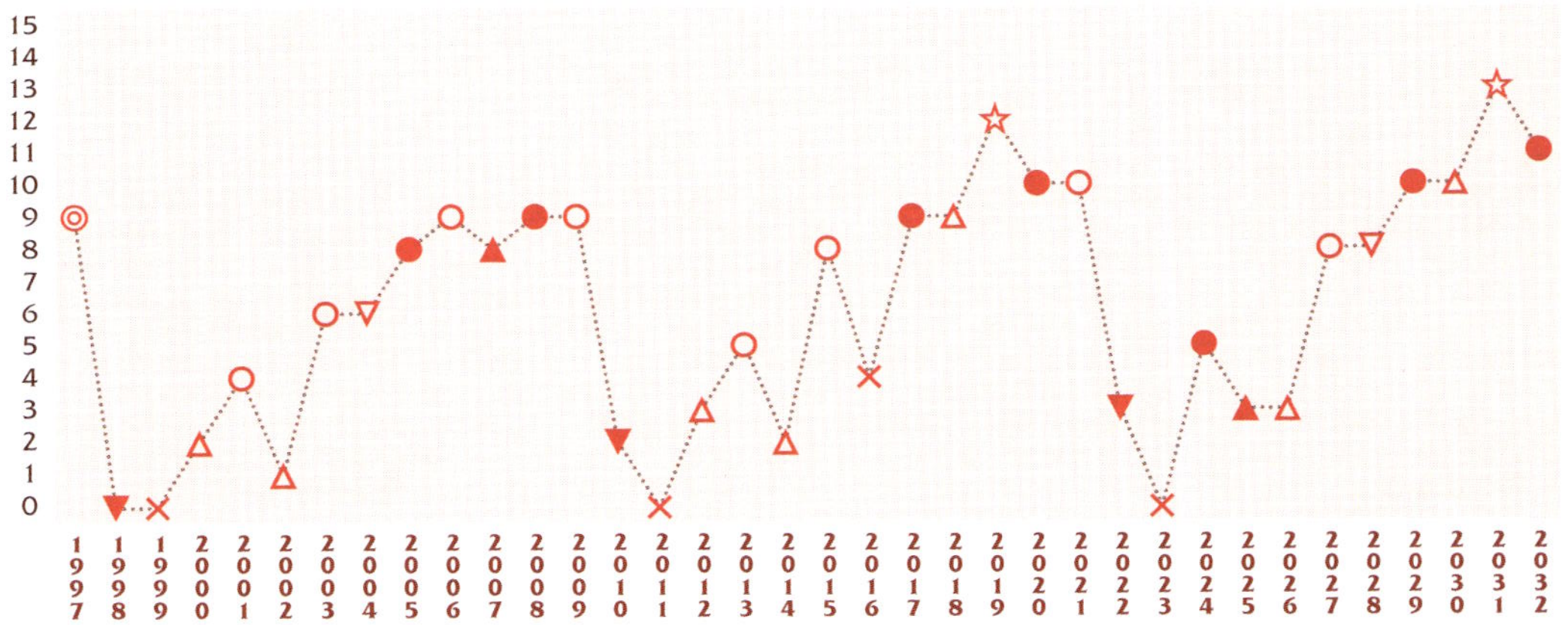
15
14
13
12
11
10
9
8
7
6
5
4
3
2
1
0
1997
1998
1999
2000
2001
2002
2003
2004
2005
2006
2007
2008
2009
2010
2011
2012
2013
2014
2015
2016
2017
2018
2019
2020
2021
2022
2023
2024
2025
2026
2027
2028
2029
2030
2031
2032

銀のカメレオン H

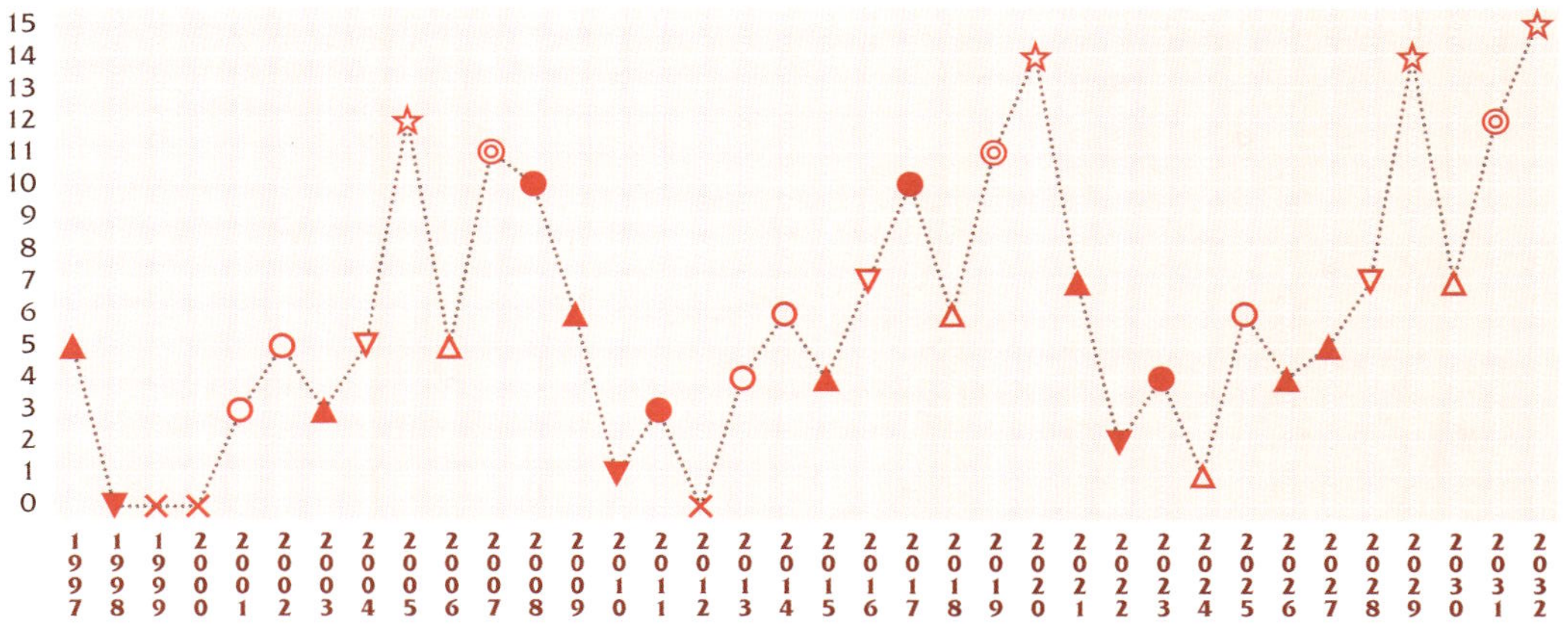

☆の年　36年に1～3回しかない、最高に幸運な年。始まりの年でもある
◎の年　最高の運気を備えた年。能力や魅力を思う存分、発揮できる
○の年　人生を変える決断に最適な年。軌道修正するにも最適
△の年　上半期は流れのままに、下半期からは行動的に流れを変えていける年
▲の年　決断には不向きな年。自分の課題をクリアするとき
▽の年　体調を崩しがち。体を休めること、リフレッシュにあてるべき年
×の年　これまで積み上げたことが崩れてしまう破壊の年
●の年　幸運と不運が入り組んだ複雑な年。予想外の出来事に見舞われる
▼の年　流れを止める急ブレーキの年。決断は避けるべき

銀のカメレオン I

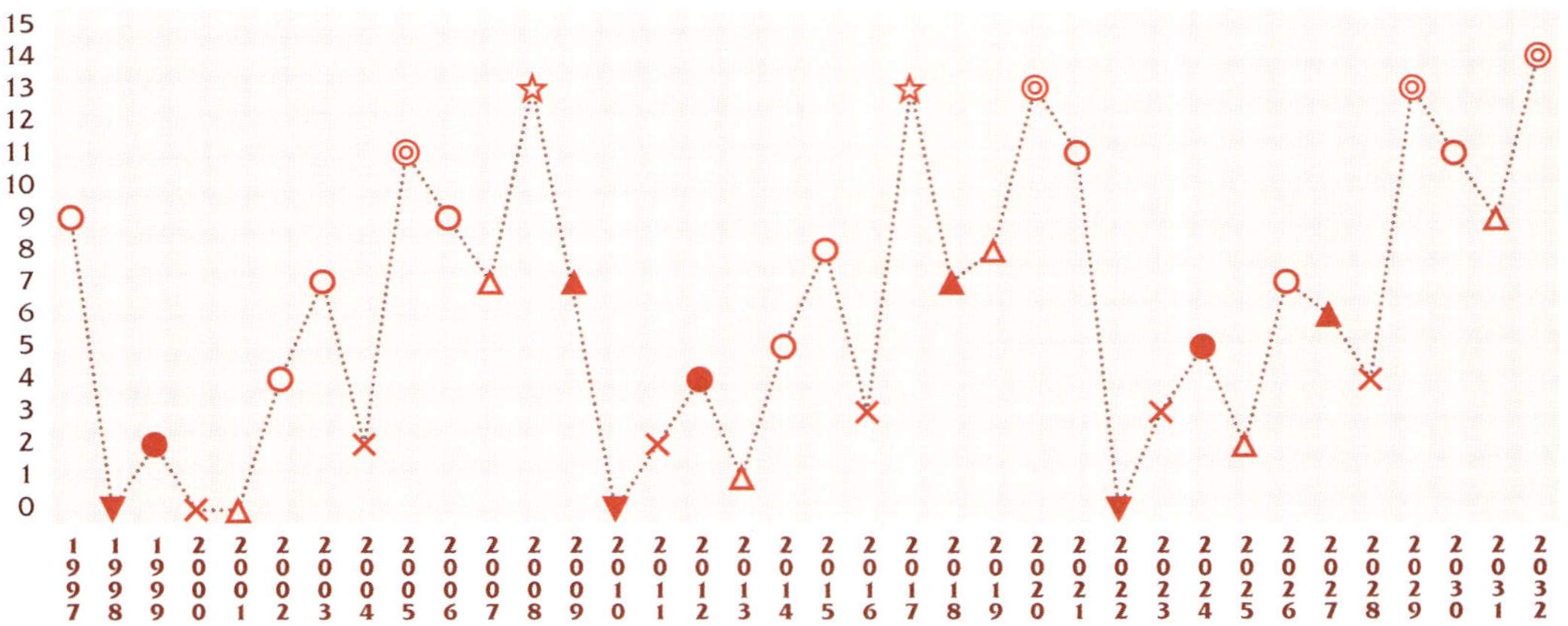

15
14
13
12
11
10
9
8
7
6
5
4
3
2
1
0
1997
1998
1999
2000
2001
2002
2003
2004
2005
2006
2007
2008
2009
2010
2011
2012
2013
2014
2015
2016
2017
2018
2019
2020
2021
2022
2023
2024
2025
2026
2027
2028
2029
2030
2031
2032

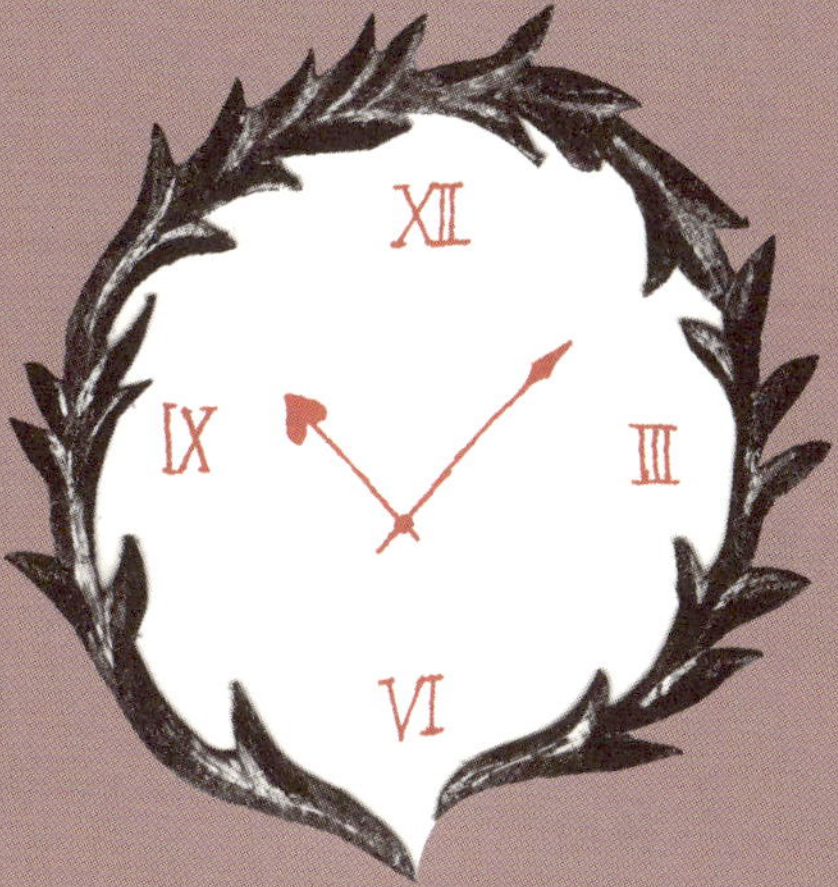

金の時計

Golden Clock

もっとも人に優しい星。
人間関係を築く能力に長けた
博愛主義者

基本性格

優しさゆえに人に振り回されがち

優しい人だからこそ他人に振り回されてしまう、振り子時計のように心が動いてしまうのが金の時計。差別や区別が嫌いで、どんな人とも仲よくなれる親しみやすい人です。

人なつっこく、人間関係の輪を広げる能力にもっとも長けた人。自分でも驚くような人と仲よくなれたり、不思議なつながりをつくることもできます。面倒見もよく、困った人を助けたり、正義感も強いですが、自分が正しいと思ったことを押し付け過ぎてしまったり、おせっかいが過ぎてしまうこともあるでしょう。

自分の思いに素直になり過ぎてしまい、変わり者と思われてしまう場合もあります。人間関係を大切にする思いが強いため、人との縁を切ることが苦手。悪友だとわかっていても、ダラダラと関係を続けてしまったり、離れなくてはならない人といつまでもつながってしまうことも多いでしょう。情に流されやすい面を注意するようにしましょう。

メンタルが弱く、常に心が揺れているような人なので、自分の目標に向かって突き進んでいる最中も違う方向に目が向いてしまいます。周囲の人に振り回され、進むべき道に悩んでしまったり、決断できずに前に進めなくなったり、同じ失敗を繰り返してしまうことも多いでしょう。

人と深く付き合い過ぎてしまい、ある日突然、人嫌いになってしまったり、人の輪に入れなくなってしまうこともあるでしょう。心のブレを修正することを考えるよりも、自分が何が好きなのかを明確にしたり、自分の中にある才能を磨くことで、心も運気も安定するでしょう。

恋愛運 情に流され、恋をする

自然と異性が周りに集まる人。恋のチャンスは多いほうなのですが、ただ、周囲から「もっといい人がいるんじゃない？」「何でその人と？」と聞かれるような人と交際をすることが多いでしょう。夢を追いかけている人や、先が見えない人を好みます。

「守ってあげたい」「自分がいないとダメだな」と思い面倒を見ているうちに、本当に好きになってしまうこともあるでしょう。面倒見のいい星をもつ人なので仕方ないのですが、あなたの優しさに甘えてしまうダメな異性にも引っ掛かりやすく、現実的に厳しい生活を送ってしまう場合もあるでしょう。夢を追いかけていても、自分に厳しく、現実や実力をしっかりと見られる相手となら幸せな恋を楽しむことができるでしょう。

基本的には優しいあなたでも、相手が優柔不断だったり、先のことを考えないで行動をすると不安で仕方がなくなります。そのためイライラしたり、不満を口に出すことがあるでしょう。細かいことを言い過ぎて大喧嘩になってしまうことも……。相手が偉そうな態度をとったり、金銭欲や権力欲をむき出しにするような人だった場合は、急に恋の熱が冷めてしまうことがあるでしょう。

ただ、恋に冷めてしまったり、相手に見切りをつけたとしても、情に流されやすく、別れたいのにダラダラ関係を続けてしまったり、別れた後も体だけの関係が続くこともあるでしょう。

本当に素敵な人か、周囲の意見を聞いてみることも必要です。いろいろな異性を受け入れられるのは長所でもありますが、評判を落とす場合もあります。気を付けたほうがいいときもあることを覚えておきましょう。

仕事運&金運 人のために働くことで運気上昇

五星三心占いの中でもっとも人に優しい星の持ち主。製造や制作などの仕事よりも、ダイレクトに人と関わる仕事に向いています。医者や看護師、保育士、福祉関係の仕事など、人のためになっていると実感できる仕事が天職となるでしょう。健康食品や美容関係、ファッション関係の仕事においても人との関わりがハッキリとわかりやすいほうがやる気が湧いてくるタイプ。人のために働くことで金運もアップします。

金の時計で、人との関わりを避けてしまっている人は、臆病にならないで人の輪の中に飛び込んでみましょう。自分が人間関係をつくることに長けていることがわかるはず。学生時代の交友関係のみでいると大損する可能性があるので、社会に出たら社会の人間関係をつくることが大切です。それにより、仕事もどんどんできるようになるでしょう。

情に厚いのはいいのですが、お金の貸し借りは運気を下げる原因になるので少額でもしないこと。「どうしても貸してほしい」と言われてしまった場合は、返ってくることを期待しないことと、その人との縁を切るつもりで貸すことをおすすめします。関係が続くと、苦労が絶えなくなってしまう場合もあるでしょう。

金の時計の決断月

1月・6月・7月・8月・12月

この月に決断したり、新しいことを始めると、いい流れに乗れるでしょう。それ以外の月は、流れに身を任せたほうがいい時期なので、大きな決断は避けておきましょう。

金の時計の運命グラフ

人生は36年周期の繰り返し。人によって異なる、その36年間の運気の流れを表したのが「運命グラフ」です。グラフ上の印の位置の高低はそのまま運気の高低。10以上が「好調」となります。

金の時計 A

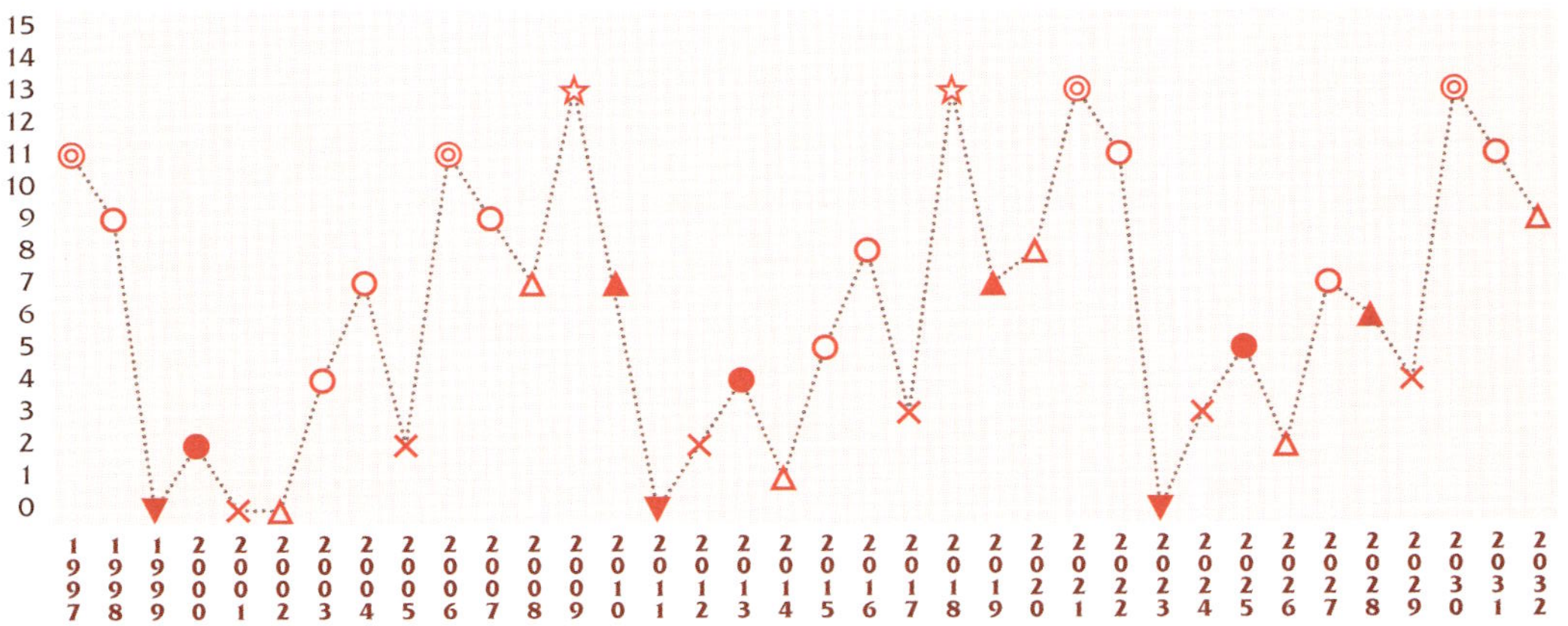

金の時計 B

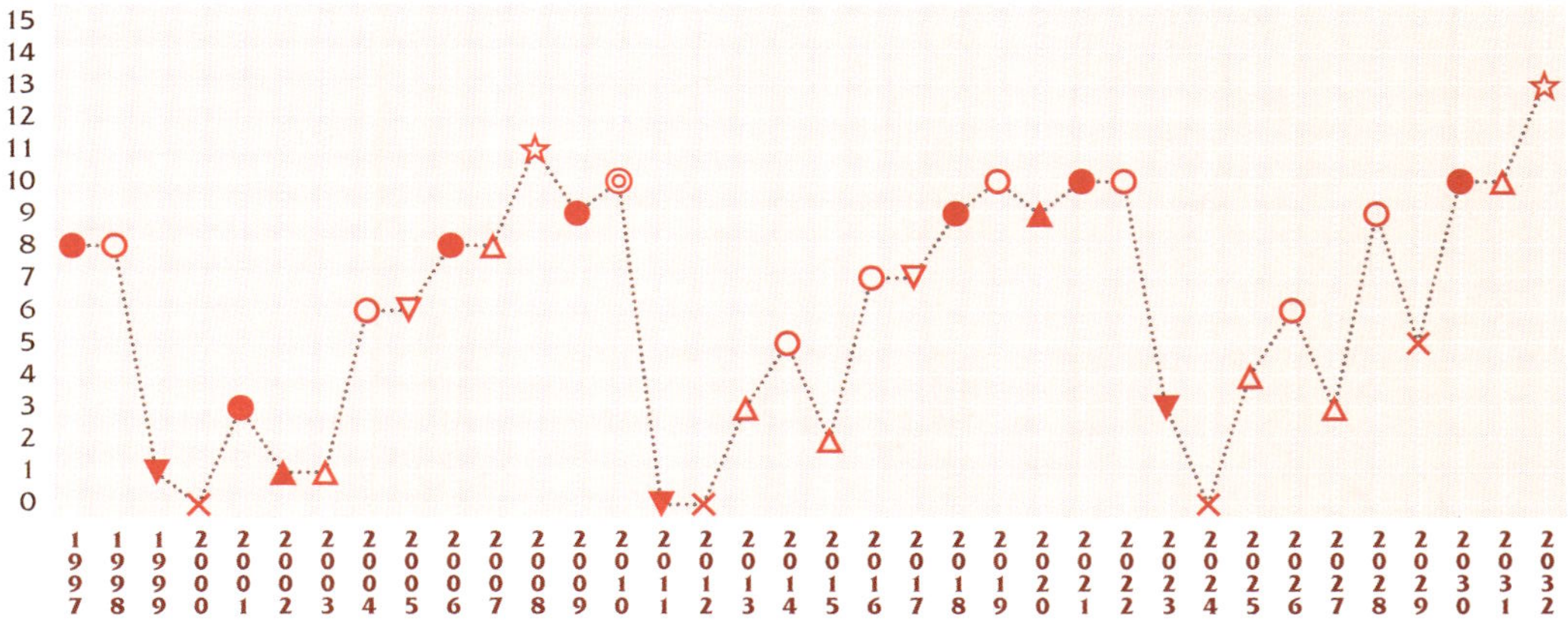

☆の年　36年に1～3回しかない、最高に幸運な年。始まりの年でもある
◎の年　最高の運気を備えた年。能力や魅力を思う存分、発揮できる
○の年　人生を変える決断に最適な年。軌道修正するにも最適
△の年　上半期は流れのままに、下半期からは行動的に流れを変えていける年
▲の年　決断には不向きな年。自分の課題をクリアするとき
▽の年　体調を崩しがち。体を休めること、リフレッシュにあてるべき年
×の年　これまで積み上げたことが崩れてしまう破壊の年
●の年　幸運と不運が入り組んだ複雑な年。予想外の出来事に見舞われる
▼の年　流れを止める急ブレーキの年。決断は避けるべき

金の時計 C

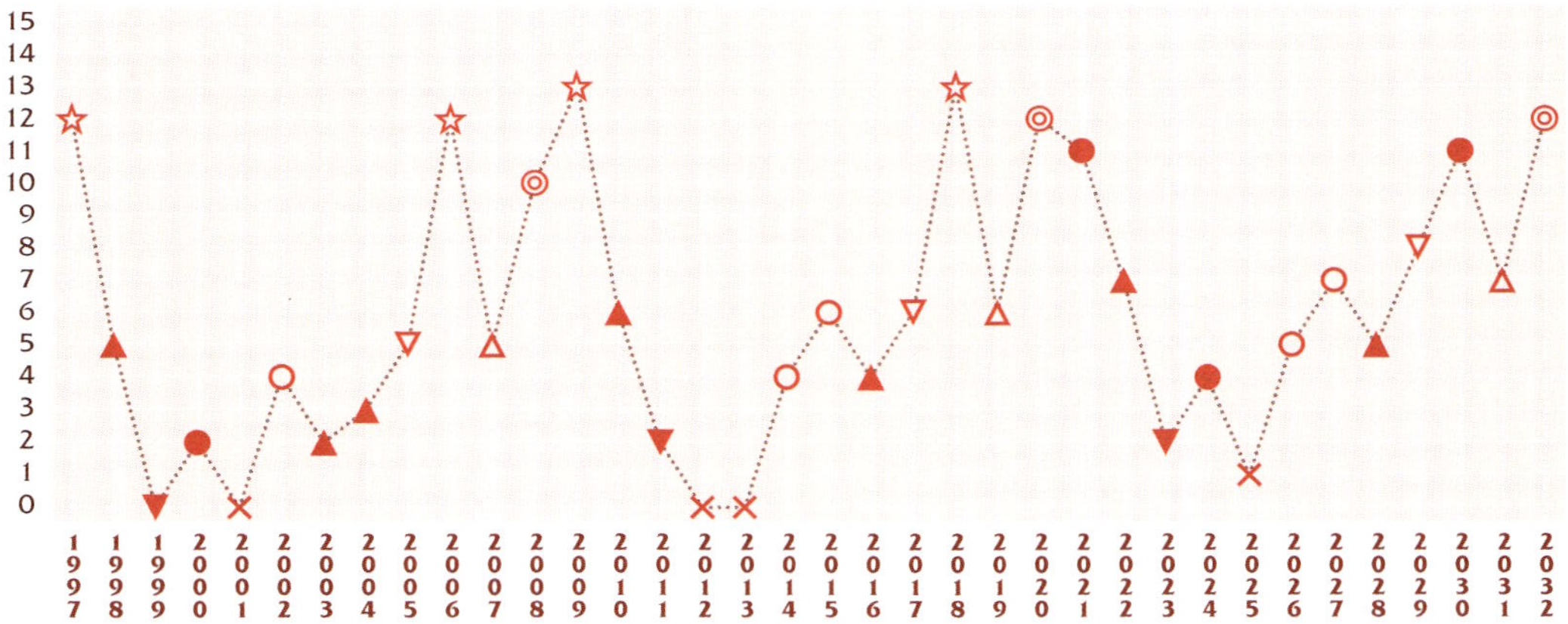
15
14
13
12
11
10
9
8
7
6
5
4
3
2
1
0
1997
1998
1999
2000
2001
2002
2003
2004
2005
2006
2007
2008
2009
2010
2011
2012
2013
2014
2015
2016
2017
2018
2019
2020
2021
2022
2023
2024
2025
2026
2027
2028
2029
2030
2031
2032

金の時計 D

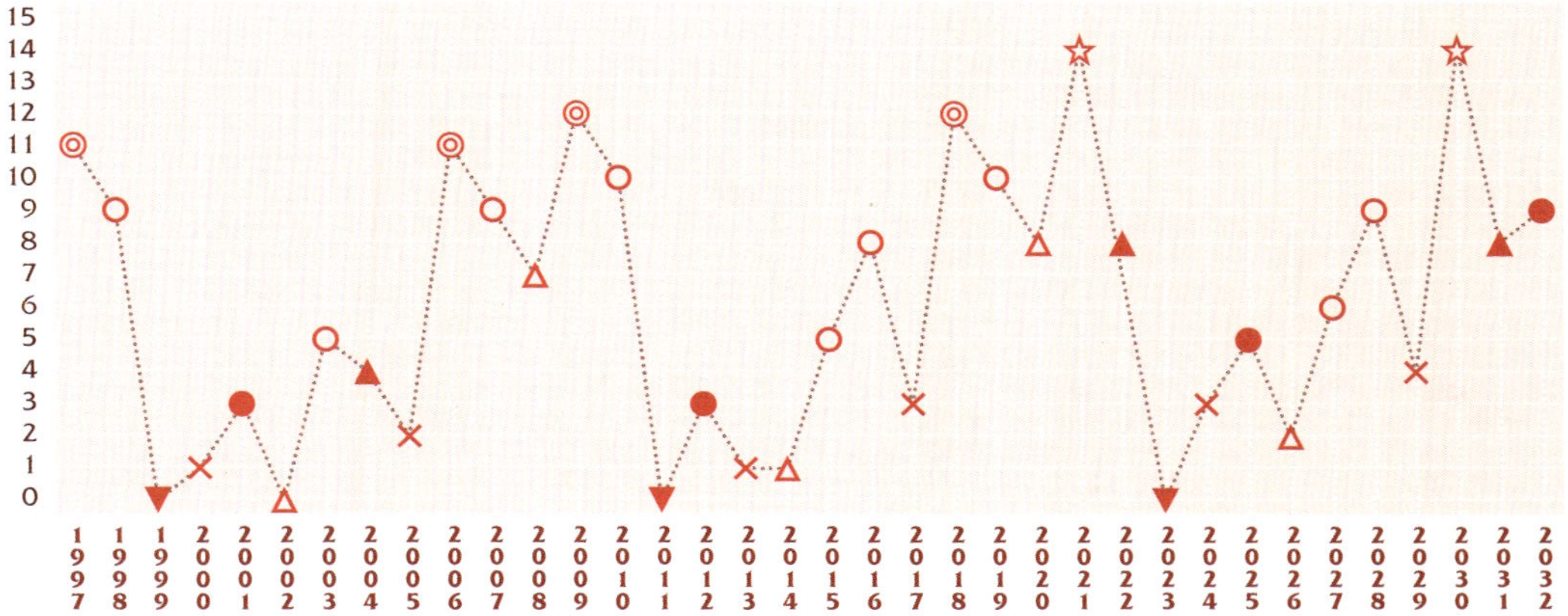

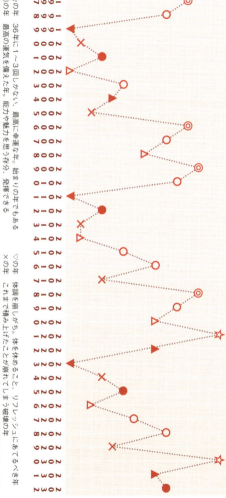

☆の年　36年に1～3回しかない、最高に幸運な年。始まりの年でもある
◎の年　最高の運気を備えた年。能力や魅力を思う存分、発揮できる
○の年　人生を変える決断に最適な年。軌道修正するにも最適
△の年　上半期は流れのままに、下半期からは行動的に流れを変えていける年
▲の年　決断には不向きな年。自分の課題をクリアするとき
▽の年　体調を崩しがち。体を休めること、リフレッシュにあてるべき年
×の年　これまで積み上げたことが崩れてしまう破壊の年
●の年　幸運と不運が入り組んだ複雑な年。予想外の出来事に見舞われる
▼の年　流れを止める急ブレーキの年。決断は避けるべき

金の時計 E

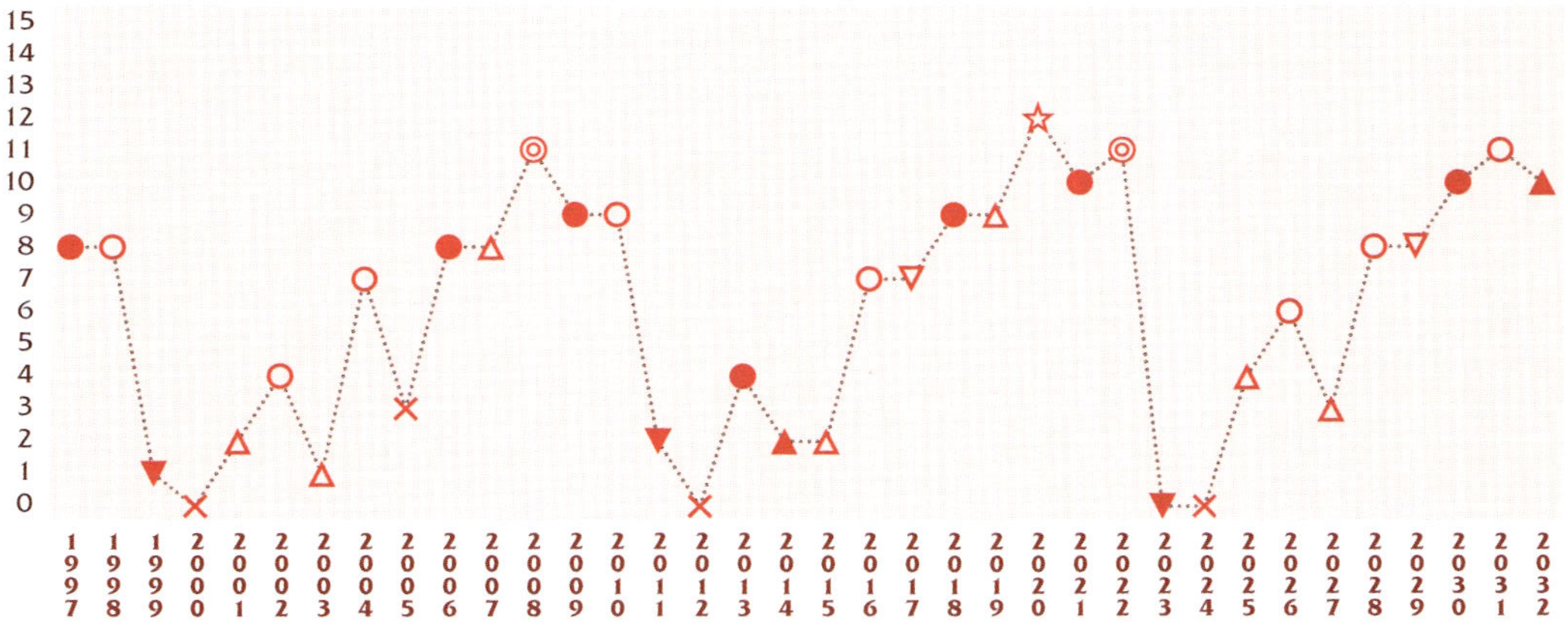
15
14
13
12
11
10
9
8
7
6
5
4
3
2
1
0
1997
1998
1999
2000
2001
2002
2003
2004
2005
2006
2007
2008
2009
2010
2011
2012
2013
2014
2015
2016
2017
2018
2019
2020
2021
2022
2023
2024
2025
2026
2027
2028
2029
2030
2031
2032

金の時計 F

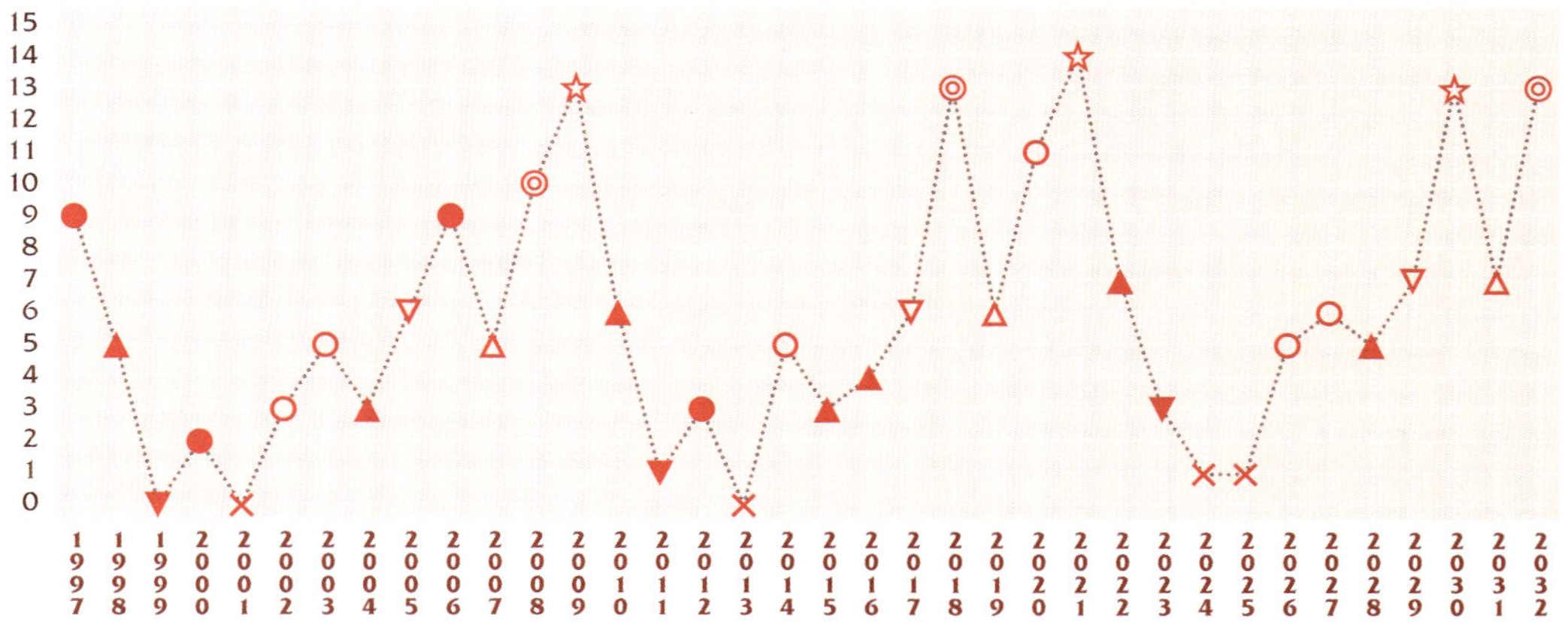

☆の年　36年に1～3回しかない、最高に幸運な年。始まりの年でもある
◎の年　最高の運気を備えた年。能力や魅力を思う存分、発揮できる
○の年　人生を変える決断に最適な年。軌道修正するにも最適
△の年　上半期は流れのままに、下半期からは行動的に流れを変えていける年
▲の年　決断には不向きな年。自分の課題をクリアするとき
▽の年　体調を崩しがち。体を休めること、リフレッシュにあてるべき年
×の年　これまで積み上げげたことが崩れてしまう破壊の年
●の年　幸運と不運が入り組んだ複雑な年。予想外の出来事に見舞われる
▼の年　流れを止める急ブレーキの年。決断は避けるべき

金の時計 G

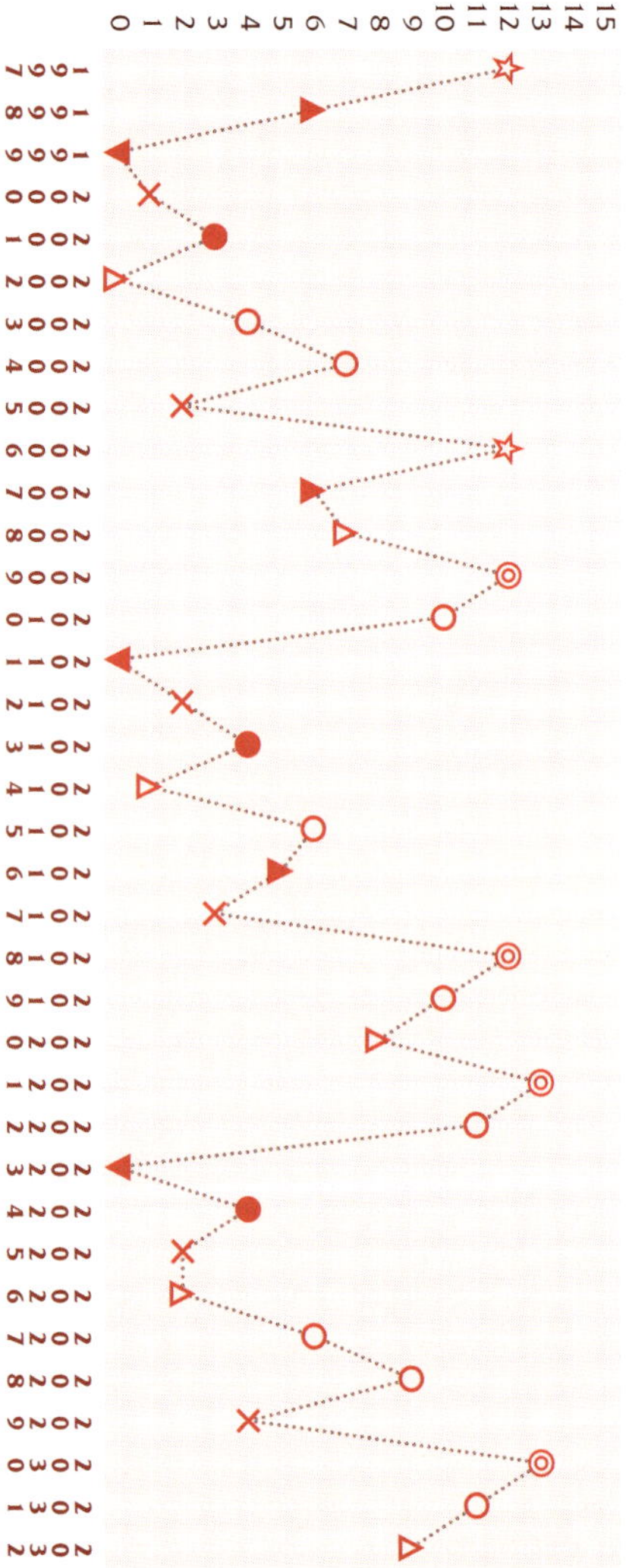

0
1
2
3
4
5
6
7
8
9
10
11
12
13
14
15
1997
1998
1999
2000
2001
2002
2003
2004
2005
2006
2007
2008
2009
2010
2011
2012
2013
2014
2015
2016
2017
2018
2019
2020
2021
2022
2023
2024
2025
2026
2027
2028
2029
2030
2031
2032

金の時計 H

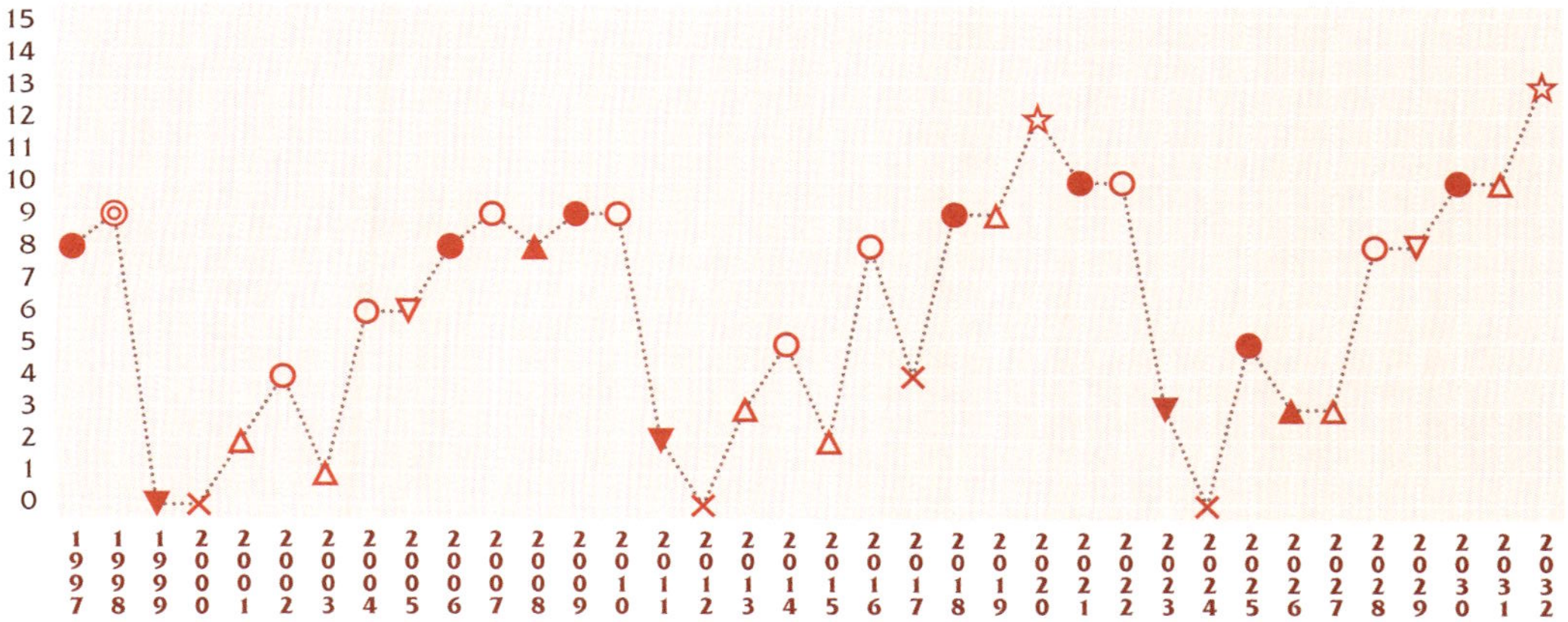

☆の年　36年に1～3回しかない、最高に幸運な年。始まりの年でもある
◎の年　最高の運気を備えた年。能力や魅力を思う存分、発揮できる
○の年　人生を変える決断に最適な年。軌道修正するにも最適
△の年　上半期は流れのままに、下半期からは行動的に流れを変えていける年
▲の年　決断には不向きな年。自分の課題をクリアするとき
▽の年　体調を崩しがち。体を休めること、リフレッシュにあてるべき年
×の年　これまで積み上げたことが崩れてしまう破壊の年
●の年　幸運と不運が入り組んだ複雑な年。予想外の出来事に見舞われる
▼の年　流れを止める急ブレーキの年。決断は避けるべき

金の時計 I

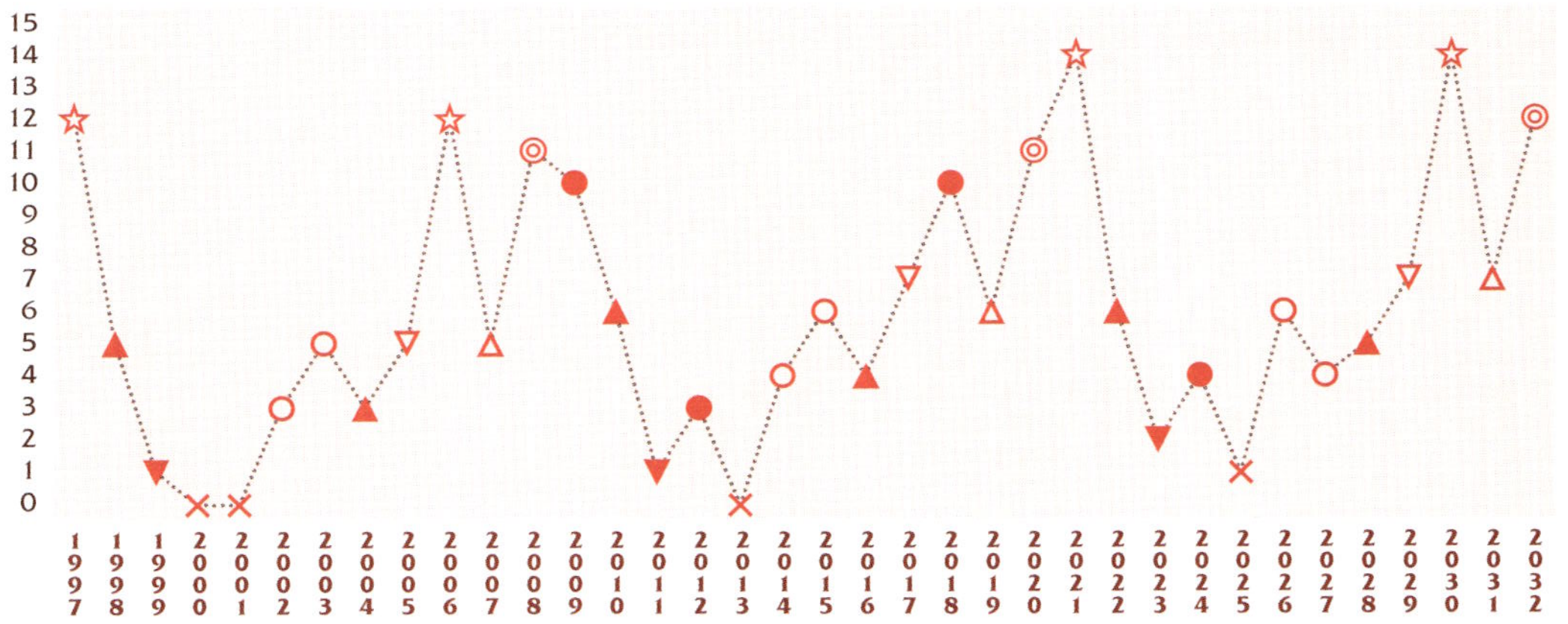
15
14
13
12
11
10
9
8
7
6
5
4
3
2
1
0
1997
1998
1999
2000
2001
2002
2003
2004
2005
2006
2007
2008
2009
2010
2011
2012
2013
2014
2015
2016
2017
2018
2019
2020
2021
2022
2023
2024
2025
2026
2027
2028
2029
2030
2031
2032

銀の時計

Silver Clock

人の役に立つことが大好き。
裏には、優れた発想力と
野心家の顔

基本性格

面倒見がよく、人にも好かれる

右へ左へ、常に揺れ続ける銀の時計。振り子時計だけに心は常に安定せず、自分の目的を見失ったり、気まぐれで行動したり、人の意見に簡単に左右されてしまいます。

時計は己のためだけでなく、周囲の人に時を教える存在。人の役に立てることを嬉しく思う人でもあるでしょう。飽きっぽく、フラフラしたようなところもありますが、基本的に情熱と思いやりのある優しい人。相談に乗ったり、他人の世話を焼くことに労を惜しまないので、多くの人に好かれるでしょう。そのため、交友関係も広くなり、自分でも驚くような人脈ができることもあります。

博愛主義で差別や区別を嫌うため、集団の中で能力が発揮される人。若いときからいろいろな人に会っておくことが大切です。不思議な人脈があなたの人生を大きく変えてくれることもあるでしょう。

ただ、メンタルが弱く、周囲の流れに乗ってしまったり、自分の目標や進むべき道を簡単に見失いやすいので注意も必要です。

人との縁を切ることが苦手で、ダメだとわかっていてもズルズル関係を長引かせてしまったり、悪意のある人に利用されてしまうことがあります。自分を振り回す人とは思い切って縁を切る勇気を持ちましょう。

今だけではなく、今後何をしたいか、未来の目標をしっかり定めることで運が味方をしてくれるようになるでしょう。金の時計よりも発想力があるので、それを活かせるよう努めれば、周囲の人が驚くような斬新なアイデアを生み出すこともできます。新しい時代を作れるような人にもなるでしょう。

恋愛運

超寂しがり屋は、恋に空回り

フットワークが軽く、世話好きで人脈が広いように見せているタイプなので、恋は得意そうですが、内面は超寂しがり屋で、異性に簡単に振り回されてしまったり、空回りをすることが多い人。恋愛上手ではないことを自分でも理解しておきましょう。「モテている」と勘違いしていると、異性にいいように扱われてしまったり、都合のいい人になってしまうでしょう。

差別や区別が嫌いなことはいいのですが、ときには縁をスッパリ切らないといけない人もいることを知っておきましょう。特に、昔の恋人とダラダラした関係が続いてしまったり、あなたを頼って来る異性を切れないまま、中途半端な関係を続けてしまうことも多いでしょう。

また、夢を追いかけている人やアーティスト風な人に惹かれやすいので、周囲の意見や反応は冷静に受け止める必要があります。「自分だけがあの人のよさを理解できている！」「夢を一緒に叶える！」などと思っていると、ドンドン空回りすることにもなりかねません。

束縛をする人や依存をする人、あなたを支配しようとする人にも注意が必要。面倒見のいいあなたを利用したり、甘えるだけの人に引っ掛かって、苦労が絶えなくなることもあるでしょう。

対等に付き合ってくれる、友達の延長のような恋を好む人を探すと、いい交際ができるようになります。現実的に考えて、相手の態度や生活や仕事が一般的に認められるものなのか、人として当たり前のことができているのかを冷静に判断し、周囲の意見を冷静に受け止められるようにすることが必要でしょう。

仕事運＆金運

評価されないと腐ってしまう野心家

五星三心占いの中でもっとも庶民的な星の持ち主。人の支えや人との関わりによって能力を開花させる人です。教育関係や企業で働くなら管理職、人事などで能力を発揮します。ただ、他人には見せない根の部分は野心家なため、評価されづらいような仕事に就いてしまうと、上司や会社の不満を言って転職を繰り返してしまい、本来の力を出せないまま苦労を繰り返してしまう場合があるでしょう。

尊敬できる上司や先輩を望むのは悪いことではないですが、やむを得ない事情や経済状況によって方針を変えざるを得ない経営者や上司の気持ちを考える努力も必要です。上司や会社のために働けるようになると、評価されて満足できる仕事ができるようになるでしょう。

まだ誰も注目していない人材や、才能を見抜く目ももっているので、その能力を活かせる情報系の仕事も向いています。

金運は悪くはないですが、ブランドものや高価なものをたくさん身につけると不運を招いてしまったり、バランスが悪くなるので、ホドホドにしておくといいでしょう。

銀の時計の決断月

1月・2月・7月・8月・9月

この月に決断したり、新しいことを始めると、いい流れに乗れるでしょう。それ以外の月は、流れに身を任せたほうがいい時期なので、大きな決断は避けておきましょう。

銀の時計の運命グラフ

人生は36年周期の繰り返し。人によって異なる、その36年間の運気の流れを表したのが「運命グラフ」です。グラフ上の印の位置の高低はそのまま運気の高低。10以上が「好調」となります。

銀の時計 A

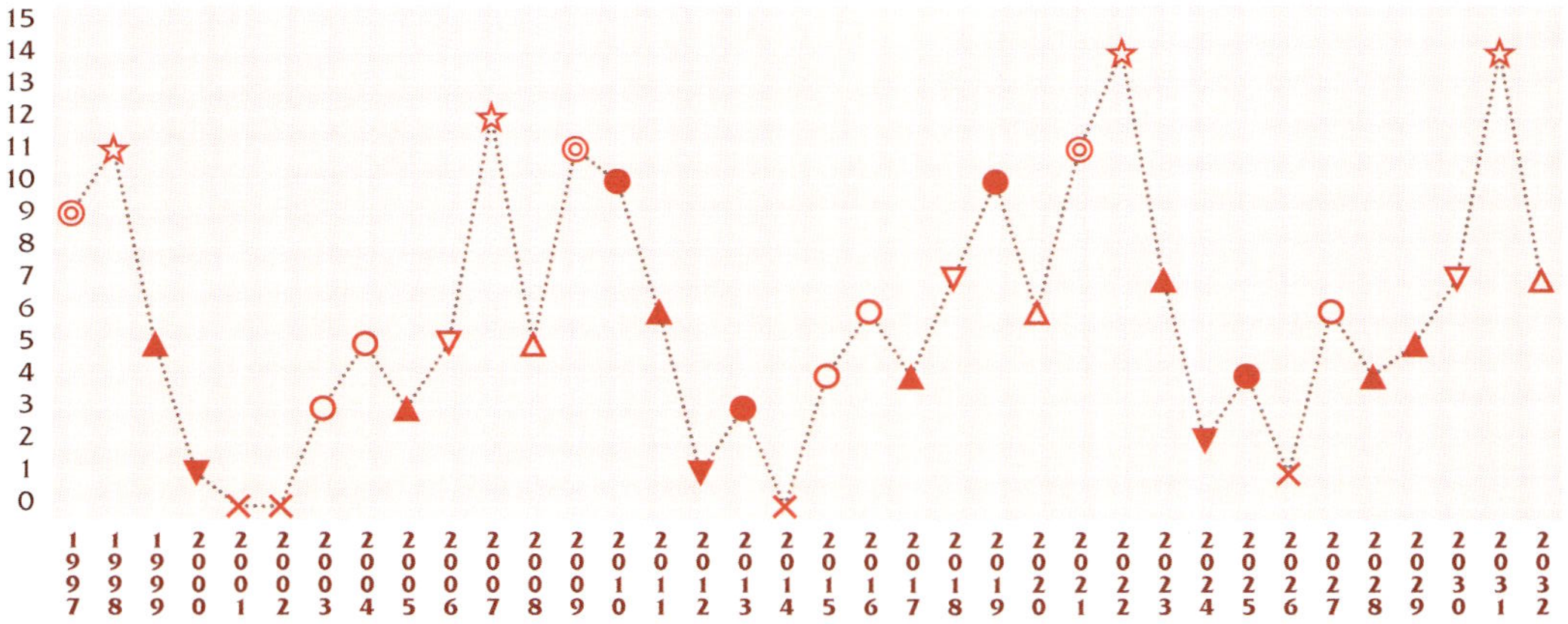

銀の時計 B

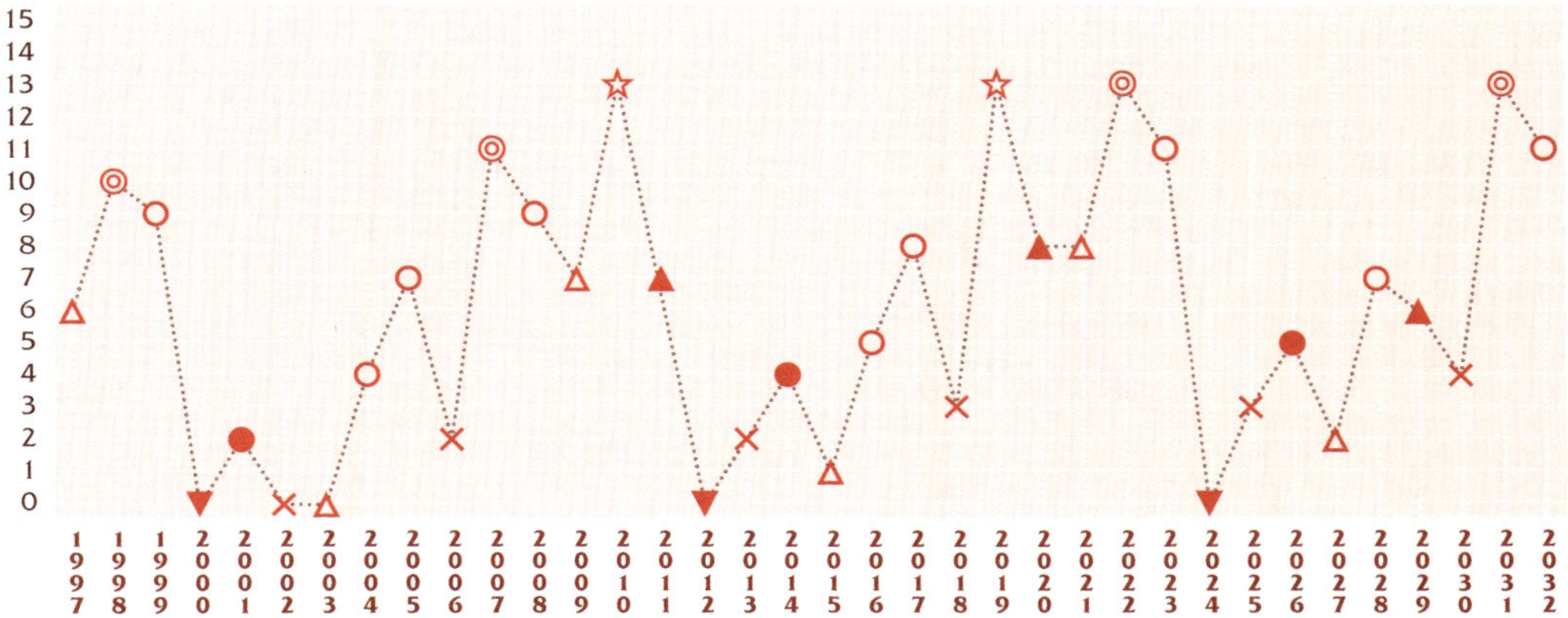

☆の年　36年に1～3回しかない、最高に幸運な年。始まりの年でもある
◎の年　最高の運気を備えた年。能力や魅力を思う存分、発揮できる
○の年　人生を変える決断に最適な年。軌道修正するにも最適
△の年　上半期は流れのままに、下半期からは行動的に流れを変えていける年
▲の年　決断には不向きな年。自分の課題をクリアするとき
▽の年　体調を崩しがち。体を休めること、リフレッシュにあてるべき年
×の年　これまで積み上げたことが崩れてしまう破壊の年
●の年　幸運と不運が入り組んだ複雑な年。予想外の出来事に見舞われる
▼の年　流れを止める急ブレーキの年。決断は避けるべき

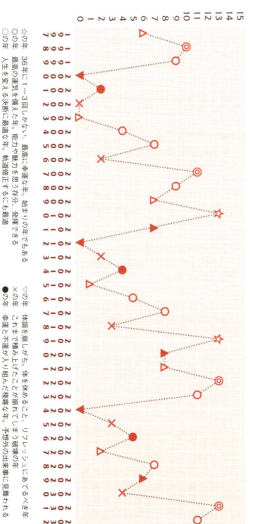

銀の時計 C

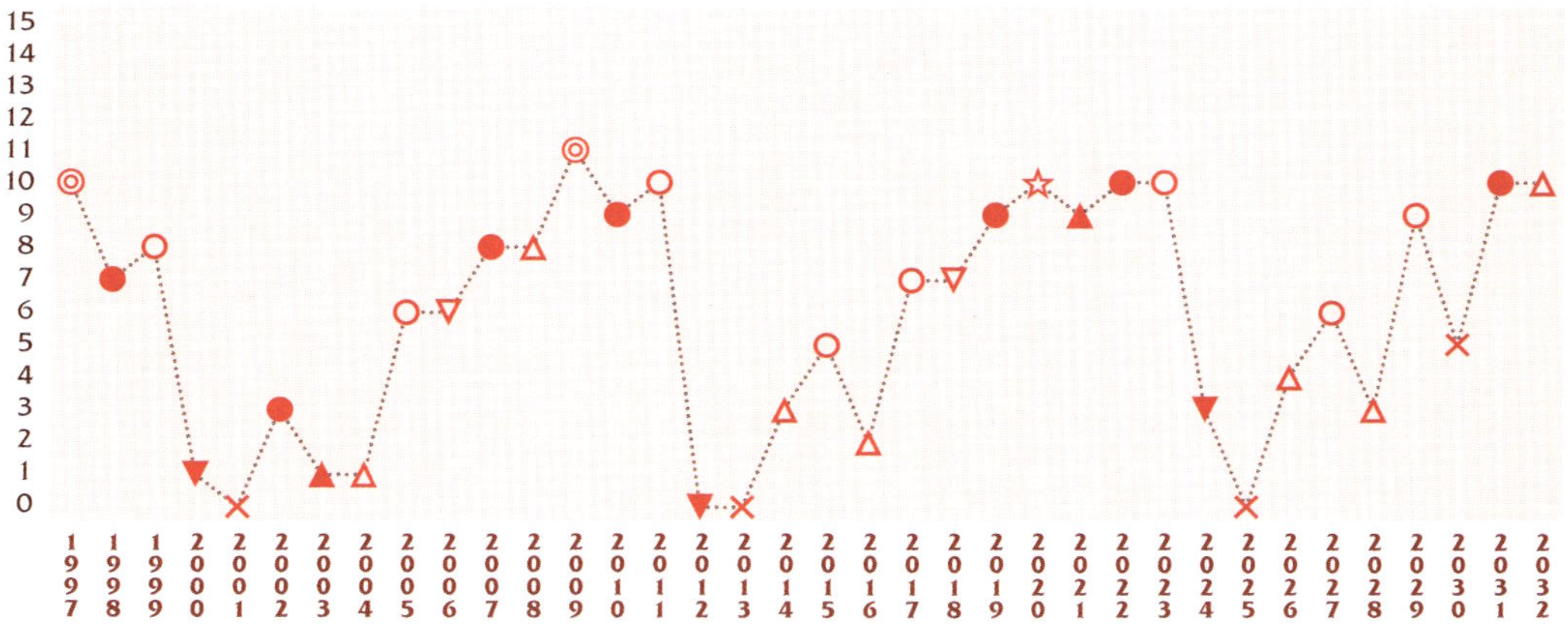
15 14 13 12 11 10 9 8 7 6 5 4 3 2 1 0
1997 1998 1999 2000 2001 2002 2003 2004 2005 2006 2007 2008 2009 2010 2011 2012 2013 2014 2015 2016 2017 2018 2019 2020 2021 2022 2023 2024 2025 2026 2027 2028 2029 2030 2031 2032

銀の時計 D

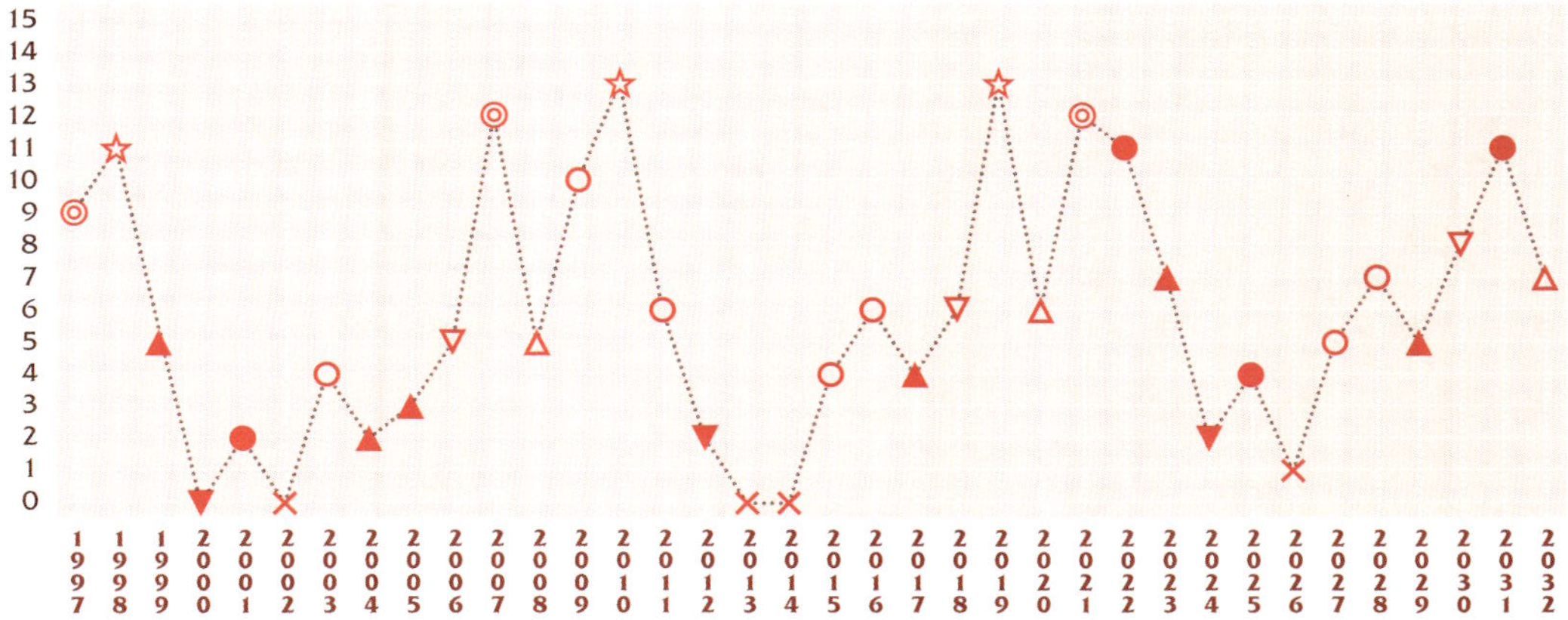

☆の年　36年に1～3回しかない、最高に幸運な年。始まりの年でもある
◎の年　最高の運気を備えた年。能力や魅力を思う存分、発揮できる
○の年　人生を変える決断に最適な年。軌道修正するにも最適
△の年　上半期は流れのままに、下半期からは行動的に流れを変えていける年
▲の年　決断には不向きな年。自分の課題をクリアするとき
▽の年　体調を崩しがち。体を休めること、リフレッシュにあてるべき年
×の年　これまで積み上げたことが崩れてしまう破壊の年
●の年　幸運と不運が入り組んだ複雑な年。予想外の出来事に見舞われる
▼の年　流れを止める急ブレーキの年。決断は避けるべき

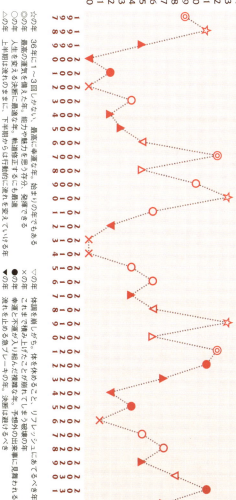

銀の時計 E

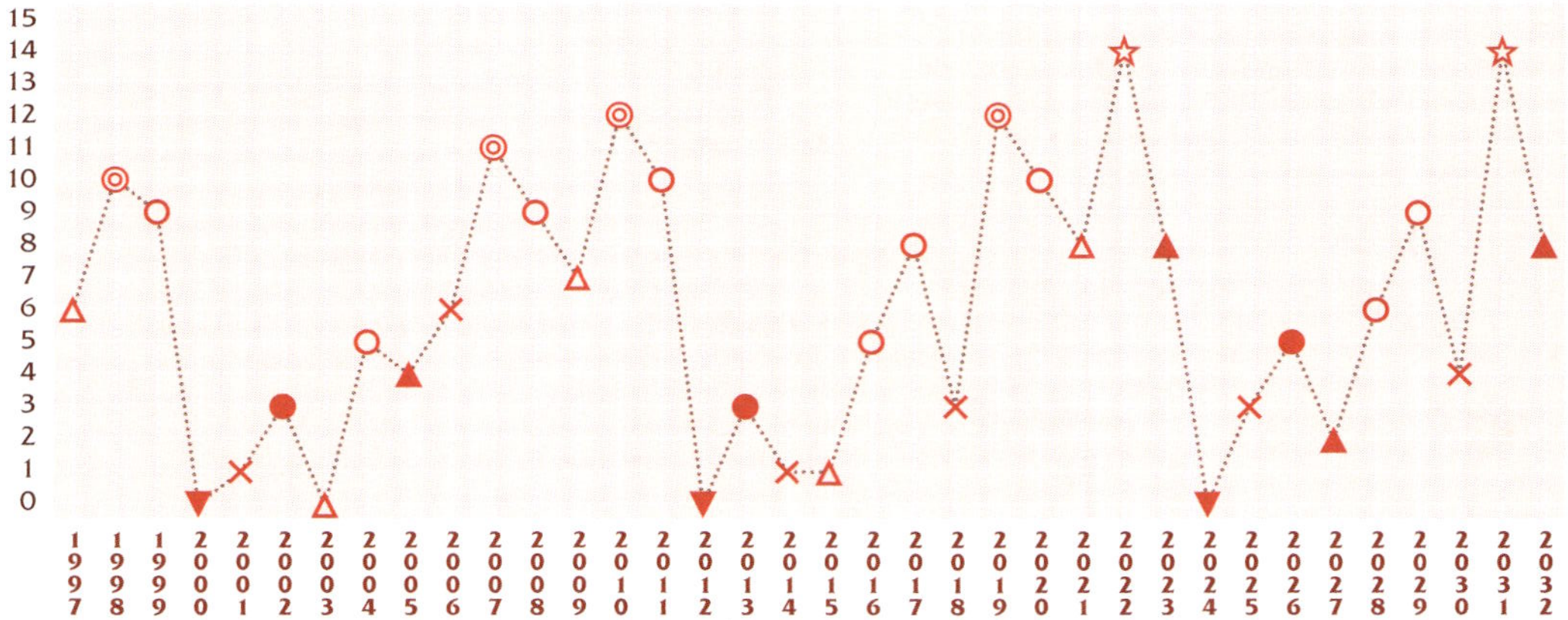
15
14
13
12
11
10
9
8
7
6
5
4
3
2
1
0
1997 1998 1999 2000 2001 2002 2003 2004 2005 2006 2007 2008 2009 2010 2011 2012 2013 2014 2015 2016 2017 2018 2019 2020 2021 2022 2023 2024 2025 2026 2027 2028 2029 2030 2031 2032

銀の時計 F

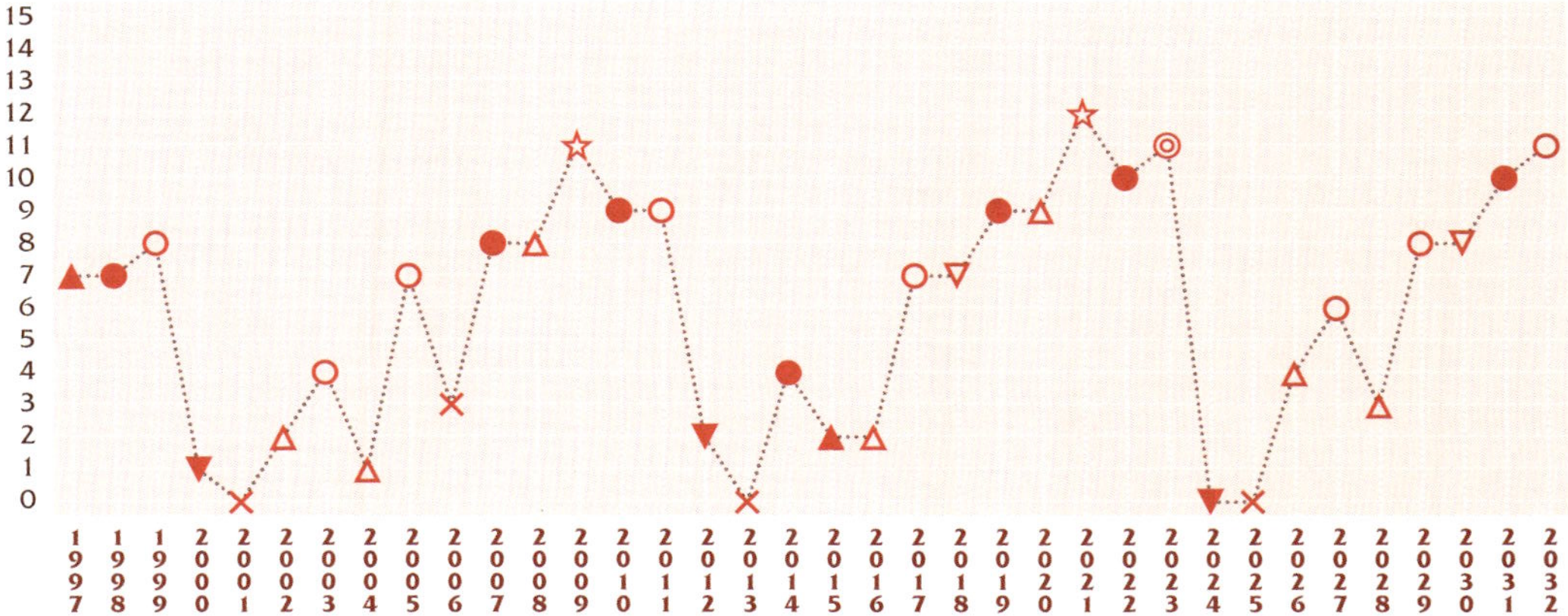

☆の年　36年に１～３回しかない、最高に幸運な年。始まりの年でもある
◎の年　最高の運気を備えた年。能力や魅力を思う存分、発揮できる
○の年　人生を変える決断に最適な年。軌道修正するにも最適
△の年　上半期は流れのままに、下半期からは行動的に流れを変えていける年
▲の年　決断には不向きな年。自分の課題をクリアするとき
▽の年　体調を崩しがち。体を休めること、リフレッシュにあてるべき年
×の年　これまで積み上げたことが崩れてしまう破壊の年
●の年　幸運と不運が入り組んだ複雑な年。予想外の出来事に見舞われる
▼の年　流れを止める急ブレーキの年。決断は避けるべき

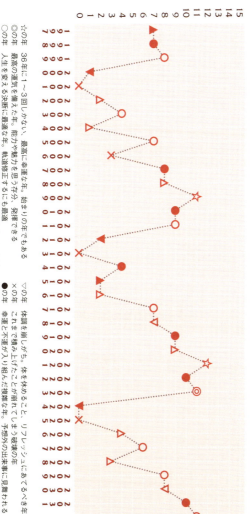

銀の時計 G

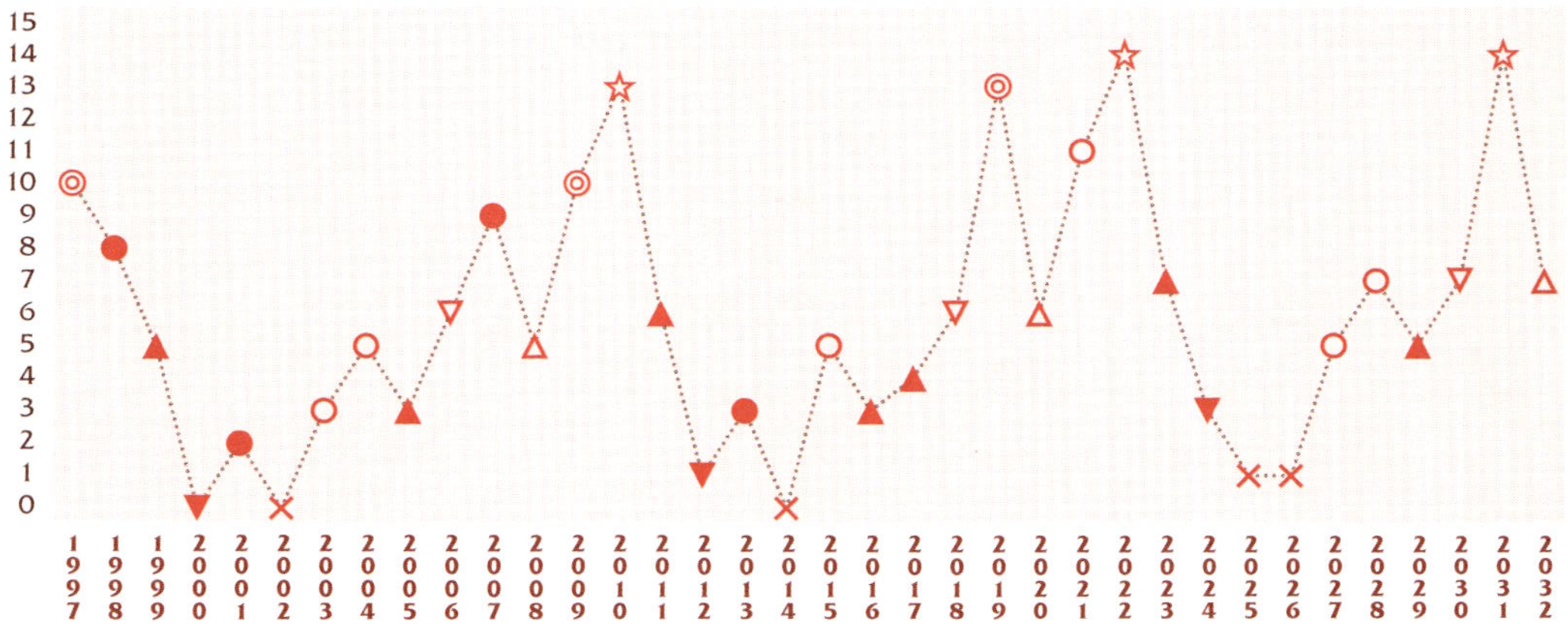

15 14 13 12 11 10 9 8 7 6 5 4 3 2 1 0
1997 1998 1999 2000 2001 2002 2003 2004 2005 2006 2007 2008 2009 2010 2011 2012 2013 2014 2015 2016 2017 2018 2019 2020 2021 2022 2023 2024 2025 2026 2027 2028 2029 2030 2031 2032

銀の時計 H

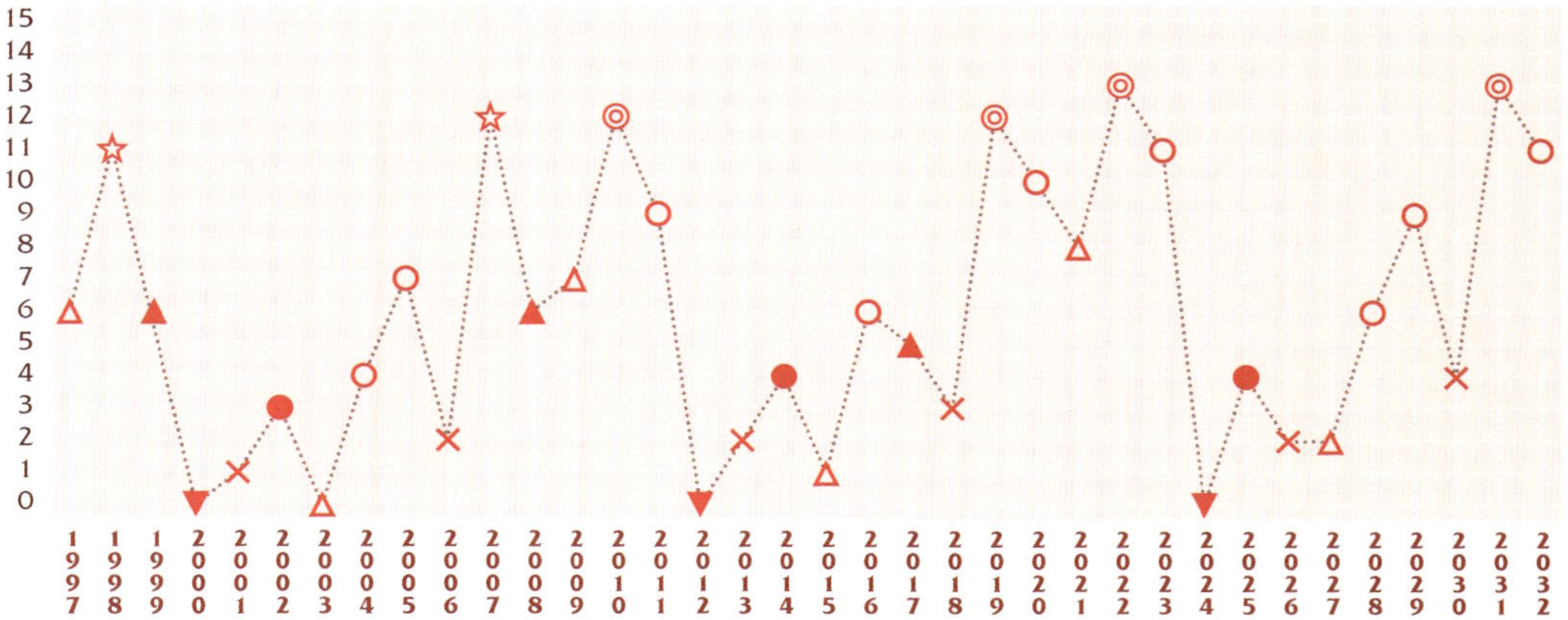

☆の年　36年に１～３回しかない、最高に幸運な年。始まりの年でもある
◎の年　最高の運気を備えた年。能力や魅力を思う存分、発揮できる
○の年　人生を変える決断に最適な年。軌道修正するにも最適
△の年　上半期は流れのままに、下半期からは行動的に流れを変えていける年
▲の年　決断には不向きな年。自分の課題をクリアするとき
▽の年　体調を崩しがち。体を休めること、リフレッシュにあてるべき年
×の年　これまで積み上げたことが崩れてしまう破壊の年
●の年　幸運と不運が入り組んだ複雑な年。予想外の出来事に見舞われる
▼の年　流れを止める急ブレーキの年。決断は避けるべき

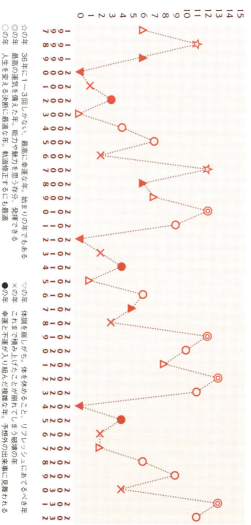

銀の時計 I

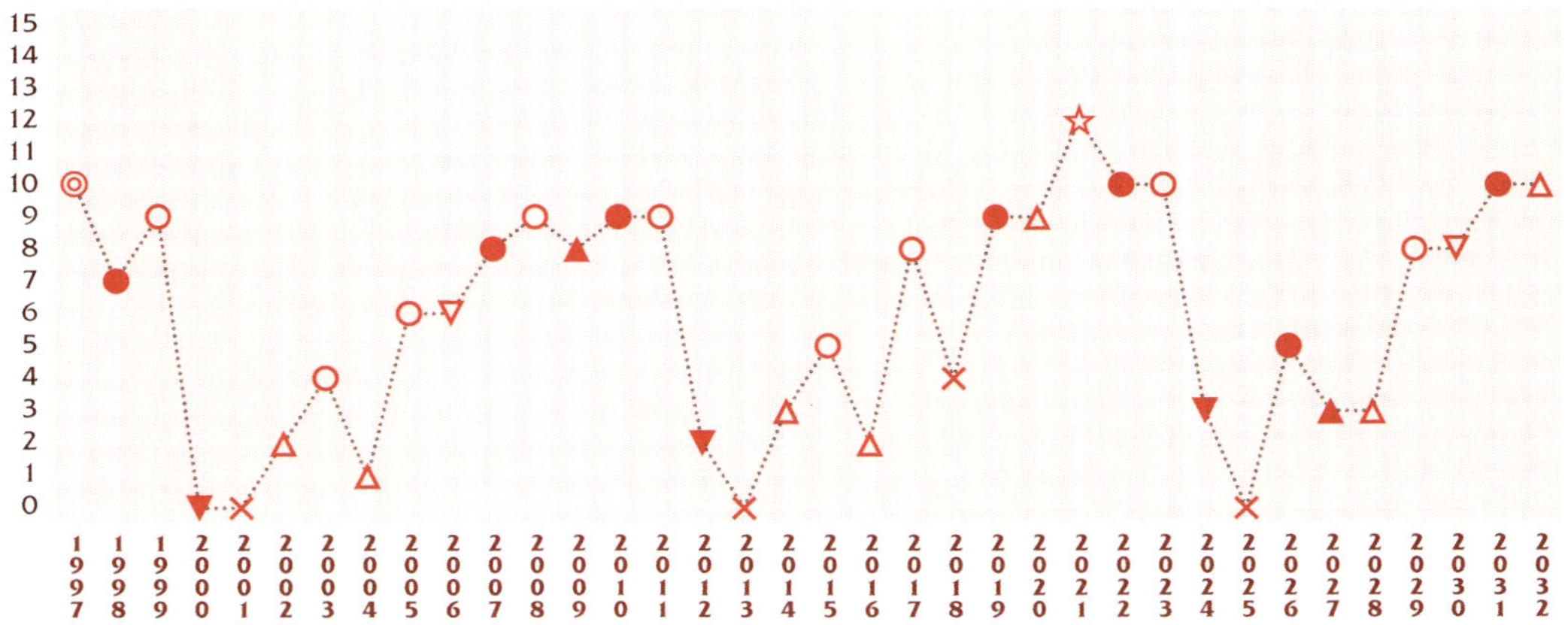
15
14
13
12
11
10
9
8
7
6
5
4
3
2
1
0
1997
1998
1999
2000
2001
2002
2003
2004
2005
2006
2007
2008
2009
2010
2011
2012
2013
2014
2015
2016
2017
2018
2019
2020
2021
2022
2023
2024
2025
2026
2027
2028
2029
2030
2031
2032

金の鳳凰

Golden
Chinese phoenix

芯の強い、知性派。
逆境にも意志を貫き通す
頑丈さを誇る

基本性格

忍耐強く、時間をかけて物事を進める人

燃える黄金の鳥、孤高の鳳凰。頑固で忍耐強く、知的で自己分析能力にも長けています。冷静沈着で物事をじっくり考えて前に進むことのできる人。粘り強く、少しくらいの困難にはめげないでしょう。ただ、過去を気にし過ぎるあまり視野が狭くなってしまったり、思い込みが激しいため、一度決めたことを変更したり中止できないところがあります。そのため、自ら苦しい状況を作ってしまったり、そこからなかなか抜け出せないことも多く、周囲からは「無駄な苦労」と思われてしまうことも多いでしょう。

時代と運が重なったときに、その「諦めない才能」が驚くような評価を得たり、注目されることがあるかもしれません。

言葉が丁寧な分、スローになり過ぎ、伝え下手になってしまうところがあります。話し方の訓練をしないと聞き役に徹してしまうことになるでしょう。考えが深いため、文章を書いたほうが気持ちを上手に伝えることができます。

衝動的に行動することは少なく、集団生活においては「強情な人」と思われてしまいがち。人

間関係では相手の態度ひとつで決めつけてしまい、特に初対面の印象を引きずってしまうため、間違いも多いでしょう。信用した人に裏切られてしまったり、交友関係が狭くなってしまうことがありそうです。視野を広げる努力をし、定期的に人間関係を見直すといいでしょう。

何かを始めるときは、なるべく多くの人と会って、意見を集めること。人と話をすることが重要なトレーニングになります。その際、人の話は最後までしっかりと聞くように心がけましょう。

すべてにおいて時間がかかるタイプですが、はじめから時間がかかることを覚悟して、難関の資格を目指したり、技術を身につけると晩年、楽になるでしょう。物事をじっくり時間をかけて進められる才能を活かす方法を考えてみるのもいいでしょう。

恋愛運

勘違いから恋が始まる

見た目以上に意志が強いのが金の鳳凰の特徴。恋においても意志の強さが出ますが、積極的ではなく、奥手で不器用なほうだといえます。気になる相手のことを考え過ぎてしまったり、じっくり様子を見ることが多い人ですが、異性が優しくしてくれただけで「自分のことが好きに違いない!」と勝手に思い込んで突っ走ってしまうなど、勘違いから始まる恋も多いでしょう。

異性からはガードが固く見えたり、プライドが高いと映ることもあるので、日々、笑顔や愛嬌を身につけることが重要です。

いざ恋が始まると、相手のために尽くしますが、勘違いしがちなので、相手の望んでいないことに一生懸命になってしまうことも多いでしょう。臨機応変に対応できないところが一途と言えば一途ですが、不器用なだけとも取れるでしょう。

恋の相手は、同じように忍耐強い人や好きなことに夢中になっている人、マイペースな人がいいでしょう。中身のある人や手に職のある人と一緒になれば、あなたの人生は幸運に包まれます。そのためにも、外見だけの人や中身のない人に告白されたからといって、とりあえず交際を始めるようなことは慎みましょう。痛い目にあうだけです。

仕事運&金運 体力勝負ではピカイチの強さ

五星三心占いの中でもっとも頑丈な星の持ち主。医者や看護師など夜勤がある仕事、体力勝負の仕事などで能力を発揮することが多いタイプです。話すことが苦手な人が多いのですが、丁寧に伝えることを心掛ければ、ホテルや高級店での接客業も向いているでしょう。

結果を出すまでに時間がかかってしまうため、仕事を始めたばかりのときは周囲に迷惑をかけたり、なかなか習得できないことが多いでしょう。年齢を重ねるとともに力を発揮していける人なので、若いときに大きな結果は望まないほうがいいでしょう。

自分で決めた仕事は最後まで貫き通すことができるので、好きな仕事を選ぶことが重要です。向き不向き、自分の好きなことや社会貢献できることは何かをじっくり考えれば、自然と答えが出るでしょう。

経済感覚に優れている人でもあるので、投資や儲け話をすることが好きですが、よく考えて絶対に勝算があると思ったことのみにお金を使うといいでしょう。その場の流れや人に押し切られて投資をすると、大失敗することになります。

親の仕事や代々の家業を継ぐのはいいですが、あなたの代で終えてしまうことも多いでしょう。

金の鳳凰の決断月

2月・3月・8月・9月・10月

この月に決断したり、新しいことを始めると、いい流れに乗れるでしょう。それ以外の月は、流れに身を任せたほうがいい時期なので、大きな決断は避けておきましょう。

金の鳳凰の運命グラフ

人生は36年周期の繰り返し。人によって異なる、その36年間の運気の流れを表したのが「運命グラフ」です。グラフ上の印の位置の高低はそのまま運気の高低。10以上が「好調」となります。

金の鳳凰 A

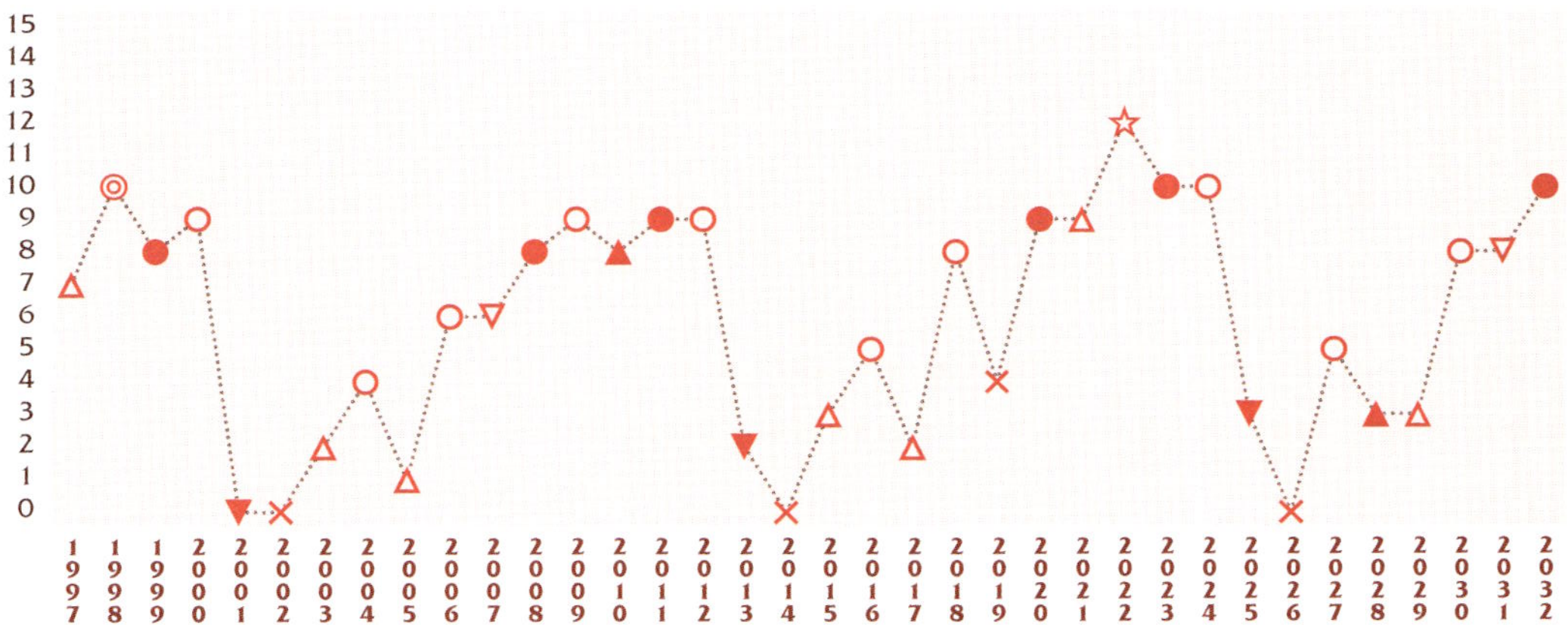

金の鳳凰 B

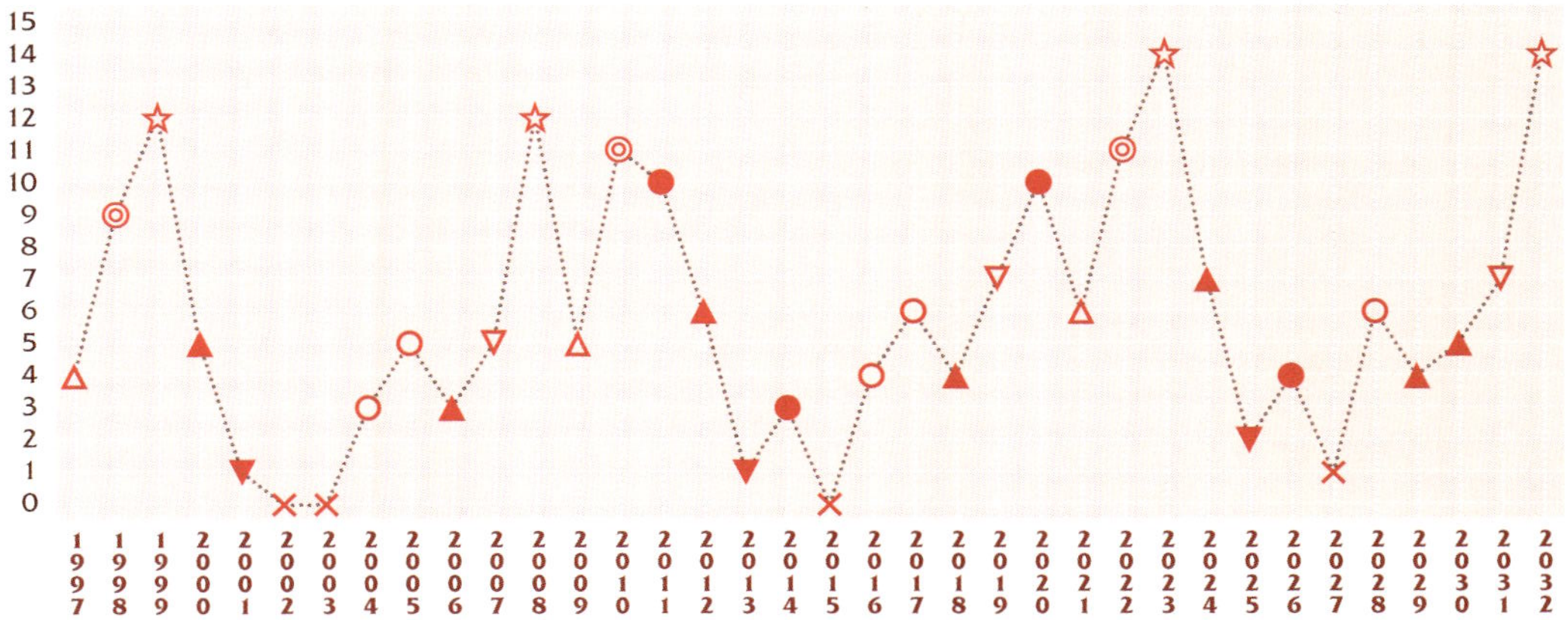

☆の年　36年に１〜３回しかない、最高に幸運な年。始まりの年でもある
◎の年　最高の運気を備えた年。能力や魅力を思う存分、発揮できる
○の年　人生を変える決断に最適な年。軌道修正するにも最適
△の年　上半期は流れのままに、下半期からは行動的に流れを変えていける年
▲の年　決断には不向きな年。自分の課題をクリアするとき
▽の年　体調を崩しがち。体を休めること、リフレッシュにあてるべき年
×の年　これまで積み上げたことが崩れてしまう破壊の年
●の年　幸運と不運が入り組んだ複雑な年。予想外の出来事に見舞われる
▼の年　流れを止める急ブレーキの年。決断は避けるべき

金の鳳凰 C

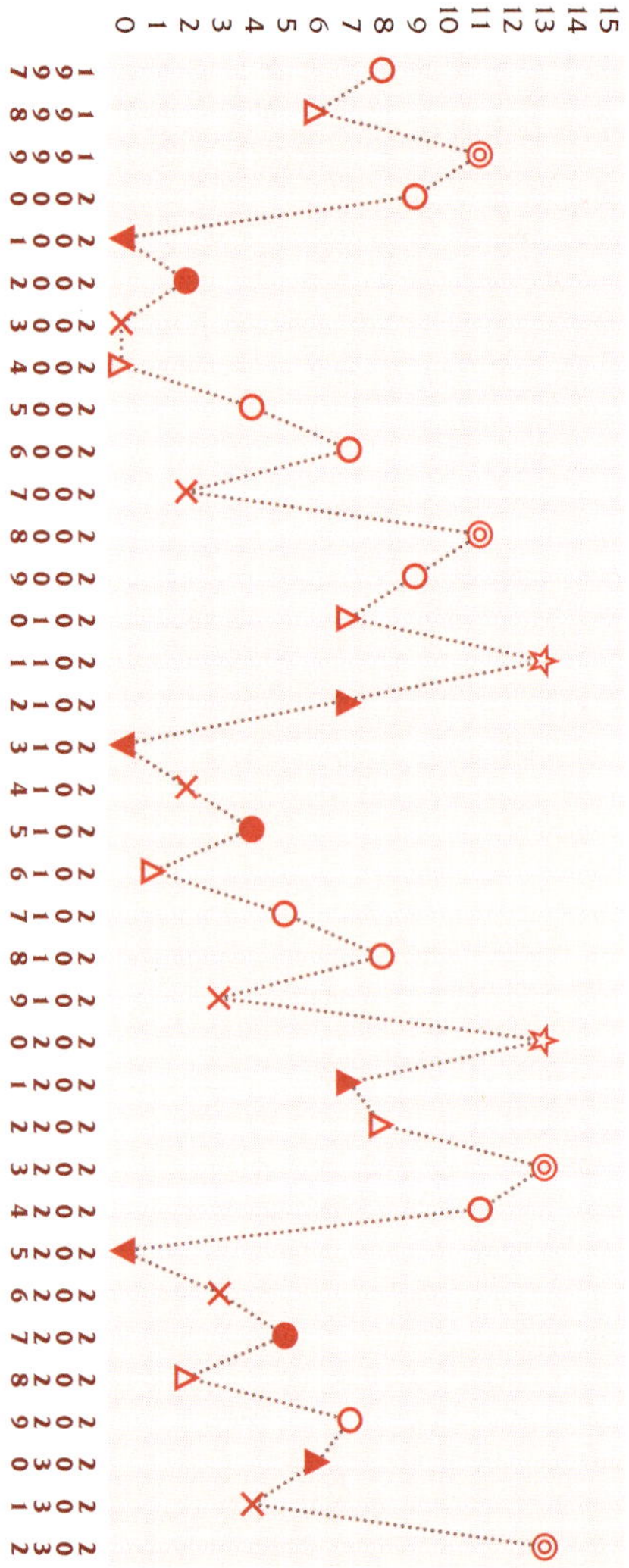

金の鳳凰 D

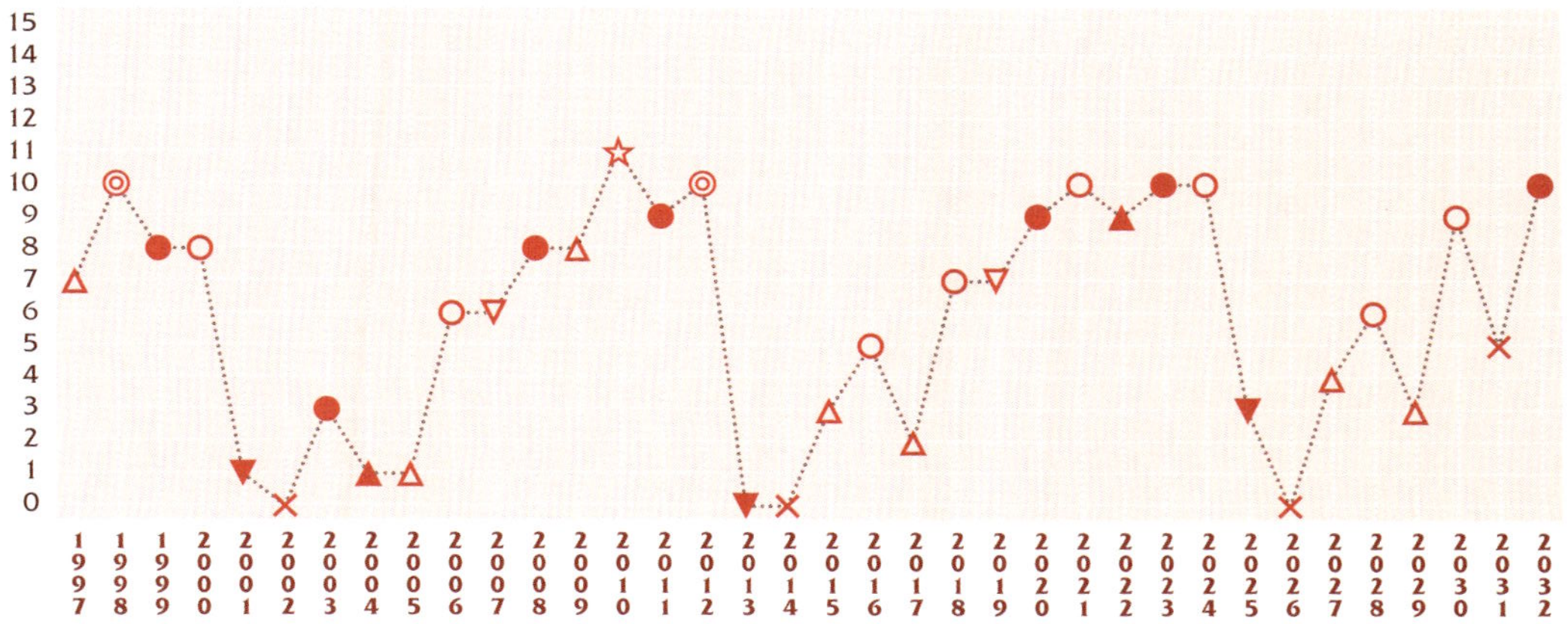

☆の年　36年に1～3回しかない、最高に幸運な年。始まりの年でもある
◎の年　最高の運気を備えた年。能力や魅力を思う存分、発揮できる
○の年　人生を変える決断に最適な年。軌道修正するにも最適
△の年　上半期は流れのままに、下半期からは行動的に流れを変えていける年
▲の年　決断には不向きな年。自分の課題をクリアするとき
▽の年　体調を崩しがち。体を休めること、リフレッシュにあてるべき年
×の年　これまで積み上げたことが崩れてしまう破壊の年
●の年　幸運と不運が入り組んだ複雑な年。予想外の出来事に見舞われる
▼の年　流れを止める急ブレーキの年。決断は避けるべき

金の鳳凰 E

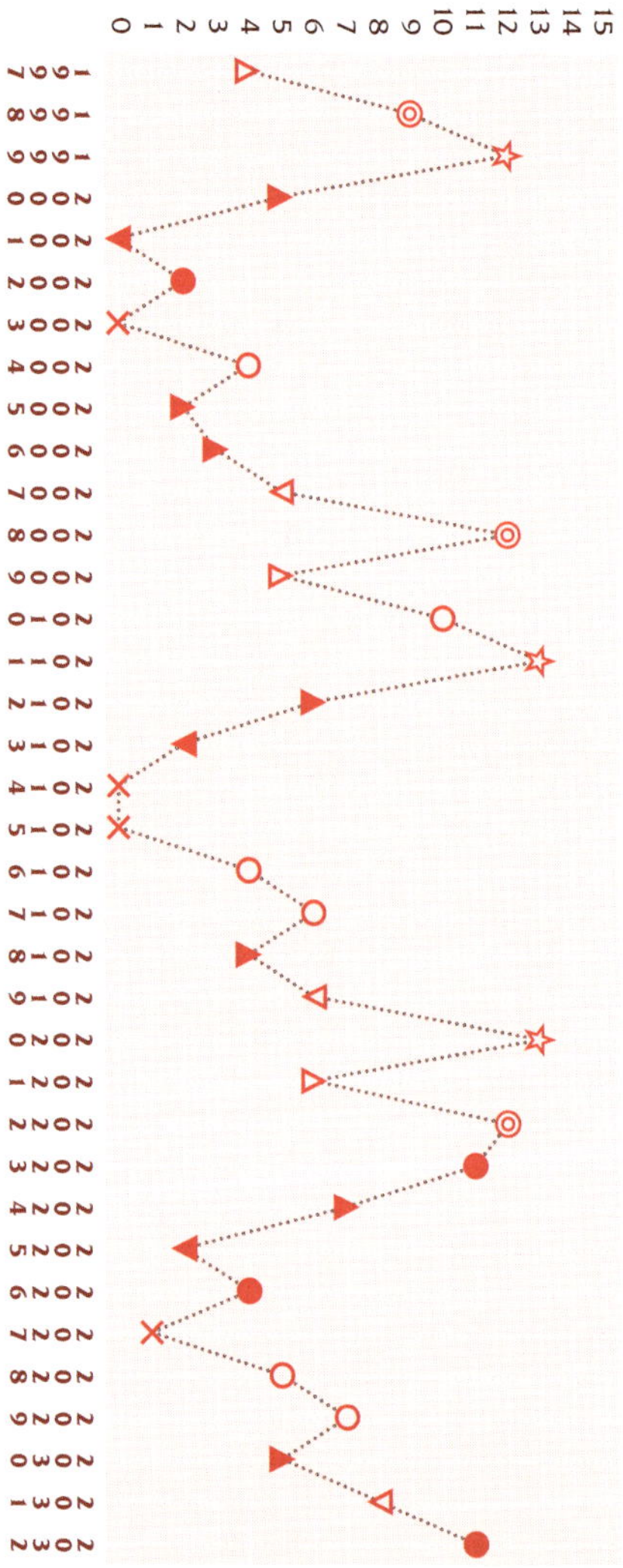

0 1 2 3 4 5 6 7 8 9 10 11 12 13 14 15
1997 1998 1999 2000 2001 2002 2003 2004 2005 2006 2007 2008 2009 2010 2011 2012 2013 2014 2015 2016 2017 2018 2019 2020 2021 2022 2023 2024 2025 2026 2027 2028 2029 2030 2031 2032

金の鳳凰 F

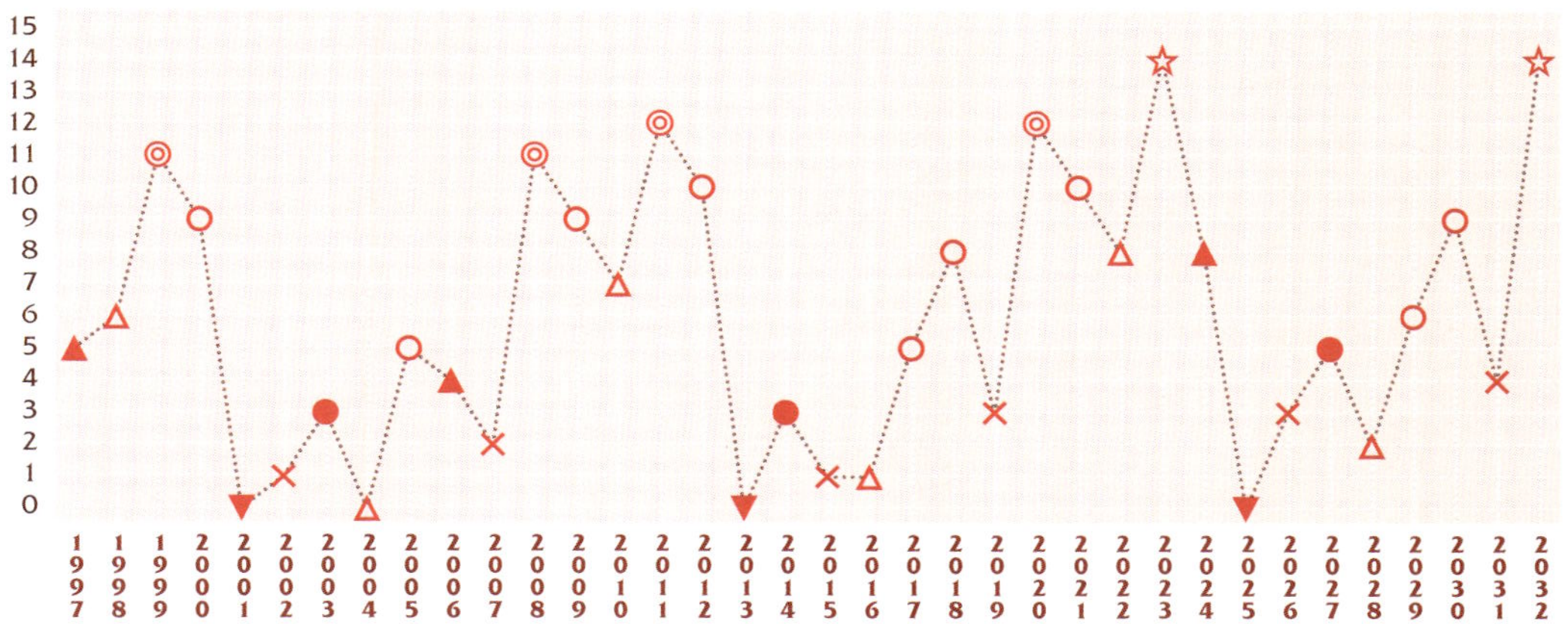

☆の年　36年に1～3回しかない、最高に幸運な年。始まりの年でもある
◎の年　最高の運気を備えた年。能力や魅力を思う存分、発揮できる
○の年　人生を変える決断に最適な年。軌道修正するにも最適
△の年　上半期は流れのままに、下半期からは行動的に流れを変えていける年
▲の年　決断には不向きな年。自分の課題をクリアするとき
▽の年　体調を崩しがち。体を休めること、リフレッシュにあてるべき年
×の年　これまで積み上げたことが崩れてしまう破壊の年
●の年　幸運と不運が入り組んだ複雑な年。予想外の出来事に見舞われる
▼の年　流れを止める急ブレーキの年。決断は避けるべき

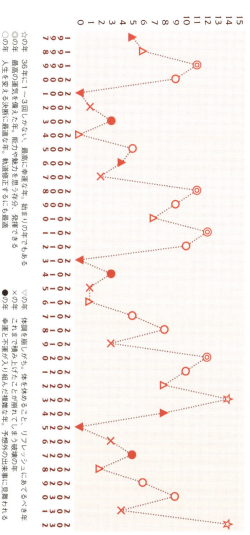

金の鳳凰 G

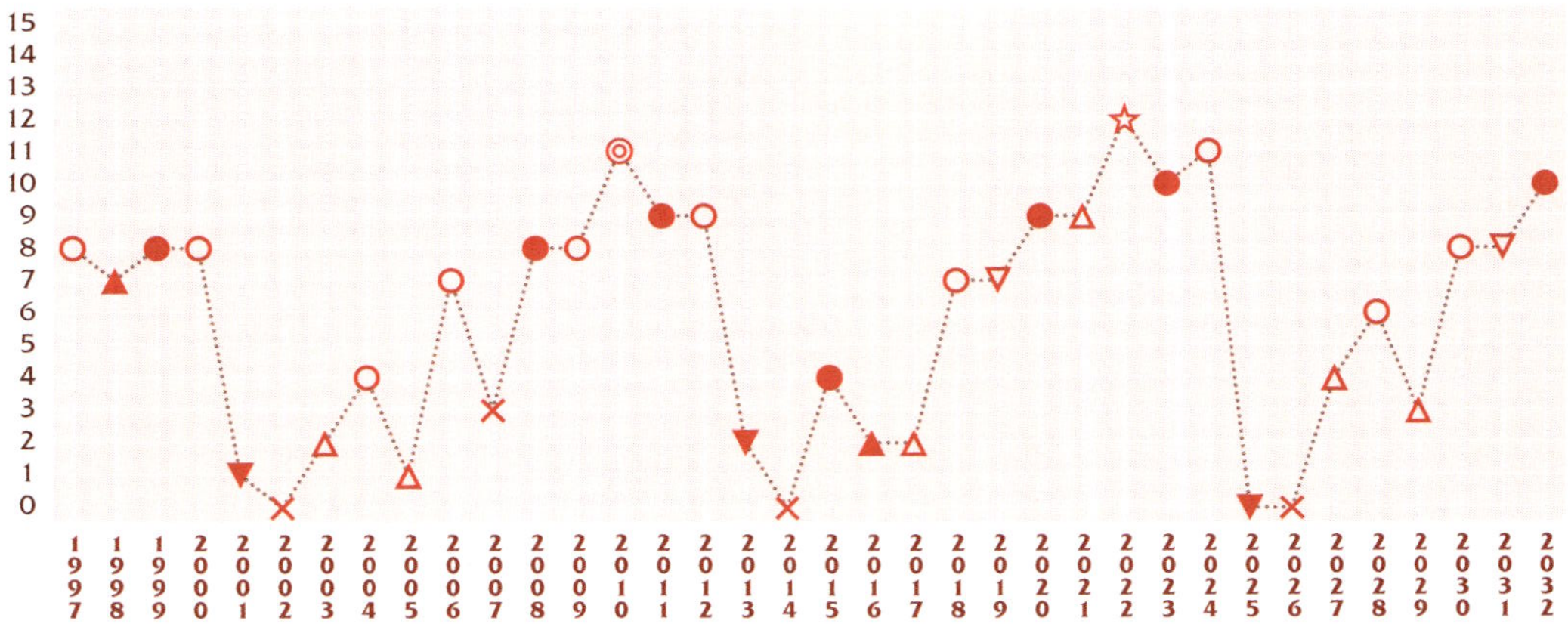

15
14
13
12
11
10
9
8
7
6
5
4
3
2
1
0
1997
1998
1999
2000
2001
2002
2003
2004
2005
2006
2007
2008
2009
2010
2011
2012
2013
2014
2015
2016
2017
2018
2019
2020
2021
2022
2023
2024
2025
2026
2027
2028
2029
2030
2031
2032

金の鳳凰 H

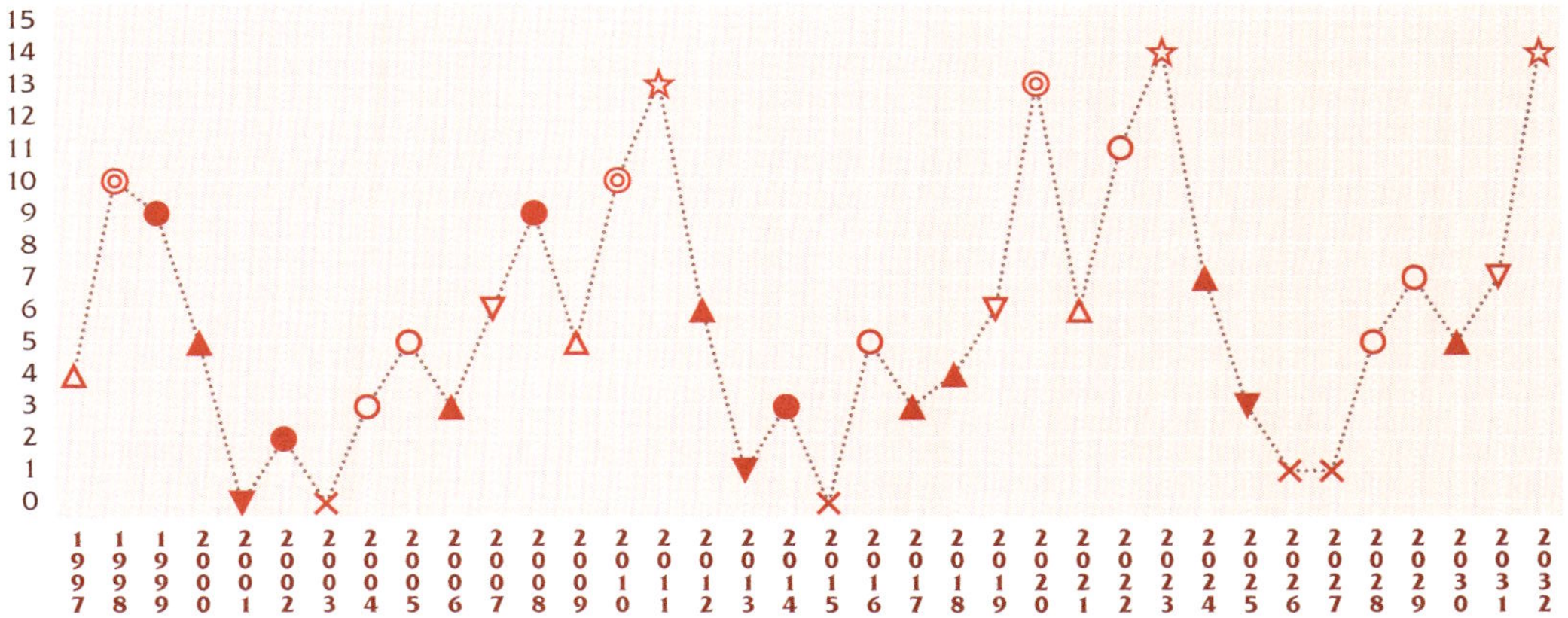

☆の年　36年に１～３回しかない、最高に幸運な年。始まりの年でもある
◎の年　最高の運気を備えた年。能力や魅力を思う存分、発揮できる
○の年　人生を変える決断に最適な年。軌道修正するにも最適
△の年　上半期は流れのままに、下半期からは行動的に流れを変えていける年
▲の年　決断には不向きな年。自分の課題をクリアするとき
▽の年　体調を崩しがち。体を休めること、リフレッシュにあてるべき年
×の年　これまで積み上げたことが崩れてしまう破壊の年
●の年　幸運と不運が入り組んだ複雑な年。予想外の出来事に見舞われる
▼の年　流れを止める急ブレーキの年。決断は避けるべき

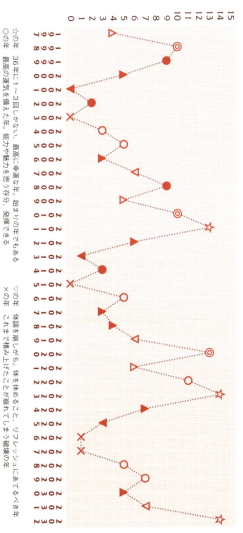

金の鳳凰 I

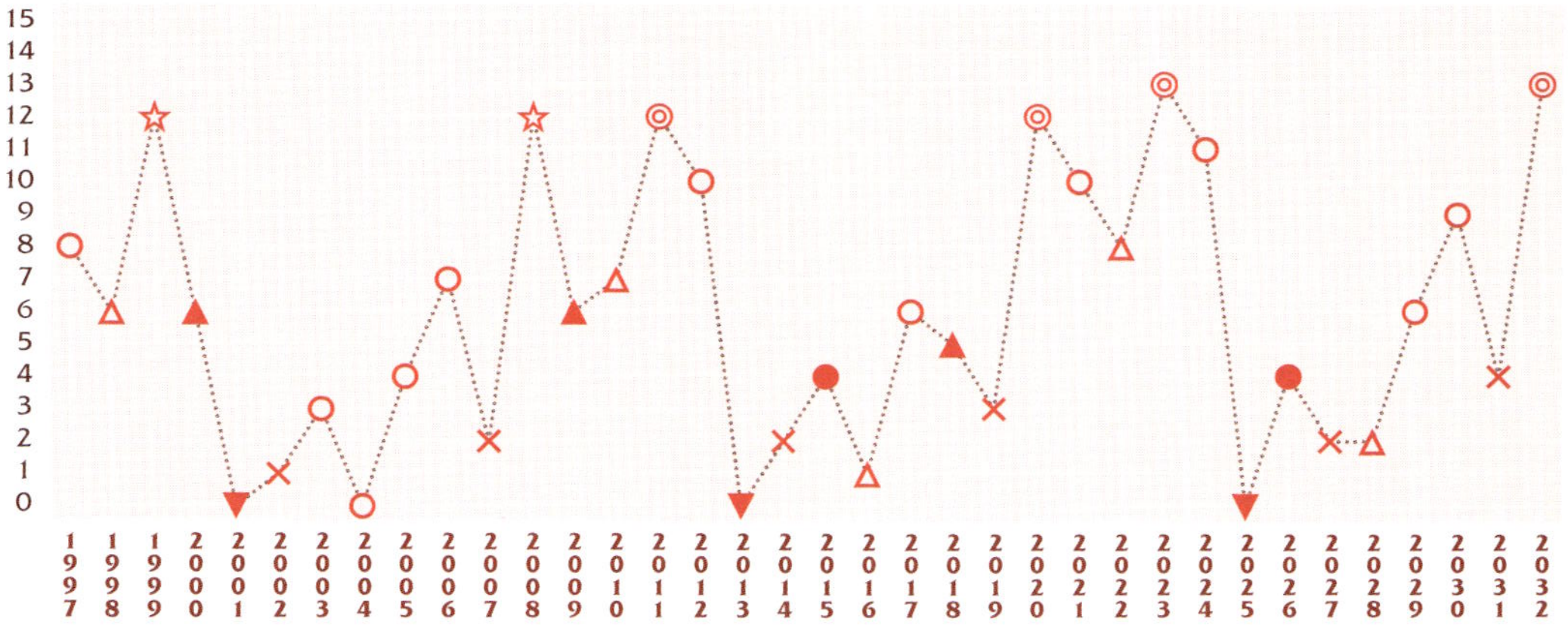
15
14
13
12
11
10
9
8
7
6
5
4
3
2
1
0
1997
1998
1999
2000
2001
2002
2003
2004
2005
2006
2007
2008
2009
2010
2011
2012
2013
2014
2015
2016
2017
2018
2019
2020
2021
2022
2023
2024
2025
2026
2027
2028
2029
2030
2031
2032

銀の鳳凰

Silver
Chinese phoenix

超頑固で意地っ張り。
孤高を保ち、
長期戦で花開く人

基本性格

世界中から反対されても、信念を曲げない人

五星三心占いの中でもっとも意志が強い銀の鳳凰。超頑固で意地っ張り、一度決めたことは忍耐強く、最後までやり通すことができる信念の人です。特に「自分の決めたルール」はたやすく変えることはありません。人からのアドバイスや意見も簡単には受け入れないでしょう。何事もじっくり考えるので、周囲に物静かな印象を与えます。

行動を起こすと今度は止まることを知らないほど、目的に向かって突き進む力をもっています。周囲の制止も無視して、時代が変わろうとも自分の生き方やルールを守り続ける人でしょう。そのため、集団で行動することが苦手で、ひとりでいることが大好き。やや協調性に欠けるところがあり、ひとりのほうが能力を発揮します。ひとりで満足できる趣味に没頭することも多いでしょう。

基本的に落ち着いた人ですが、言葉を操ることが苦手なので、気持ちがうまく伝わらないことがよくあります。伝えたいことは、ゆっくり丁寧に最後まで話をするように心掛けましょう。意図が伝わらず苦労を招いてしまう場合も多いので、手紙やメールで気持ちを伝えるのもいいで

しょう。また、言葉に限らず表現力を磨くことが運気の向上につながります。表現力は、ダンスや歌、詩を書いたり、絵を描いたり、表現する楽しさを知ることで自然と身についてきます。

じっくり考えて答えを出そうとするタイプですが、行動しながら考えることができると最強の人になれるでしょう。己の頑固さを活かせる世界や昔ながらの弟子入りの世界、習得するまでに長い年月がかかるのが当然の世界に飛び込んでみるのも能力を開花させる方法になります。

恋愛運
思い込みが激しい、恋の暴走屋

自分の好きな人には積極的になれるタイプですが、思い込みが激し過ぎ、恋に空回りするのが銀の鳳凰の特徴です。特に、恋に火がついてしまうと止まることを知らない星でもあるので、猛烈なアタックを始めたり、相手が嫌がっていてもおかまいなしなところもあるでしょう。相手も自分のことが好きだと思ったら尚更止まりません。

ただ、基本的には、相手の様子をうかがいつつ、じっくり恋を育てるので、簡単には恋の火がつくことはなく、自らチャンスを逃すほうが多いでしょう。

思い込みが激しいので、危険な異性やダメな異性には特に注意が必要です。一度付き合うと、簡単には関係を切れず、別れてもまた付き合ってしまう繰り返しになることもあります。

友人・知人や家族からのアドバイスを真剣に聞き入れるように心掛けないと、痛い目にあうこともあるでしょう。特にひと目惚れに弱いので、相手の欠点が見えないまま恋に飛び込んでしまうことのないよう、注意しましょう。

長い片思いをしても実らないままで終わってしまうことも多い人なので、自分の中で期間を決めておくのもいいでしょう。交際相手や結婚相手は、中身がしっかりした人、手に職のある人や堅実に仕事をしている人を選んだほうがいいでしょう。

そもそも話のテンポが遅いあなたを受け入れてくれる相手は、優しい人やおっとりした人が多いので、勢いで来る人や外見だけで判断してくる人には簡単について行かないこと。テンションも他の星と比べると低く映ってしまうのが銀の鳳凰の特徴なので、笑顔と愛嬌を心掛けて、服装を明るい感じにすると、いい恋に近づけるでしょう。

仕事運&金運 覚悟と時間が成功へと導く

五星三心占いの中でもっともスローな星の持ち主。何事もじっくり進めることで手に入れることができます。夢や希望に突き進んでも、結果が出るまで時間がかかり過ぎてしまったり、時代の波に乗り遅れ、流れが一周して返って来るまで陽が当たらないということも多いでしょう。

融通が利いたり臨機応変な対応が得意なタイプではないので、変化の少ない仕事が向いています。不動産管理や職人的な仕事などで能力を発揮できることが多く、夜勤のある仕事もいいでしょう。過酷だと思われる仕事でも「自分が決めたことだから」と覚悟をすると、何があっても突き進みます。その力は周囲が驚くほど。そのため周囲からは苦労が多く見えますが、本人は楽しく仕事をしている場合も多いでしょう。

仕事は、自分が本当に好きなことか、じっくり考え納得してから始めること。

金運は一度、お金の流れをつかむと大金持ちになりますが、お金の流れがわからないままでいると、いつまでも変化が少ない生活を送ることになりそうです。経済の勉強をして、周囲への感謝をしっかり表し、笑顔や愛嬌を心掛けると、自然と道が開かれるでしょう。

銀の鳳凰の決断月

3月・4月・9月・10月・11月

この月に決断したり、新しいことを始めると、いい流れに乗れるでしょう。それ以外の月は、流れに身を任せたほうがいい時期なので、大きな決断は避けておきましょう。

銀の鳳凰の運命グラフ

人生は36年周期の繰り返し。人によって異なる、その36年間の運気の流れを表したのが「運命グラフ」です。グラフ上の印の位置の高低はそのまま運気の高低。10以上が「好調」となります。

銀の鳳凰 A

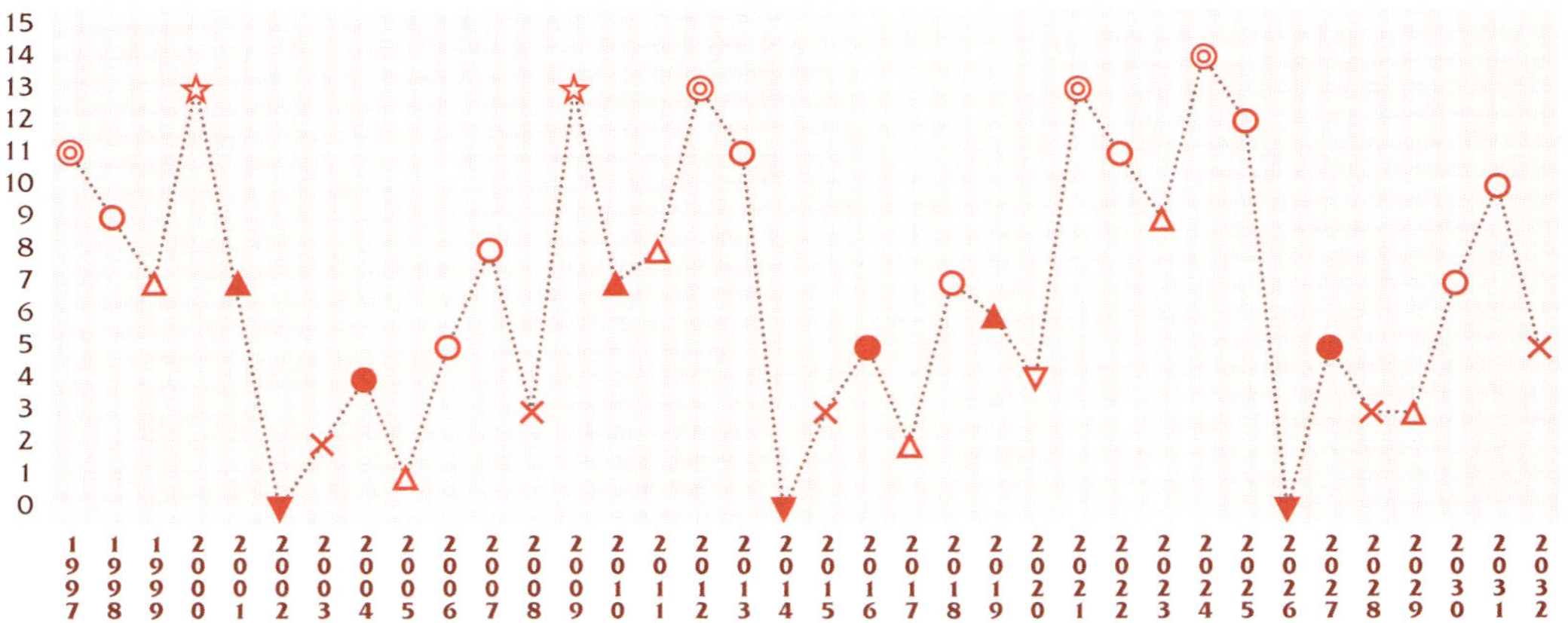

銀の鳳凰 B

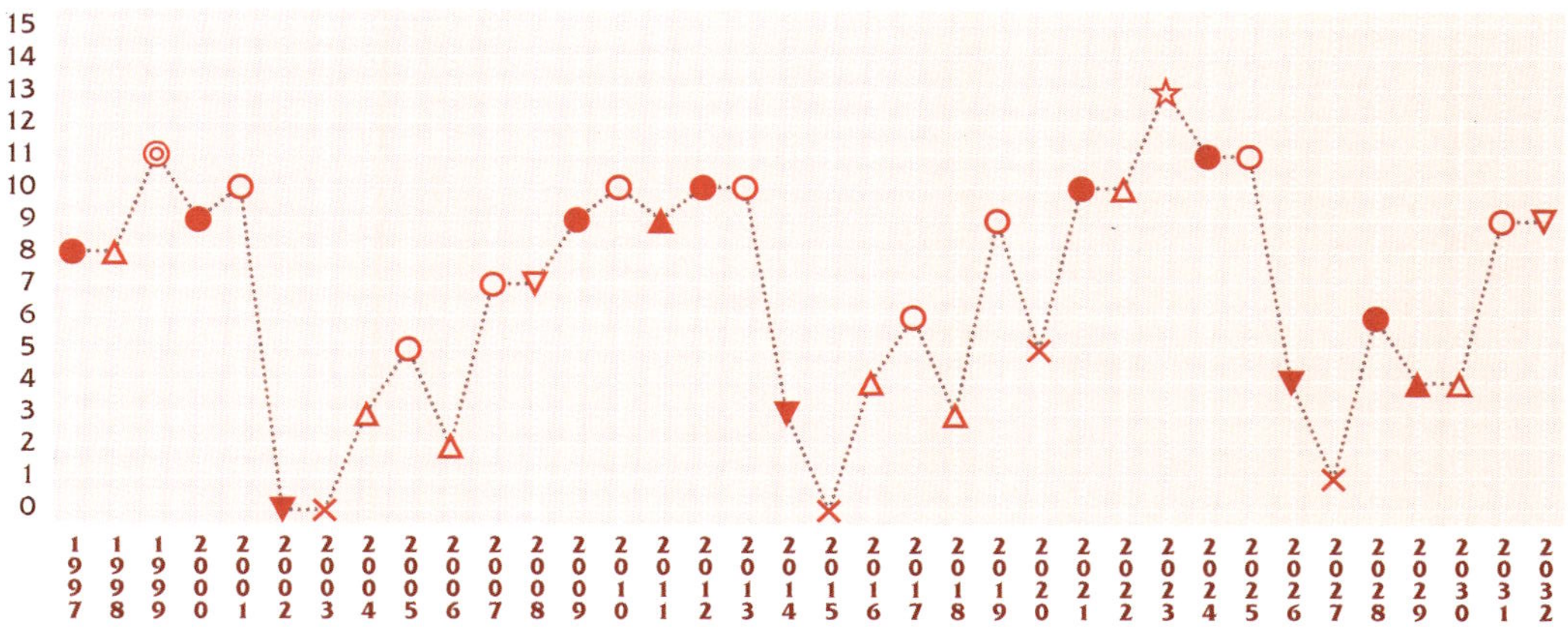

☆の年　36年に1～3回しかない、最高に幸運な年。始まりの年でもある
◎の年　最高の運気を備えた年。能力や魅力を思う存分、発揮できる
○の年　人生を変える決断に最適な年。軌道修正するにも最適
△の年　上半期は流れのままに、下半期からは行動的に流れを変えていける年
▲の年　決断には不向きな年。自分の課題をクリアするとき
▽の年　体調を崩しがち。体を休めること、リフレッシュにあてるべき年
×の年　これまで積み上げたことが崩れてしまう破壊の年
●の年　幸運と不運が入り組んだ複雑な年。予想外の出来事に見舞われる
▼の年　流れを止める急ブレーキの年。決断は避けるべき

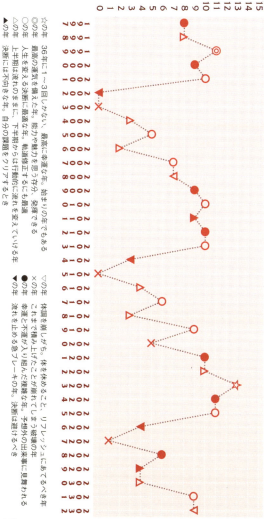

銀の鳳凰 C

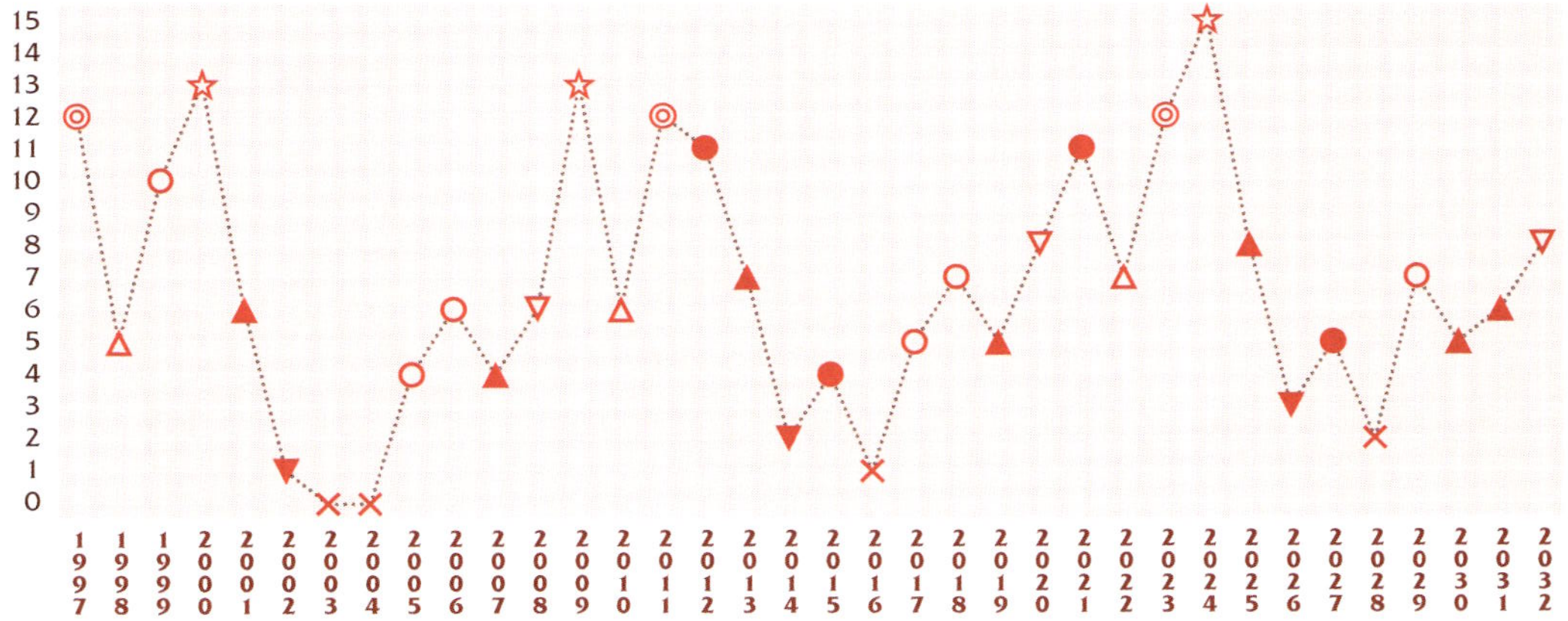
15
14
13
12
11
10
9
8
7
6
5
4
3
2
1
0
1997
1998
1999
2000
2001
2002
2003
2004
2005
2006
2007
2008
2009
2010
2011
2012
2013
2014
2015
2016
2017
2018
2019
2020
2021
2022
2023
2024
2025
2026
2027
2028
2029
2030
2031
2032

銀の鳳凰 D

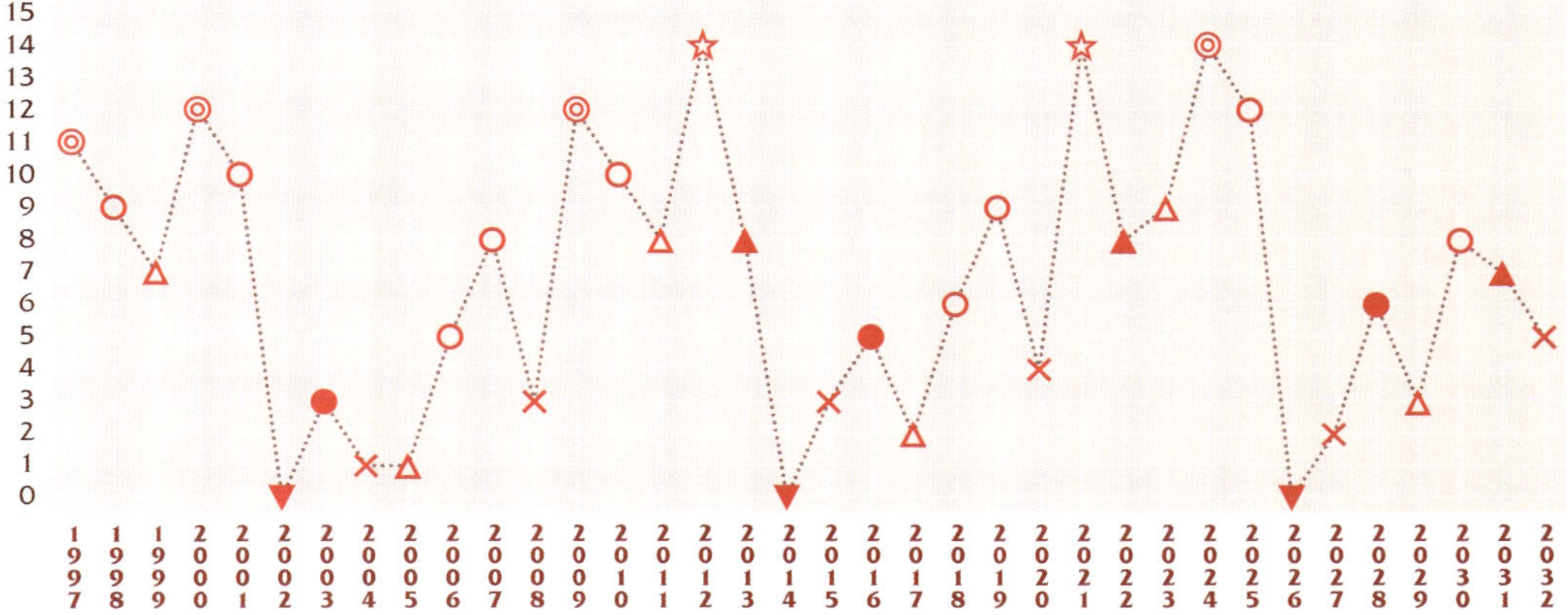

☆の年　36年に1〜3回しかない、最高に幸運な年。始まりの年でもある
◎の年　最高の運気を備えた年。能力や魅力を思う存分、発揮できる
○の年　人生を変える決断に最適な年。軌道修正するにも最適
△の年　上半期は流れのままに、下半期からは行動的に流れを変えていける年
▲の年　決断には不向きな年。自分の課題をクリアするとき
▽の年　体調を崩しがち。体を休めること、リフレッシュにあてるべき年
×の年　これまで積み上げたことが崩れてしまう破壊の年
●の年　幸運と不運が入り組んだ複雑な年。予想外の出来事に見舞われる
▼の年　流れを止める急ブレーキの年。決断は避けるべき

銀の鳳凰 E

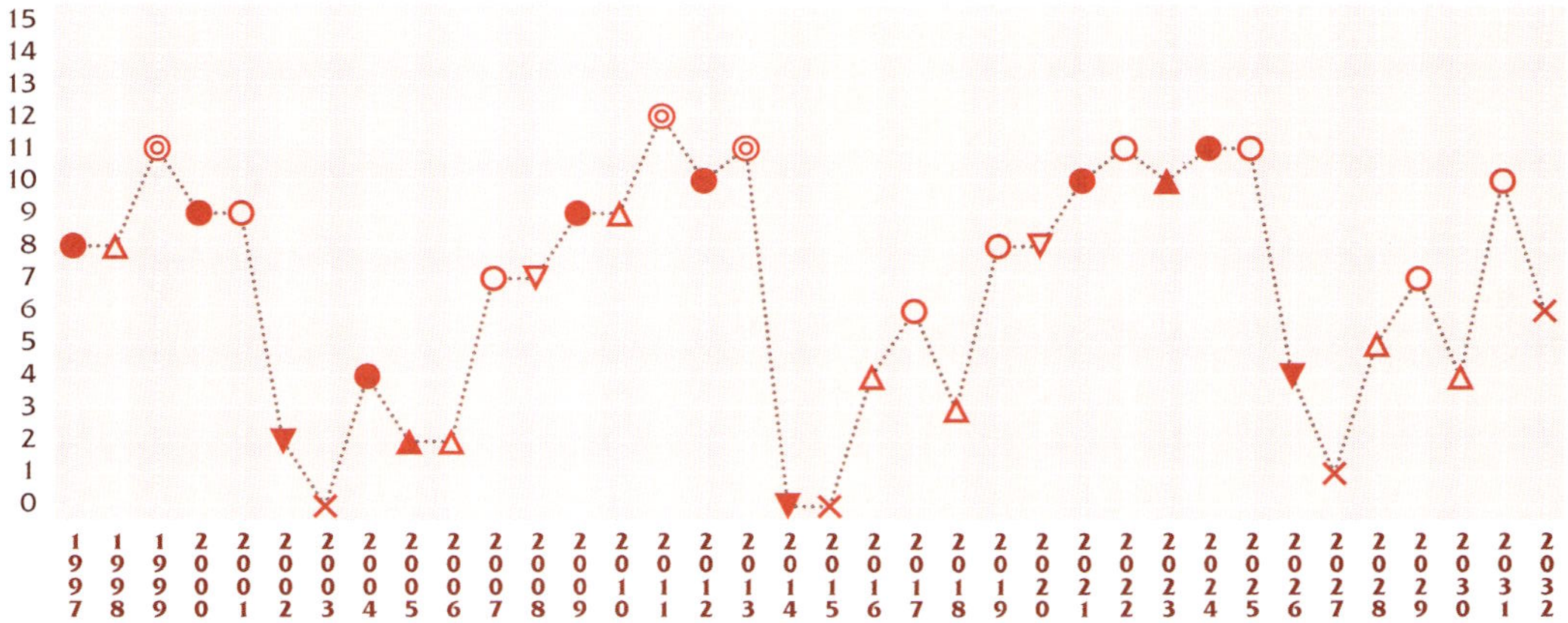

15
14
13
12
11
10
9
8
7
6
5
4
3
2
1
0
1997
1998
1999
2000
2001
2002
2003
2004
2005
2006
2007
2008
2009
2010
2011
2012
2013
2014
2015
2016
2017
2018
2019
2020
2021
2022
2023
2024
2025
2026
2027
2028
2029
2030
2031
2032

銀の鳳凰 F

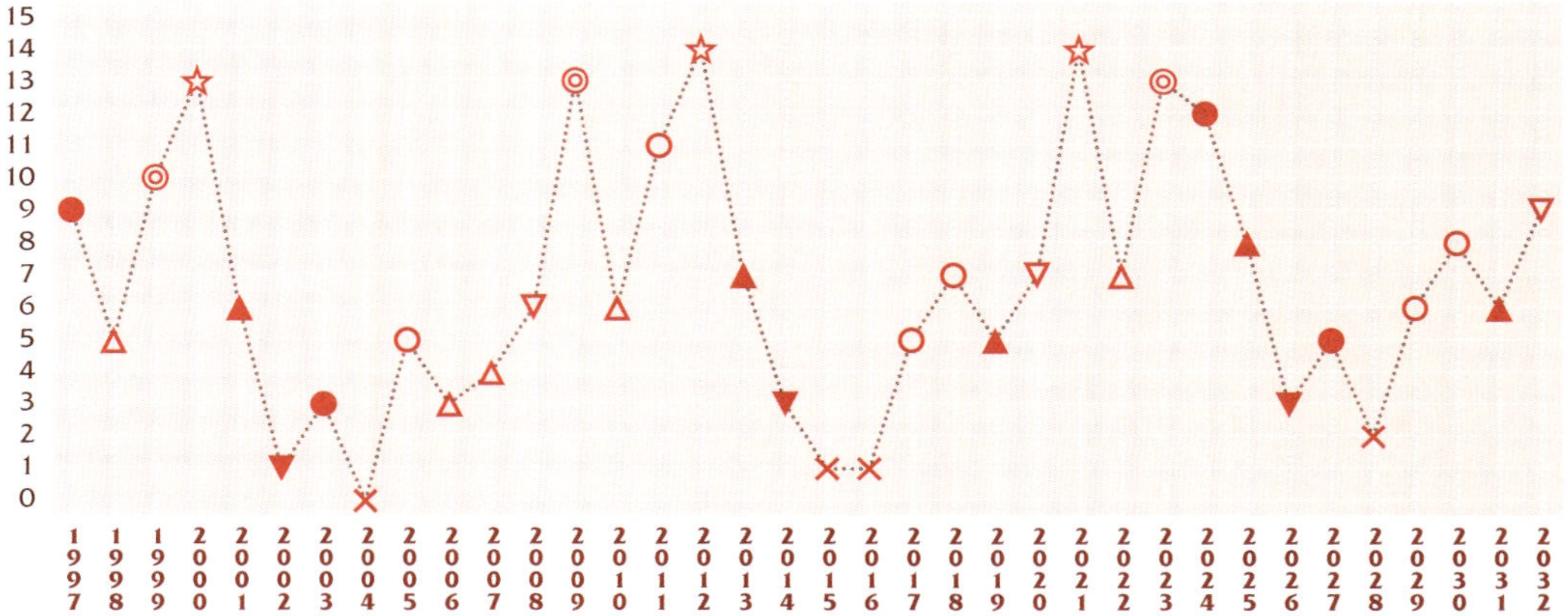

☆の年　36年に1～3回しかない、最高に幸運な年。始まりの年でもある
◎の年　最高の運気を備えた年。能力や魅力を思う存分、発揮できる
○の年　人生を変える決断に最適な年。軌道修正するにも最適
△の年　上半期は流れのままに、下半期からは行動的に流れを変えていける年
▲の年　決断には不向きな年。自分の課題をクリアするとき
▽の年　体調を崩しがち。体を休めること、リフレッシュにあてるべき年
×の年　これまで積み上げたことが崩れてしまう破壊の年
●の年　幸運と不運が入り組んだ複雑な年。予想外の出来事に見舞われる
▼の年　流れを止める急ブレーキの年。決断は避けるべき

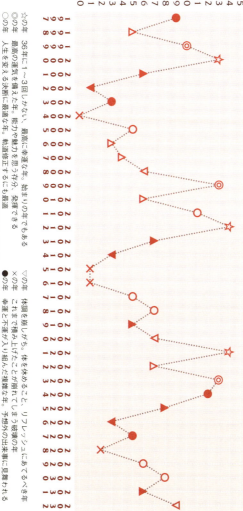

銀の鳳凰 G

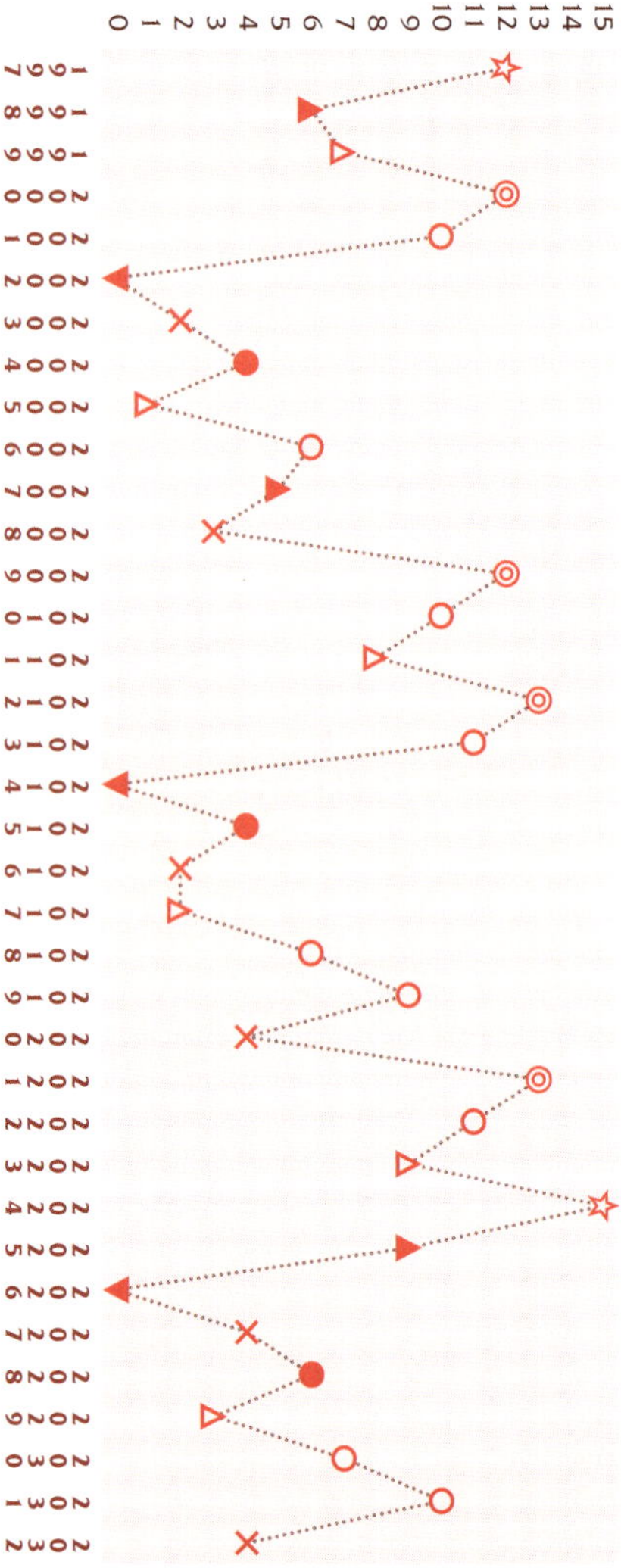

15
14
13
12
11
10
9
8
7
6
5
4
3
2
1
0
1997
1998
1999
2000
2001
2002
2003
2004
2005
2006
2007
2008
2009
2010
2011
2012
2013
2014
2015
2016
2017
2018
2019
2020
2021
2022
2023
2024
2025
2026
2027
2028
2029
2030
2031
2032

銀の鳳凰 H

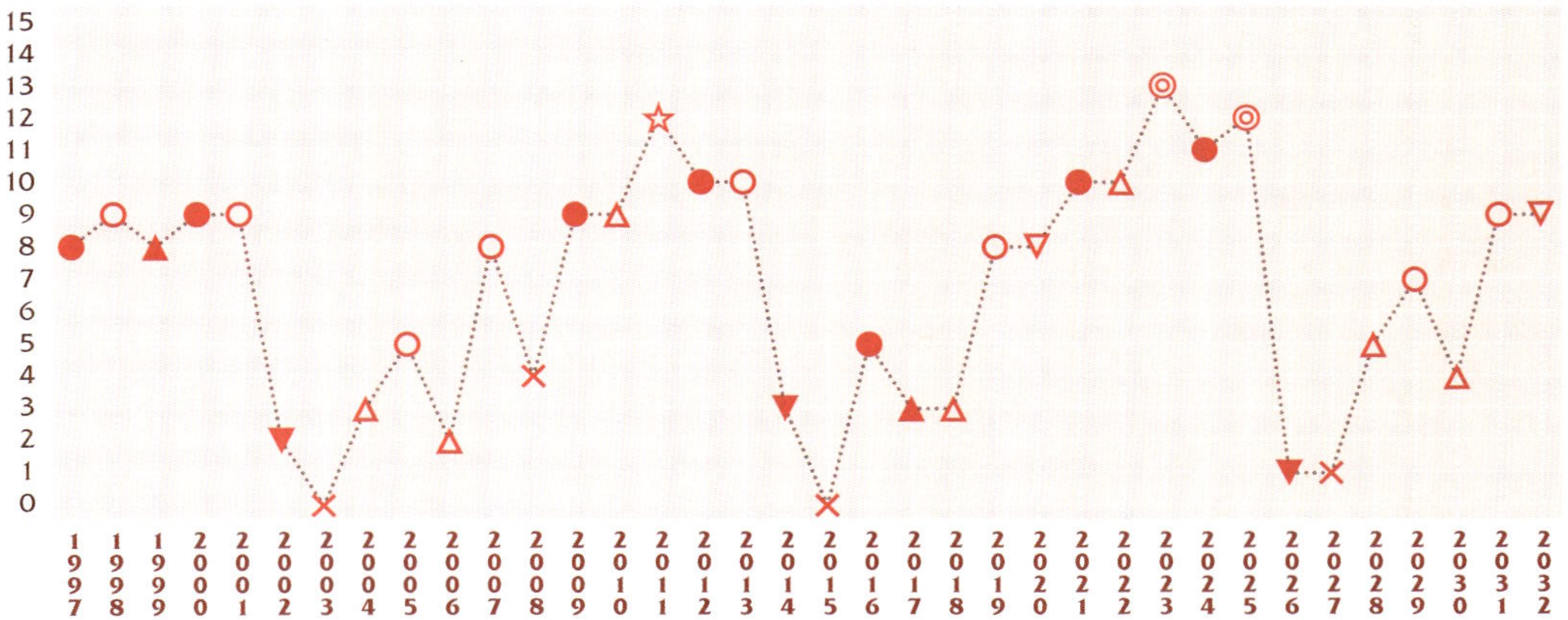

☆の年　36年に1～3回しかない、最高に幸運な年。始まりの年でもある
◎の年　最高の運気を備えた年。能力や魅力を思う存分、発揮できる
○の年　人生を変える決断に最適な年。軌道修正するにも最適
△の年　上半期は流れのままに、下半期からは行動的に流れを変えていける年
▲の年　決断には不向きな年。自分の課題をクリアするとき
▽の年　体調を崩しがち。体を休めること、リフレッシュにあてるべき年
×の年　これまで積み上げたことが崩れてしまう破壊の年
●の年　幸運と不運が入り組んだ複雑な年。予想外の出来事に見舞われる
▼の年　流れを止める急ブレーキの年。決断は避けるべき

銀の鳳凰 I

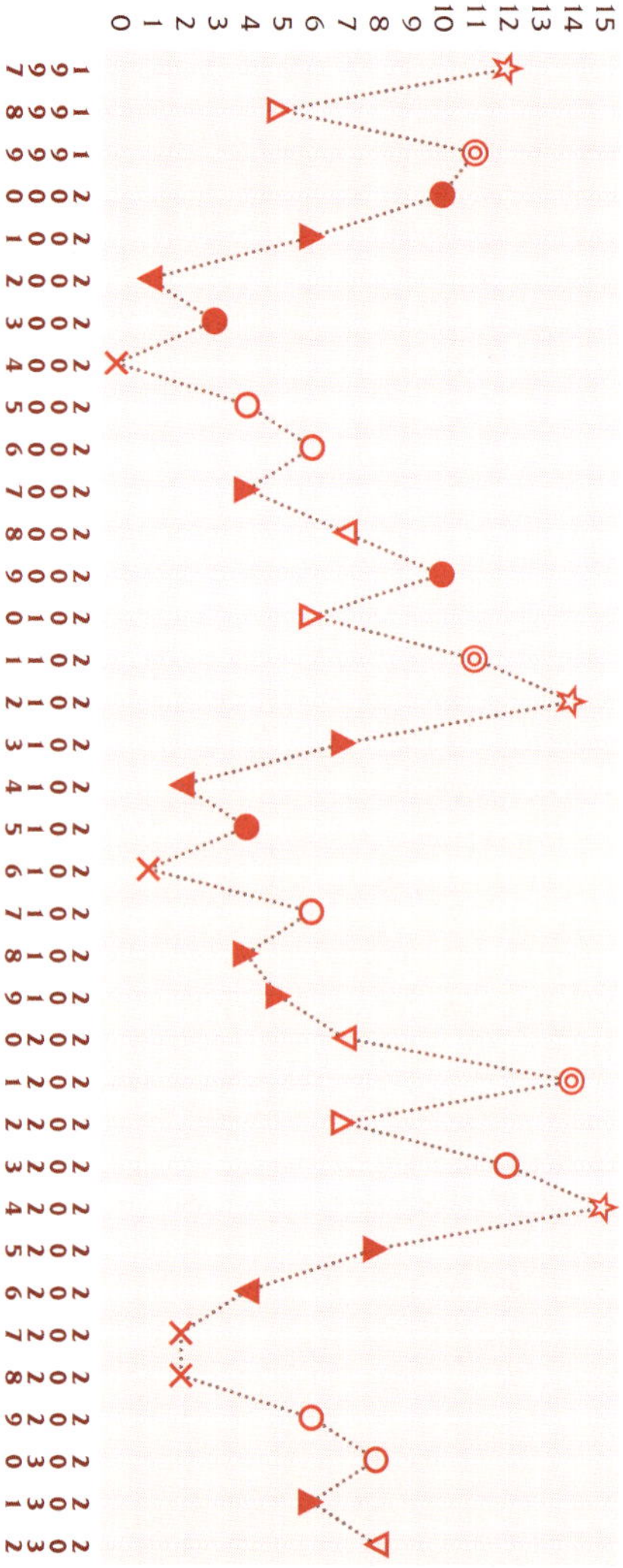

15
14
13
12
11
10
9
8
7
6
5
4
3
2
1
0
1997
1998
1999
2000
2001
2002
2003
2004
2005
2006
2007
2008
2009
2010
2011
2012
2013
2014
2015
2016
2017
2018
2019
2020
2021
2022
2023
2024
2025
2026
2027
2028
2029
2030
2031
2032

金のインディアン

Golden Indian

陽気で人なつっこい星。
好奇心のままに
飛びまわる自由人

基本性格

好奇心旺盛な分、飽きっぽいのが玉にキズ

五星三心占いの中で人を表しているのは、インディアンだけ。ここでのインディアンは大人ではなく、子供のインディアンです。特に金のインディアンは明るく陽気で人なつっこく、フットワークが軽いタイプ。何事も前向きにとらえることのできる楽観主義者です。

好奇心旺盛なため、周囲が驚くようなことを知っていたり、変わったことを経験している場合も多いでしょう。情報収集が好きなので、誰よりも早く流行をつかんだり発信することもできます。ただ、飽きるのも早く、投げ出してしまうことも多い、熱しやすく冷めやすい人でもあります。

語ることが大好きで、答えの出ない話でも何度でも話したくなります。話し上手ではありますが、ちょっと忘れっぽいところがあり、同じ話を何度も繰り返してしまうこともあるでしょう。年々くどくなることもあるので、周囲の空気を読む必要があるかもしれません。

おもしろそうな人がいるとドンドン近づいていきます。持ち前の愛嬌で多くの人に好かれ、周囲が驚くような人と仲よくなったり、知り合いの輪が突然広がったりするでしょう。

瞬発力があることはいいのですが、日々変化を好むため、計画的な生活や段取りが苦手。そのため、自ら苦労を招くことも多いでしょう。

基本的に人気者ですが、自分では意識していません。人と深く接することが面倒と思ってしまう一面もあるので、ある程度の距離を誰とでも取ります。自然と友達よりも知り合いのほうが多くなるでしょう。幅広い交友関係が幸運のカギとなるので、知り合いの輪を広げる努力を続けてください。

継続力に欠けるところがありますが、周囲から認められた才能はできるだけ大事に長続きさせるといいでしょう。

恋愛運

束縛は大嫌いな妄想恋愛家

どっぷり恋愛にハマることは少なく、どんなに好きな人とでもある程度の距離が必要なタイプ。恋以外にも興味あることややりたいことがいっぱいなため、束縛されたり、執着されると面倒に感じてしまいます。「重たい」と感じさせる人とは長く一緒にいられないでしょう。できるだけ依存し合わずに済む異性を選ぶようにしましょう。

妄想恋愛が好きで、いろいろな人との恋を妄想することが多く、妄想的浮気性と言えるくらい常に頭の中で恋をしているでしょう。しかも、かなりレベルの高い相手との恋を妄想することが多く、好みの異性もハイレベルなため、恋のチャンスがなかなか来ない場合も多いでしょう。

ただ、最終的には自然体でいられるマメな異性に落ち着きます。自由を認めてくれる優しい人があなたには一番合うでしょう。

無邪気で純粋な星の持ち主なので、恋をしっかり楽しむことができますが、他に興味のあることが多過ぎたり、仕事を頑張り過ぎてしまうと婚期を逃してしまう人も多いでしょう。

心は常に中学生のままなので、外見が若く見えることもあります。情報収集力の高さから、若い人とも年の差を感じさせずに話ができます。そのため、周囲が驚くほど年齢が離れた年下の人と交際ができたり、結婚する場合もありそうです。

仕事運&金運　フットワークのよさと情報収集力が武器

五星三心占いの中でもっともフットワークが軽い星の持ち主。情報収集が得意で、あらゆることに興味をむけることができる、子供のままの心をもった人。営業職や販売職、情報関係の仕事に就くと能力が開花するでしょう。

ただ、マイペースな人なので、自分のペースで動けると、ドンドン仕事ができるようになりますが、そもそもが妄想好きなため、ボーッとする時間も長くなってしまいがちです。アイデアや企画を考える力もあるので、イベントやアミューズメント関係の仕事でも能力を発揮できるでしょう。

若いときは短期でもいいので、多くのアルバイトを体験し、自分がやってみたい仕事にチャレンジすることが大切。苦労から自然と学び、苦労を苦労のままで終わらせず、いい結果につなげることができるでしょう。飽きっぽいことを短所ととらえるよりも、あらゆることができる器用な人に上手に見せて、人脈を広げることで、楽しく仕事もできるようになるでしょう。

金運は、浪費しやすいので、目的をしっかり定め、3カ所以上にお金を分散して貯金すると、自然と貯まるでしょう。

金のインディアンの決断月

4月・5月・10月・11月・12月

この月に決断したり、新しいことを始めると、いい流れに乗れるでしょう。それ以外の月は、流れに身を任せたほうがいい時期なので、大きな決断は避けておきましょう。

金のインディアンの運命グラフ

人生は36年周期の繰り返し。人によって異なる、その36年間の運気の流れを表したのが「運命グラフ」です。グラフ上の印の位置の高低はそのまま運気の高低。10以上が「好調」となります。

金のインディアン A

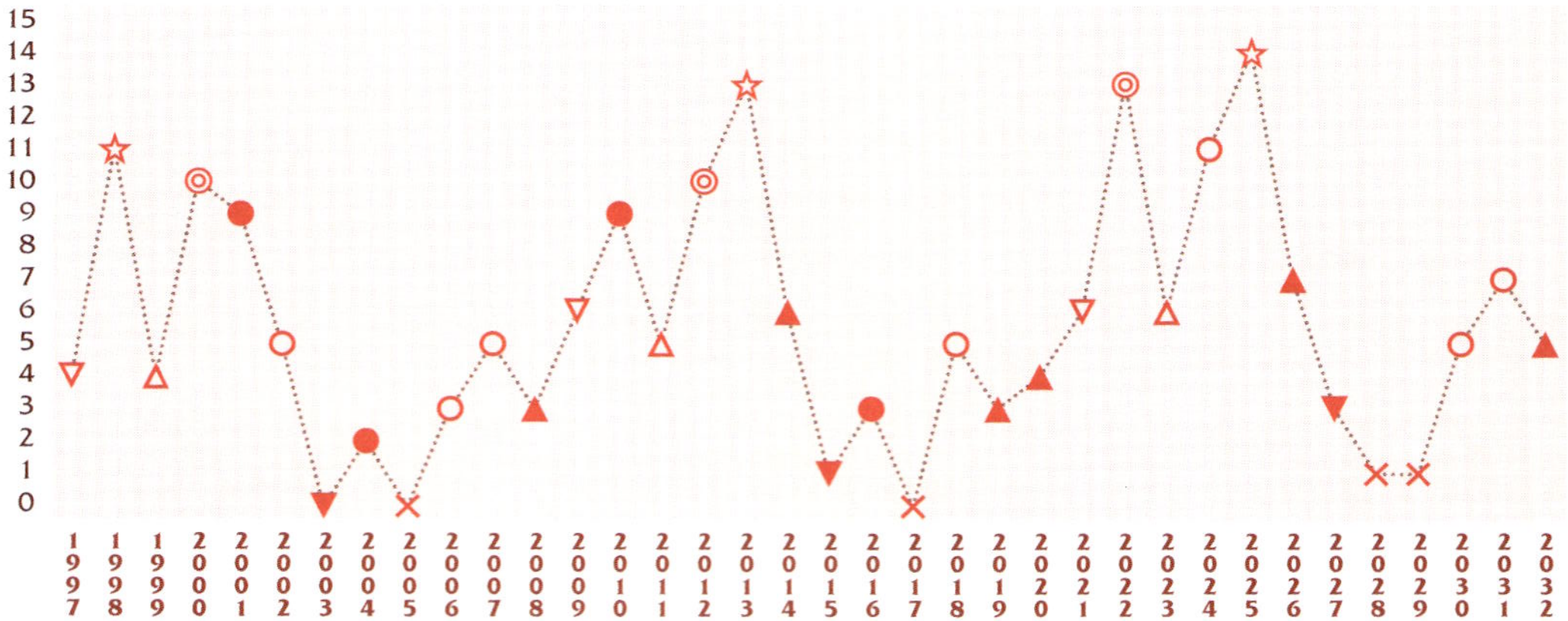

金のインディアン B

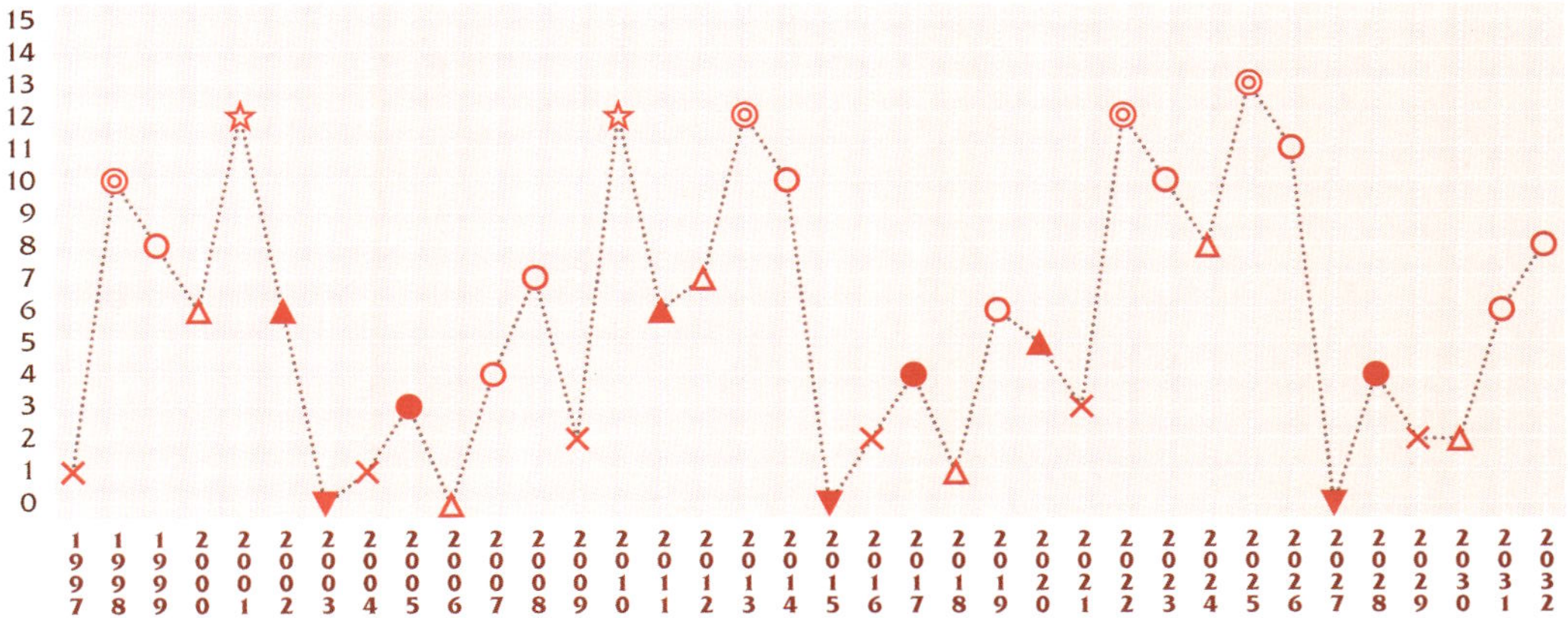

☆の年　36年に1～3回しかない、最高に幸運な年。始まりの年でもある
◎の年　最高の運気を備えた年。能力や魅力を思う存分、発揮できる
○の年　人生を変える決断に最適な年。軌道修正するにも最適
△の年　上半期は流れのままに、下半期からは行動的に流れを変えていける年
▲の年　決断には不向きな年。自分の課題をクリアするとき
▽の年　体調を崩しがち。体を休めること、リフレッシュにあてるべき年
×の年　これまで積み上げたことが崩れてしまう破壊の年
●の年　幸運と不運が入り組んだ複雑な年。予想外の出来事に見舞われる
▼の年　流れを止める急ブレーキの年。決断は避けるべき

金のインディアン C

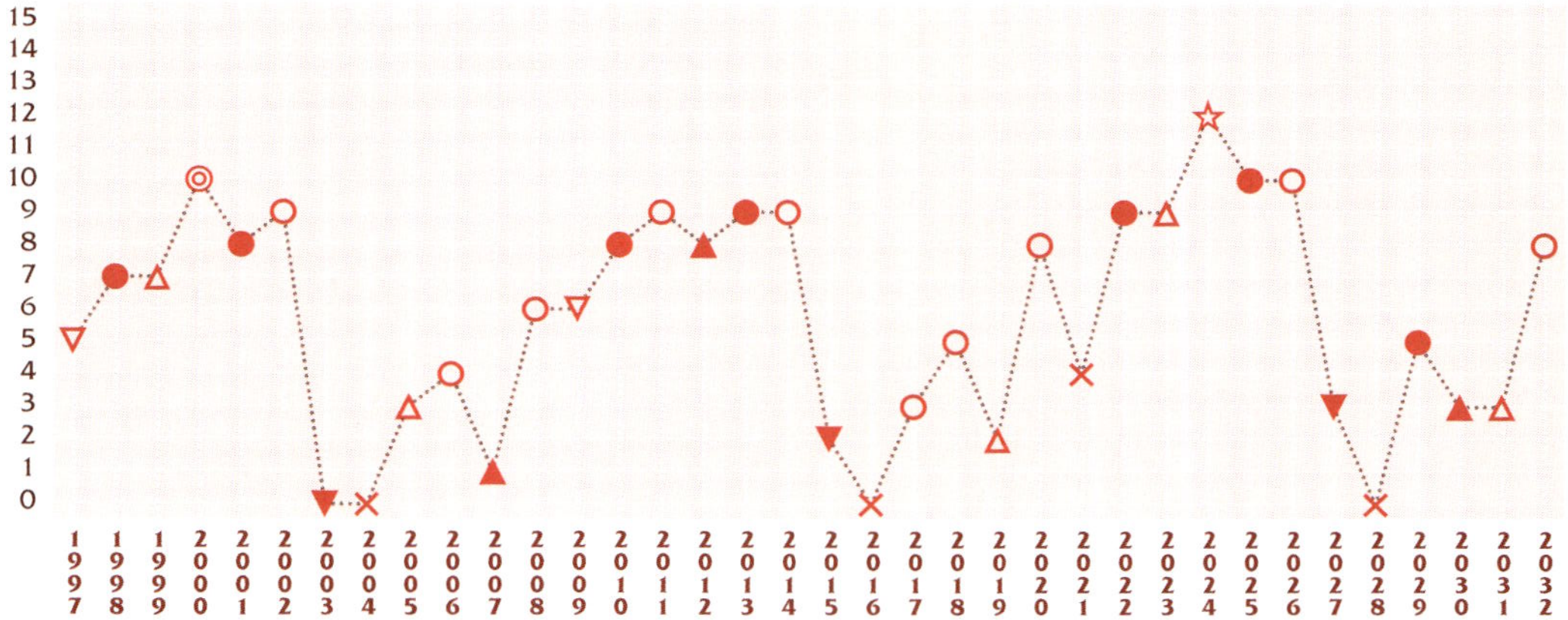

15
14
13
12
11
10
9
8
7
6
5
4
3
2
1
0
1997
1998
1999
2000
2001
2002
2003
2004
2005
2006
2007
2008
2009
2010
2011
2012
2013
2014
2015
2016
2017
2018
2019
2020
2021
2022
2023
2024
2025
2026
2027
2028
2029
2030
2031
2032

金のインディアン D

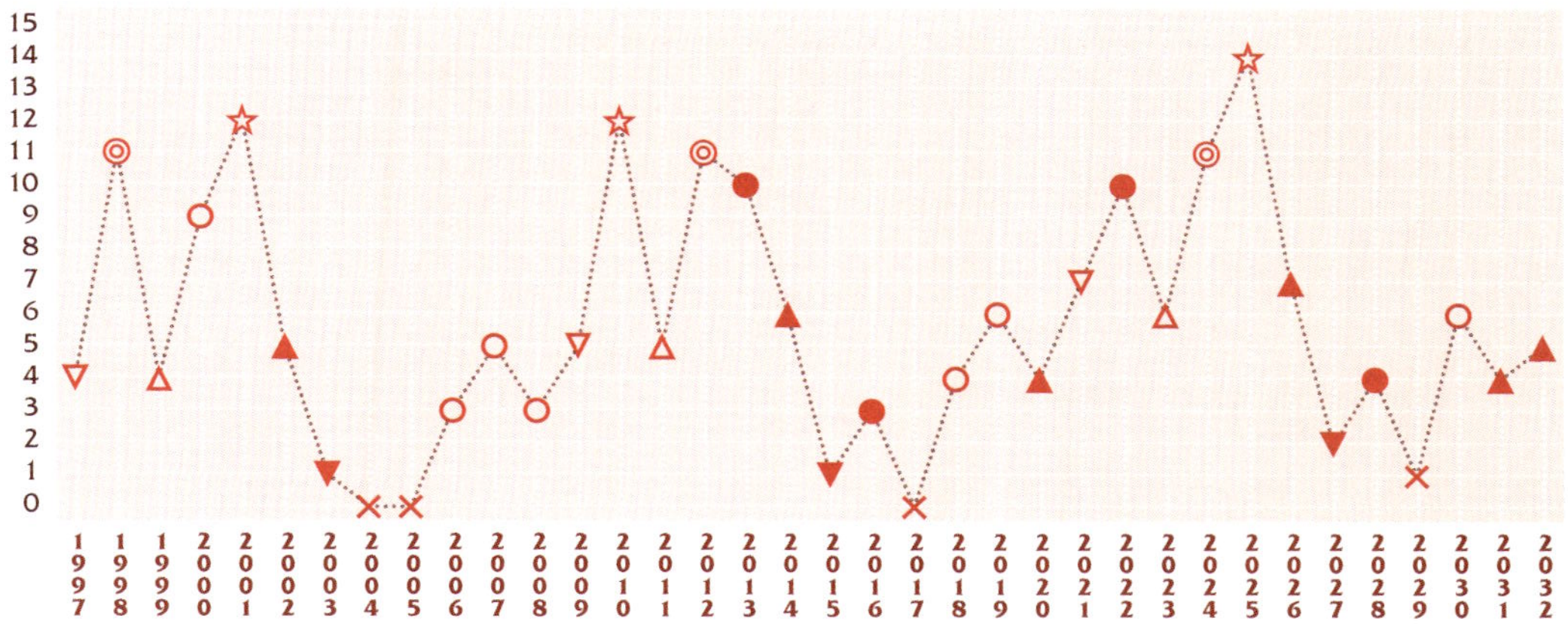

☆の年　36年に1～3回しかない、最高に幸運な年。始まりの年でもある
◎の年　最高の運気を備えた年。能力や魅力を思う存分、発揮できる
○の年　人生を変える決断に最適な年。軌道修正するにも最適
△の年　上半期は流れのままに、下半期からは行動的に流れを変えていける年
▲の年　決断には不向きな年。自分の課題をクリアするとき
▽の年　体調を崩しがち。体を休めること、リフレッシュにあてるべき年
×の年　これまで積み上げたことが崩れてしまう破壊の年
●の年　幸運と不運が入り組んだ複雑な年。予想外の出来事に見舞われる
▼の年　流れを止める急ブレーキの年。決断は避けるべき

金のインディアン E

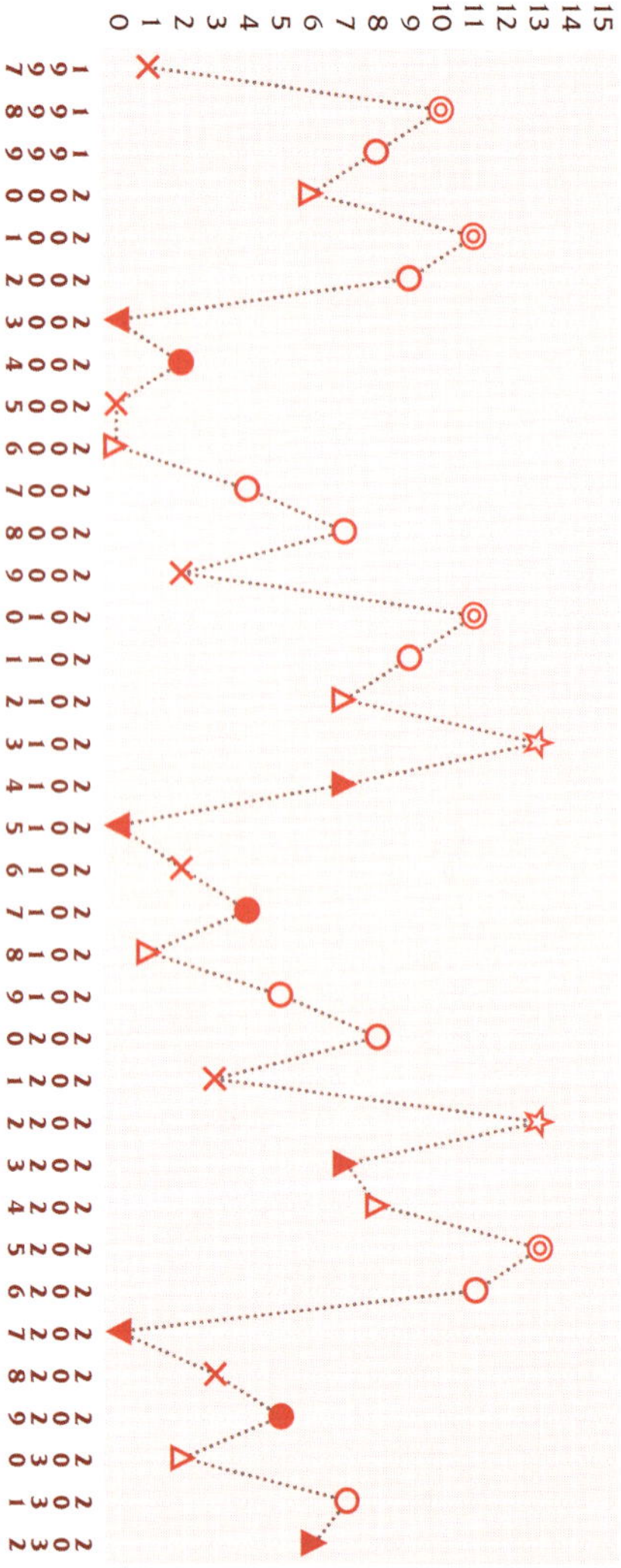

0
1
2
3
4
5
6
7
8
9
10
11
12
13
14
15
1997
1998
1999
2000
2001
2002
2003
2004
2005
2006
2007
2008
2009
2010
2011
2012
2013
2014
2015
2016
2017
2018
2019
2020
2021
2022
2023
2024
2025
2026
2027
2028
2029
2030
2031
2032

金のインディアン F

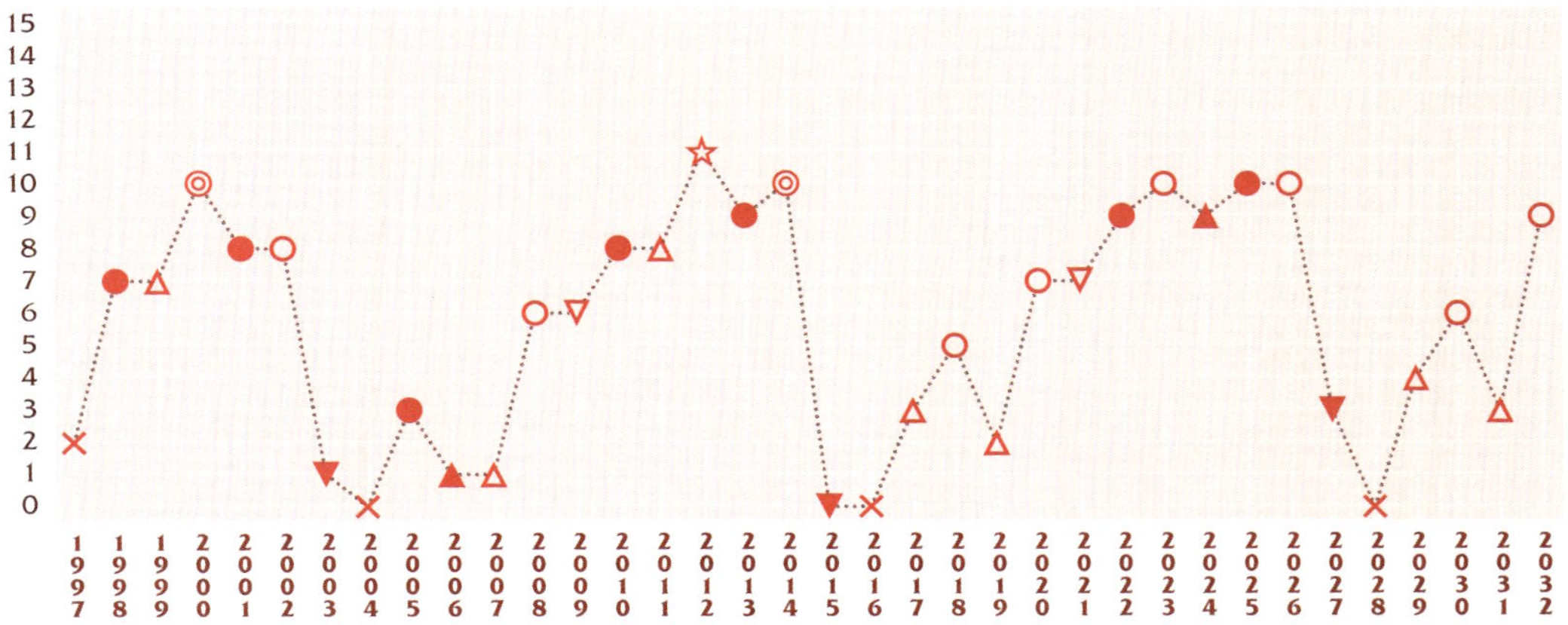

☆の年　36年に1〜3回しかない、最高に幸運な年。始まりの年でもある
◎の年　最高の運気を備えた年。能力や魅力を思う存分、発揮できる
○の年　人生を変える決断に最適な年。軌道修正するにも最適
△の年　上半期は流れのままに、下半期からは行動的に流れを変えていける年
▲の年　決断には不向きな年。自分の課題をクリアするとき
▽の年　体調を崩しがち。体を休めること、リフレッシュにあてるべき年
×の年　これまで積み上げたことが崩れてしまう破壊の年
●の年　幸運と不運が入り組んだ複雑な年。予想外の出来事に見舞われる
▼の年　流れを止める急ブレーキの年。決断は避けるべき

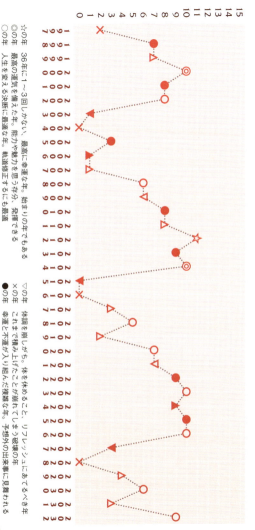

金のインディアン G

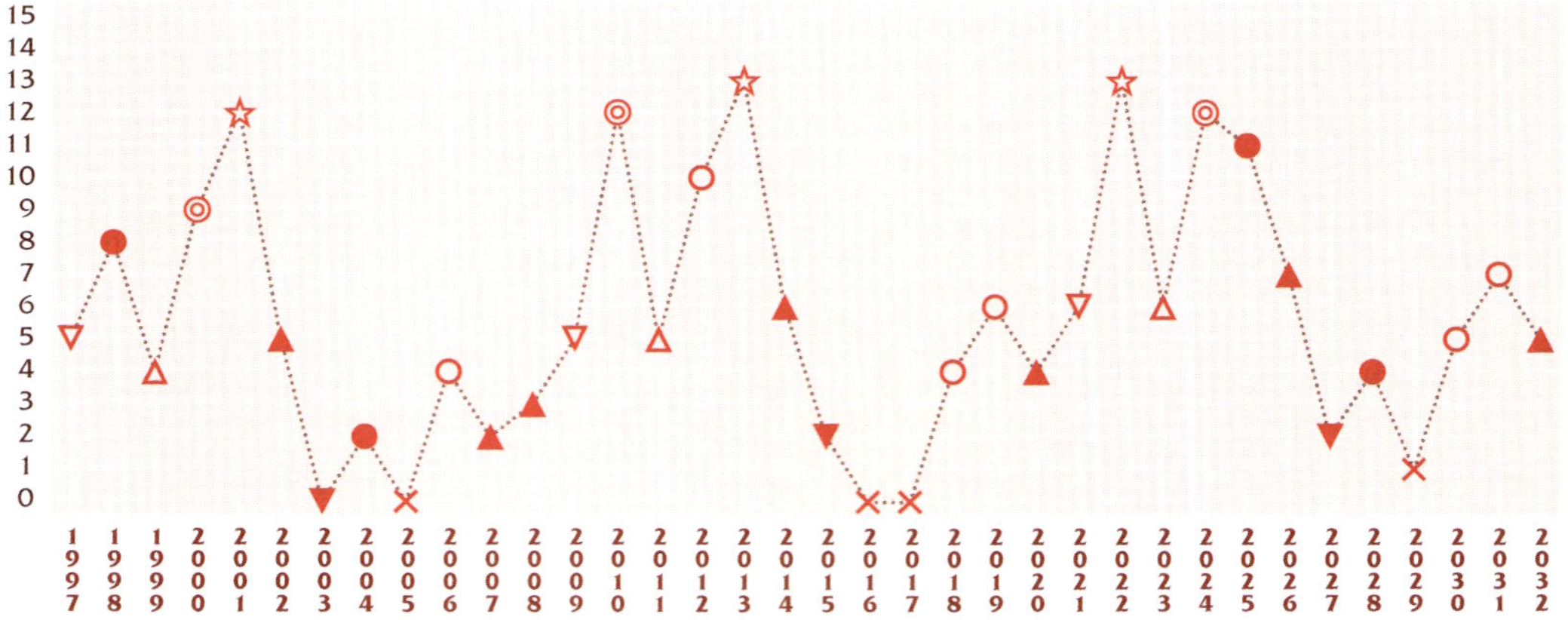

15
14
13
12
11
10
9
8
7
6
5
4
3
2
1
0
1997
1998
1999
2000
2001
2002
2003
2004
2005
2006
2007
2008
2009
2010
2011
2012
2013
2014
2015
2016
2017
2018
2019
2020
2021
2022
2023
2024
2025
2026
2027
2028
2029
2030
2031
2032

金のインディアン H

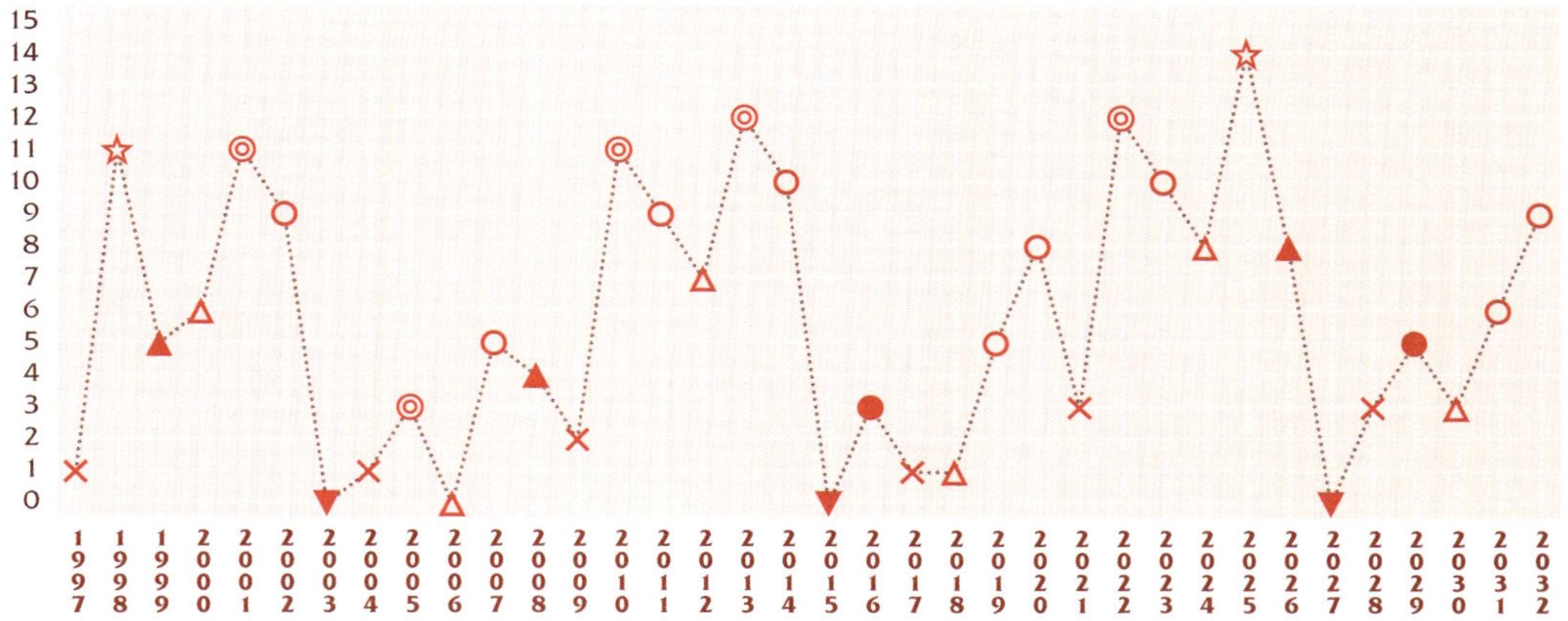

☆の年　36年に1～3回しかない、最高に幸運な年。始まりの年でもある
◎の年　最高の運気を備えた年。能力や魅力を思う存分、発揮できる
○の年　人生を変える決断に最適な年。軌道修正するにも最適
△の年　上半期は流れのままに、下半期からは行動的に流れを変えていける年
▲の年　決断には不向きな年。自分の課題をクリアするとき
▽の年　体調を崩しがち。体を休めること、リフレッシュにあてるべき年
×の年　これまで積み上げたことが崩れてしまう破壊の年
●の年　幸運と不運が入り組んだ複雑な年。予想外の出来事に見舞われる
▼の年　流れを止める急ブレーキの年。決断は避けるべき

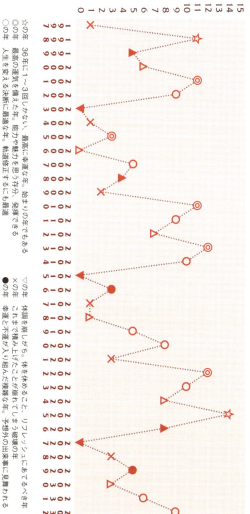

金のインディアン Ⅰ

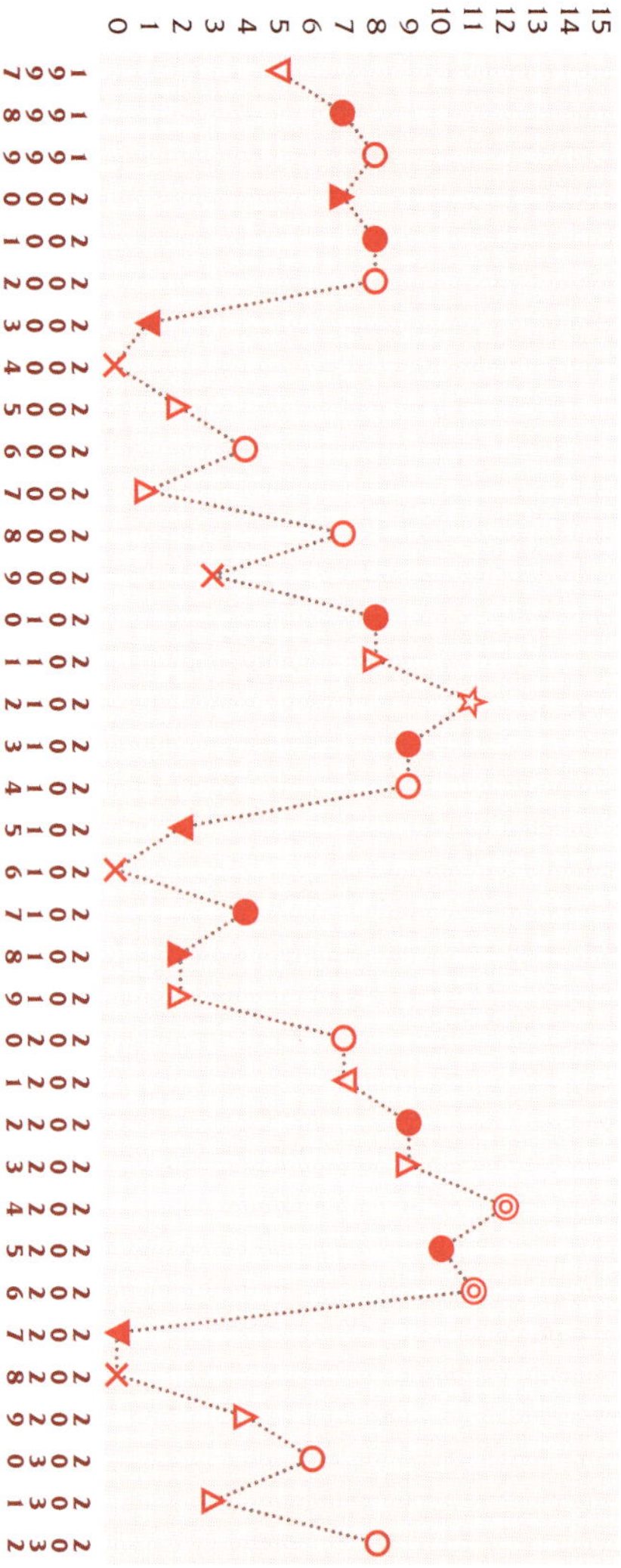

0
1
2
3
4
5
6
7
8
9
10
11
12
13
14
15
1997
1998
1999
2000
2001
2002
2003
2004
2005
2006
2007
2008
2009
2010
2011
2012
2013
2014
2015
2016
2017
2018
2019
2020
2021
2022
2023
2024
2025
2026
2027
2028
2029
2030
2031
2032

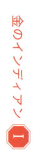

銀のインディアン

Silver Indian

心は永遠の中学生。
仕事も恋も
超マイペースな不思議人間

基本
性格

楽観的な裏に警戒心の強い一面が

自由気ままで楽観的に生きているように見える人ですが、根は臆病で、マイナスになることや不利になる状況を上手に回避することができる、警戒心の強いタイプです。基本的に「人は人、自分は自分」とかなりマイペースで、周囲から「不思議な人」と思われるくらい、独自の人生を送ることが多いでしょう。好奇心は旺盛で、行動範囲を広げることで周囲が驚くような知り合いが増え、最新の情報を手にすることもできるでしょう。

話し好きでおしゃべりなところがありますが、同じ話が多く、年々くどくなってしまったり、自分の言ったことをすぐに忘れてしまうところがあるでしょう。

他人に執着することはない感じにしていますが、心は中学生のままなので本当は寂しがり屋。いろいろなことに興味があるため、飽きっぽくもなってしまい、1つのことが長続きしない場合がありますが、損得勘定にはかなり敏感なため、どこか得だと感じることは続けるでしょう。

学生時代よりも社会に出てから能力が開花するタイプです。学校で学んだことよりも社会で出会った人や経験から学び、大きく成長します。いつまでも学生時代の友人に振り回されていると、運気が伸びなくなる場合もあるでしょう。社会に出て知り合った人の輪をできるだけ広げる努力をしておきましょう。

今を楽しく生きることだけに夢中になってしまうことがありますが、自分の好きなことを究めたり、人脈を大切にしたりすることで救われることも多い人です。本来の図々しい部分を活かして、人の懐に入れると魅力がさらにアップします。

恋愛運

相手が驚くほどのマイペースぶり

恋もかなりマイペースです。自分のペースを認めてくれる、束縛しない自由な相手を望み、妄想や空想での恋も好き。いろいろな人をイメージして恋を楽しむのはいいのですが、ついついレベルの高い相手を好んでしまうことも多いでしょう。

ただ、最終的にはマメに会える人や身近な人に落ち着くことが多く、何度も会っているうちに好きになる傾向があります。マメな人に弱いですが、マメに会える機会をつくると自然と好かれる「マメに弱いが、マメに強い」タイプでもあるでしょう。

大人になっても子供っぽさが抜けないため、見た目も自然と若く見えたり、かなり年齢の離れた相手と恋愛を楽しめることもあるでしょう。

あなたのことをしっかり者だと思って交際をスタートすると、相手はあなたのマイペースぶりにヤキモキ。普段は大らかですが、余計なひと言が多く、それが原因で大喧嘩になってあっさり別れてしまう場合も多いでしょう。

行動範囲が広く、人脈も浅く広くつくることができるので、恋のチャンスは自然と多くなります。もし恋のチャンスに恵まれないとしたら、浅く広く知り合いを増やしていくといいでしょう。そもそも臆病なので人との距離をとりがちですが、気にしないで知り合いを増やすことだけを考えて行動してみてください。

仕事運&金運

「何となく」続けたことで成功する人

五星三心占いの中でもっとも「何となく」仕事をする星の持ち主。超が付くほどマイペースで、何となく続けてきたことが高く評価されることがある「成り行きが生業になる人」です。目的意識がそれほど高くなく、頼まれて断れずに続けていたら何とかなってしまったということが多い人でもあるでしょう。結果を求められても臆せず、どこか淡々と生きる姿勢が周囲から認められることが多い人です。若いときは「何がしたいのかわからない」と思うことが多く、「何となくこんな仕事ができたらいいかな〜」と、楽観的なことを口にすることも多いでしょう。

妄想や空想が好きで、制作業や宣伝業、出版関係の仕事で能力を発揮することも多いでしょう。農業や植物を扱う仕事も自分のペースで楽しくできそうです。

思い切った行動に走ることも多いですが、リーダーとしての才能があり、無謀と思った企画でも勢いで突き進めてしまうこともありそうです。後先考えない行動力がいい方向に進む場合もありますが、運気が乱れると悪いほうに転がることも多いでしょう。苦労を苦労と感じないで楽しんでしまえば自然と周囲が助けてくれます。

金運は、計画的に使う時期と無計画に使う時期の繰り返しになるので、お金はできるだけ分散して貯金すること。投資に興味があると思いますが、運気のいいときに始めるといい結果につながるでしょう。

銀のインディアンの決断月

1月・5月・6月・11月・12月

この月に決断したり、新しいことを始めると、いい流れに乗れるでしょう。それ以外の月は、流れに身を任せたほうがいい時期なので、大きな決断は避けておきましょう。

銀のインディアンの運命グラフ

人生は36年周期の繰り返し。人によって異なる、その36年間の運気の流れを表したのが「運命グラフ」です。グラフ上の印の位置の高低はそのまま運気の高低。10以上が「好調」となります。

銀のインディアン A

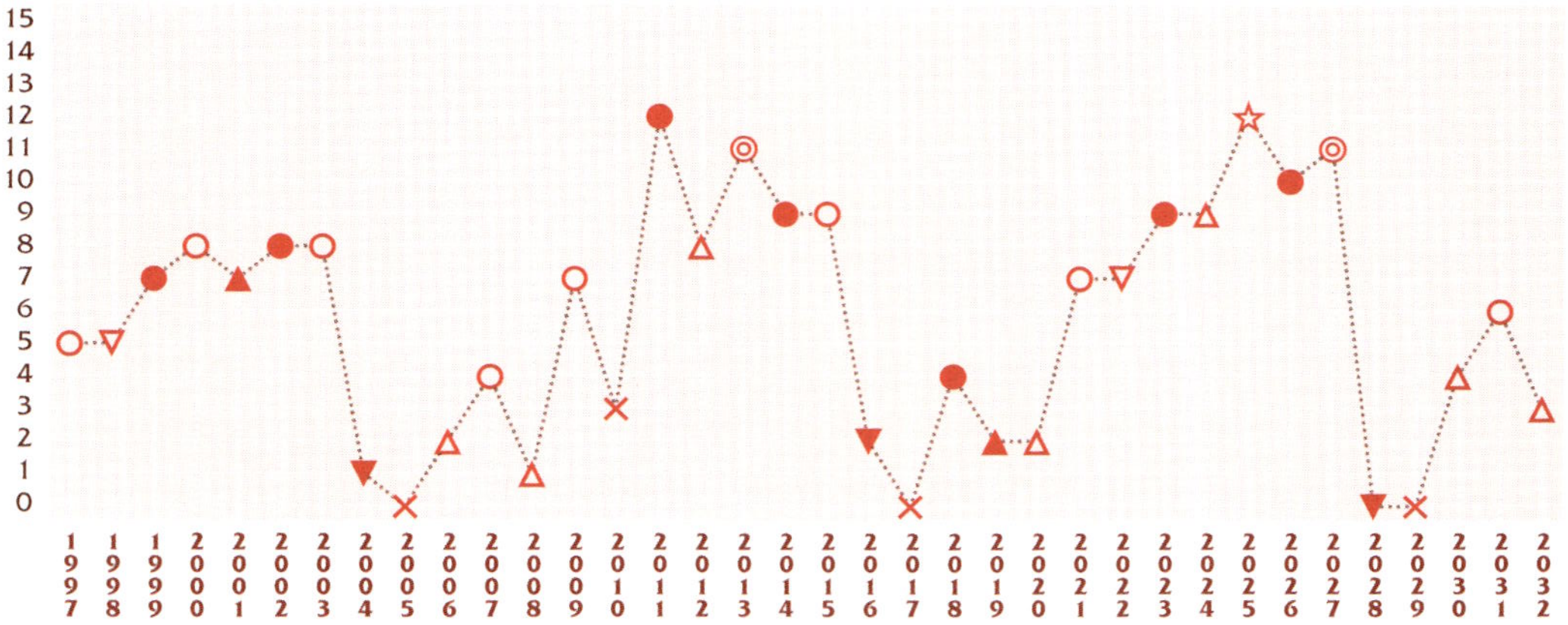

銀のインディアン B

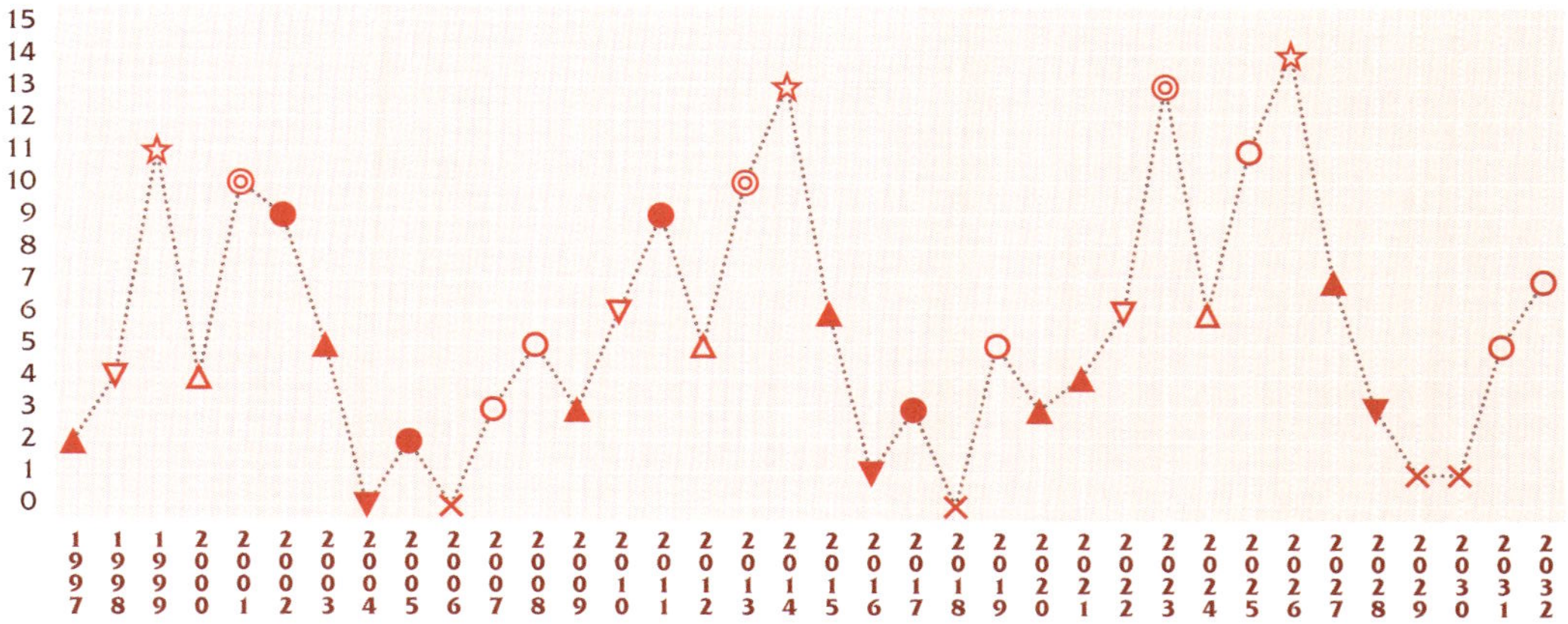

☆の年　36年に1～3回しかない、最高に幸運な年。始まりの年でもある
◎の年　最高の運気を備えた年。能力や魅力を思う存分、発揮できる
○の年　人生を変える決断に最適な年。軌道修正するにも最適
△の年　上半期は流れのままに、下半期からは行動的に流れを変えていける年
▲の年　決断には不向きな年。自分の課題をクリアするとき
▽の年　体調を崩しがち。体を休めること、リフレッシュにあてるべき年
×の年　これまで積み上げたことが崩れてしまう破壊の年
●の年　幸運と不運が入り組んだ複雑な年。予想外の出来事に見舞われる
▼の年　流れを止める急ブレーキの年。決断は避けるべき

銀のインディアン C

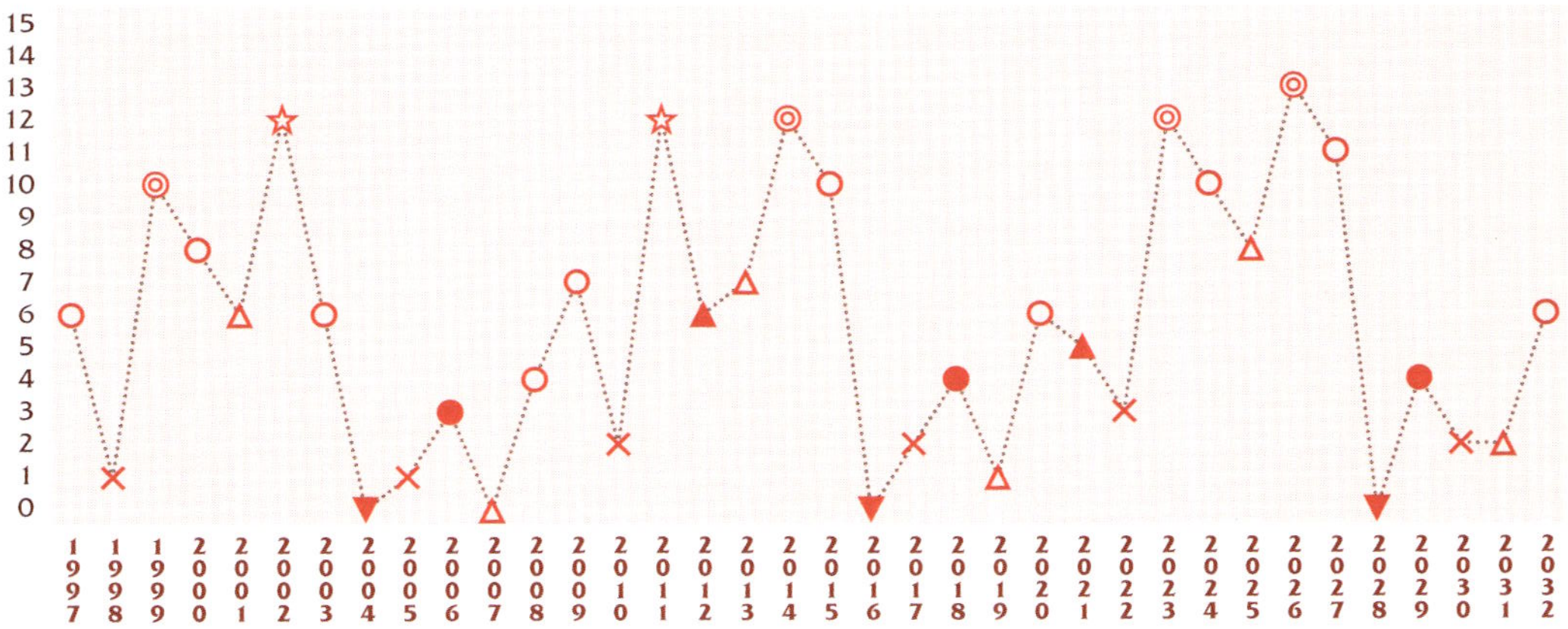

15
14
13
12
11
10
9
8
7
6
5
4
3
2
1
0
1997
1998
1999
2000
2001
2002
2003
2004
2005
2006
2007
2008
2009
2010
2011
2012
2013
2014
2015
2016
2017
2018
2019
2020
2021
2022
2023
2024
2025
2026
2027
2028
2029
2030
2031
2032

銀のインディアン D

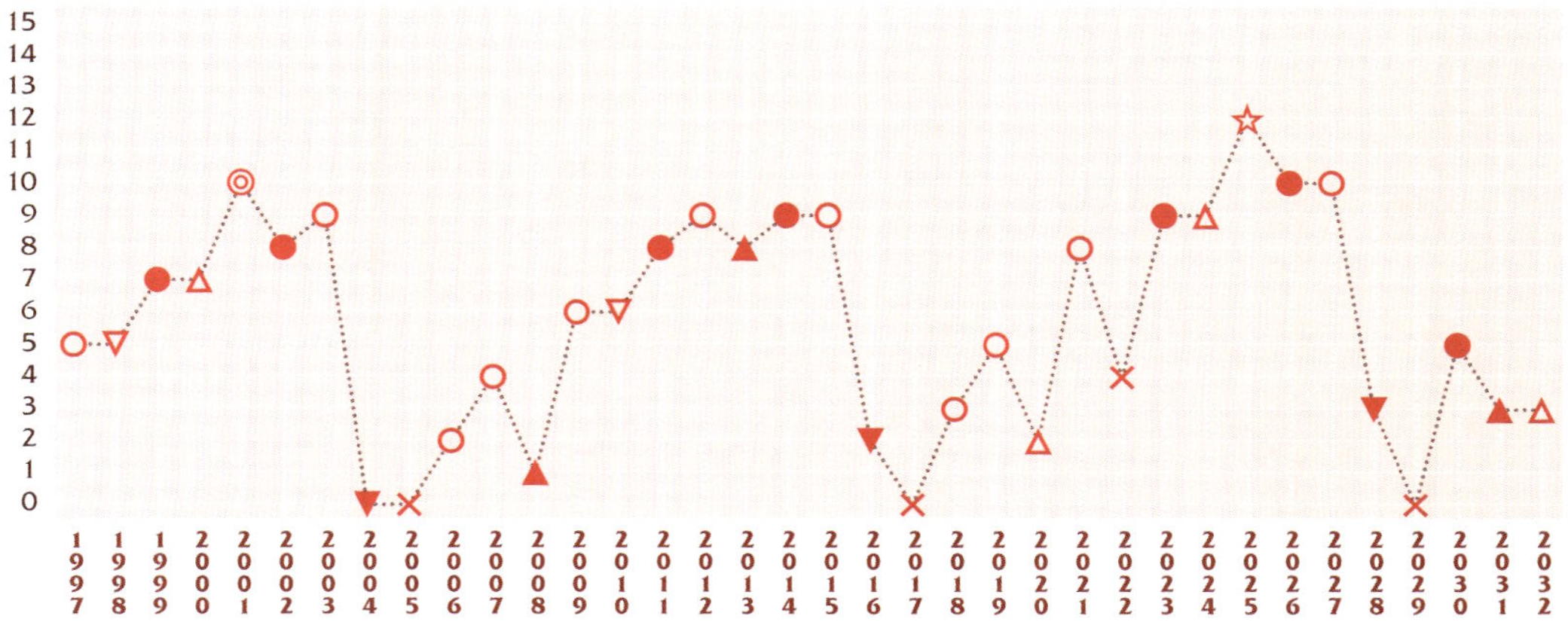

☆の年　36年に1～3回しかない、最高に幸運な年。始まりの年でもある
◎の年　最高の運気を備えた年。能力や魅力を思う存分、発揮できる
○の年　人生を変える決断に最適な年。軌道修正するにも最適
△の年　上半期は流れのままに、下半期からは行動的に流れを変えていける年
▲の年　決断には不向きな年。自分の課題をクリアするとき
▽の年　体調を崩しがち。体を休めること、リフレッシュにあてるべき年
×の年　これまで積み上げたことが崩れてしまう破壊の年
●の年　幸運と不運が入り組んだ複雑な年。予想外の出来事に見舞われる
▼の年　流れを止める急ブレーキの年。決断は避けるべき

銀のインディアン E

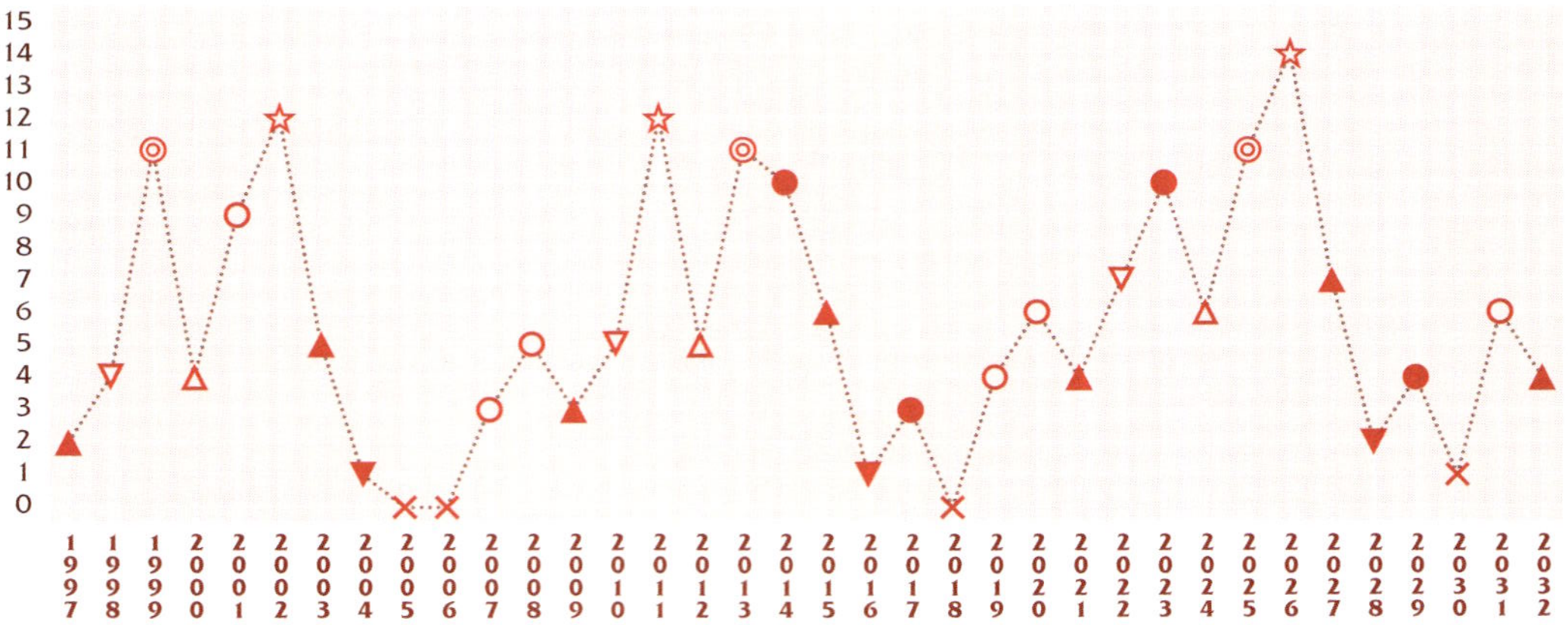
15 14 13 12 11 10 9 8 7 6 5 4 3 2 1 0
1997 1998 1999 2000 2001 2002 2003 2004 2005 2006 2007 2008 2009 2010 2011 2012 2013 2014 2015 2016 2017 2018 2019 2020 2021 2022 2023 2024 2025 2026 2027 2028 2029 2030 2031 2032

銀のインディアン F

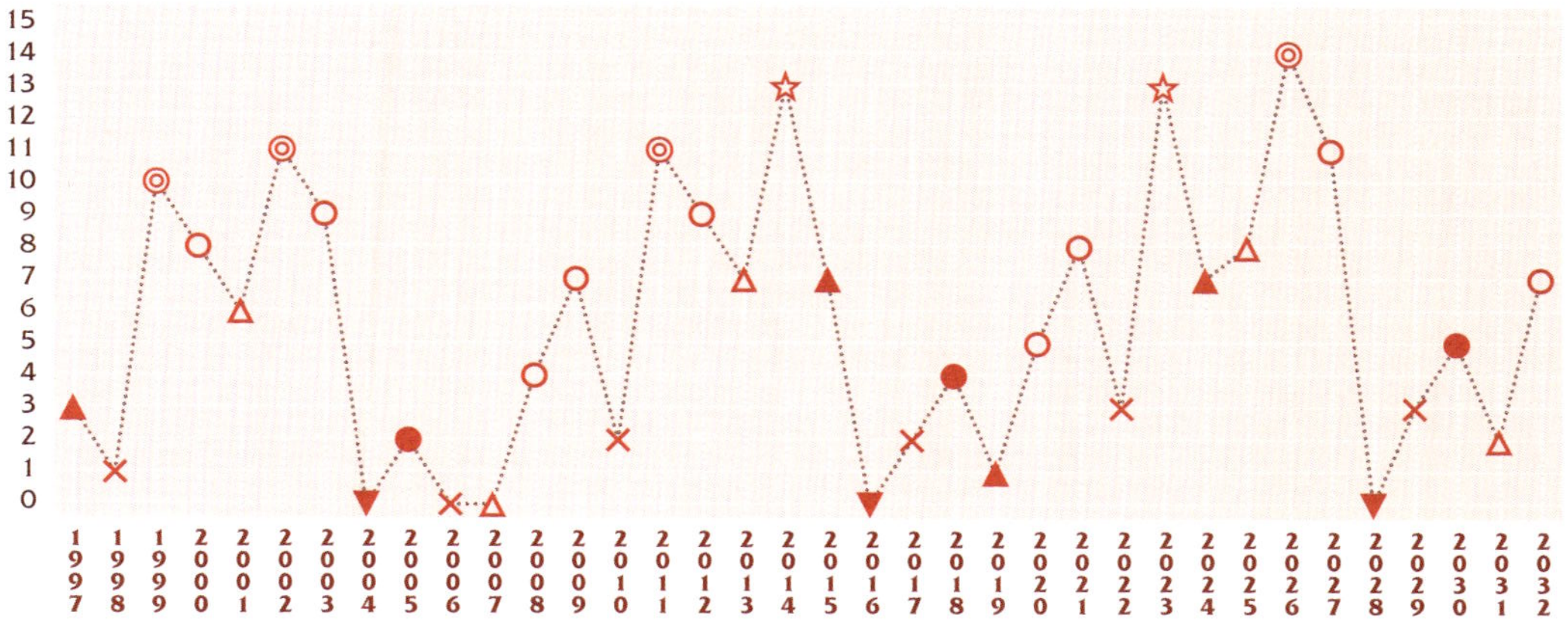

☆の年　36年に1～3回しかない、最高に幸運な年。始まりの年でもある
◎の年　最高の運気を備えた年。能力や魅力を思う存分、発揮できる
○の年　人生を変える決断に最適な年。軌道修正するにも最適
△の年　上半期は流れのままに、下半期からは行動的に流れを変えていける年
▲の年　決断には不向きな年。自分の課題をクリアするとき
▽の年　体調を崩しがち。体を休めること、リフレッシュにあてるべき年
×の年　これまで積み上げたことが崩れてしまう破壊の年
●の年　幸運と不運が入り組んだ複雑な年。予想外の出来事に見舞われる
▼の年　流れを止める急ブレーキの年。決断は避けるべき

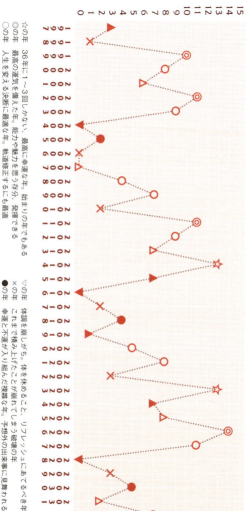

銀のインディアン G

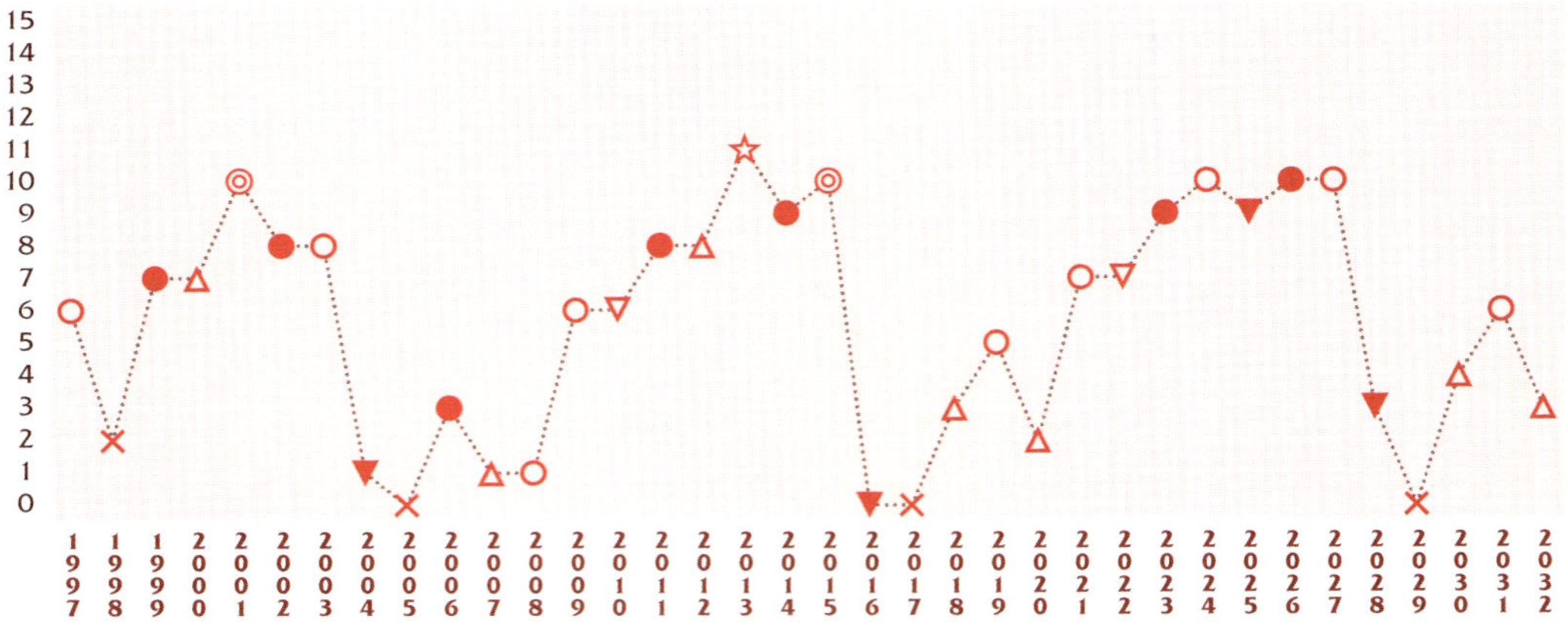
15
14
13
12
11
10
9
8
7
6
5
4
3
2
1
0
1997
1998
1999
2000
2001
2002
2003
2004
2005
2006
2007
2008
2009
2010
2011
2012
2013
2014
2015
2016
2017
2018
2019
2020
2021
2022
2023
2024
2025
2026
2027
2028
2029
2030
2031
2032

銀のインディアン H

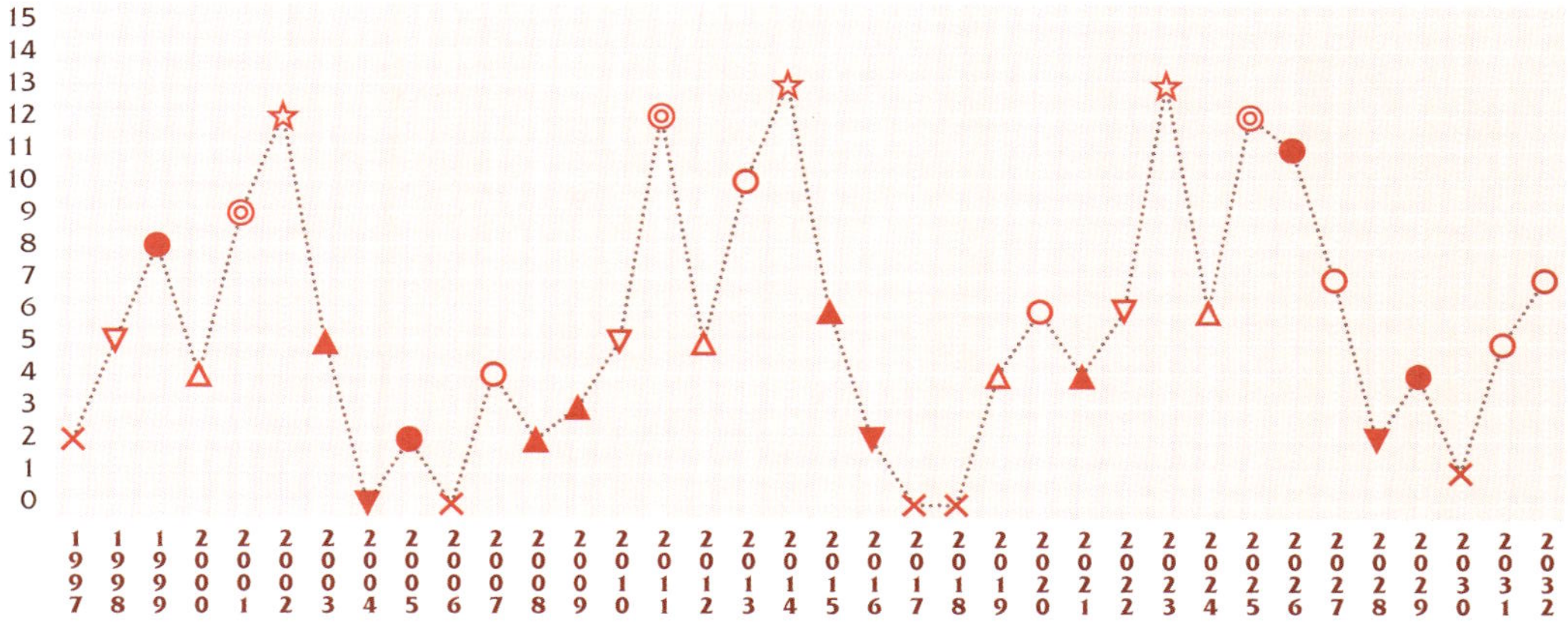

☆の年　36年に1～3回しかない、最高に幸運な年。始まりの年でもある
◎の年　最高の運気を備えた年。能力や魅力を思う存分、発揮できる
○の年　人生を変える決断に最適な年。軌道修正するにも最適
△の年　上半期は流れのままに、下半期からは行動的に流れを変えていける年
▲の年　決断には不向きな年。自分の課題をクリアするとき
▽の年　体調を崩しがち。体を休めること、リフレッシュにあてるべき年
×の年　これまで積み上げたことが崩れてしまう破壊の年
●の年　幸運と不運が入り組んだ複雑な年。予想外の出来事に見舞われる
▼の年　流れを止める急ブレーキの年。決断は避けるべき

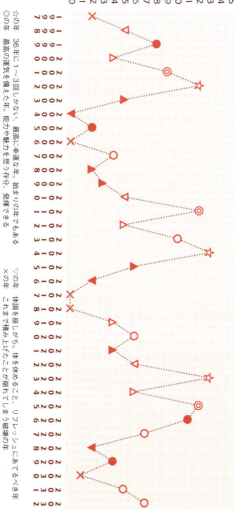

銀のインディアン Ⅰ

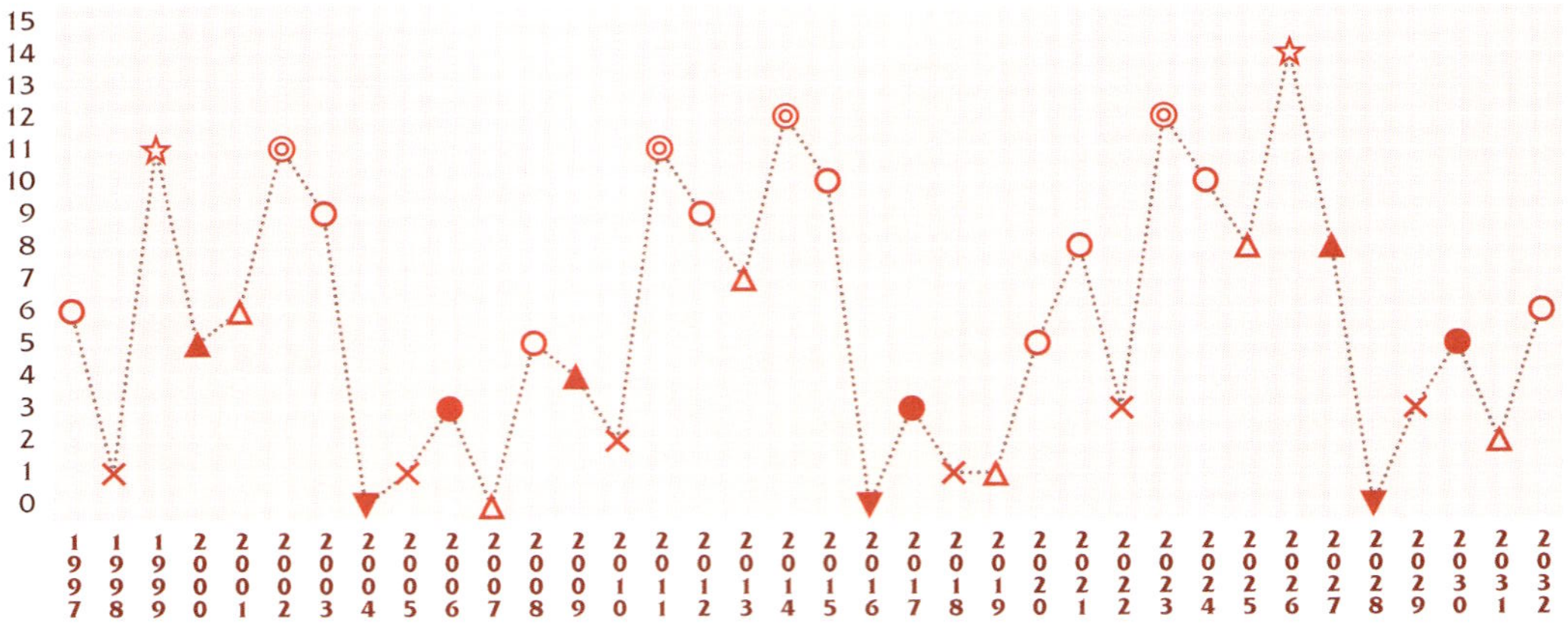
0 1 2 3 4 5 6 7 8 9 10 11 12 13 14 15
1997 1998 1999 2000 2001 2002 2003 2004 2005 2006 2007 2008 2009 2010 2011 2012 2013 2014 2015 2016 2017 2018 2019 2020 2021 2022 2023 2024 2025 2026 2027 2028 2029 2030 2031 2032

金の羅針盤

Golden Compass

ネガティブで非社交的だが、
礼儀正しく
もっとも上品な星

基本性格

しっかり者のはずが、気持ちのブレやすい面も

礼儀正しく、真面目で正義感の強い上品なタイプ。礼儀や挨拶、マナー、ルールに厳しく、しっかりしたクールな印象を与えます。指示された方向に突き進む行動力と決断力に優れていますが、羅針盤だけあって、変化があるたびに気持ちが動いてしまうことがあるでしょう。特に、人の意見や言葉に左右されてしまうことが多い人。人間関係を築くことが苦手で、簡単に人を信用しませんが、認めている人や権力者の言葉には揺さぶられてしまいます。

また、何事にもきっちりし過ぎてしまうところがあり、融通が利かなくなってしまうことも。自分の好きなこと以外には全く目を向けないところがあるため、自分の好きなことを見失うと、人生に迷ってしまうこともあるでしょう。

他人に深入りすることはなかなかありませんが、レベルの高い人の集まりに入ることができると人生の流れを変えることもできます。独特のセンスやアイデアを生み出す才能があり、人間関係を円滑にすることで認められ、チャンスをつかむことができるでしょう。

いいものはいい、悪いものは悪いとハッキリできる人ですが、何事もネガティブに捉えてし

まったり、マイナスな発言が増えてしまう癖があります。

自信と誇りがあることはいいのですが、その分、自分にも他人にも厳しくなり過ぎてしまうことがあります。自分が正しいと思い込まず、楽観的に物事を考えること。ときには周囲に弱音を吐いたり、他人も自分も許し、認めてあげることが大切でしょう。

交友の秘訣は、なるべく聞き役になること、自ら遊びに誘うように努めるといいでしょう。人の集まる場所に出向き、コミュニケーション能力を高めると、運気の流れをいい方向に進めることができるでしょう。

恋愛運

恋にも冷静。相手を厳しくチェックする

他の星と比べると、恋に恋をしたり、簡単に惚れたりすることなどはなく、常に冷静で異性に対するチェックが厳しいのが特徴。自分に見合う人なのか、経済的にも安定しているのか、人として素敵なのか、あらゆる点をじっくり調査し、相手の出方などをうかがいます。好きになってもプライドが高いので、簡単に告白することはありません。マメに連絡したり、気が付いたら近くにいる作戦に出て、相手から告白するように仕向けようと頑張るでしょう。

相手が自分に興味がないとわかったらスッパリ諦めてしまうことも多いでしょう。自分をさらけ出すことが苦手なため、実は恋はかなり不得意。手順を踏もうとし過ぎてしまい、相手がヤキモキすることもあるので、時には思い切って飛び込んでみることも大切でしょう。

友人の紹介や人とのつながりであなたに見合った人が現れるので、習い事を始めたり、定期的に通う場所を作るといいでしょう。

交際が始まると、正論を盾に喧嘩をしたり、何事も黒白ハッキリさせたがるので、少しは融通を利かせることも大切。真面目で厳しそうな金の羅針盤ですが、本当は言われないとやらないところがあり、尽くし下手で空回りが多いのも特徴です。「自分は頑張っている！　尽くしている！」と思い込んでいると、相手の望んでいることとは全く違った方向で頑張っていることもありそうです。

仕事運&金運

真面目で上品だが、実は指示待ち人間

五星三心占いの中でもっとも上品な星の持ち主。高貴な感じの仕事に就けると、能力を開花させられます。ホテル業やエステティシャン、美容、化粧品、アクセサリー関係の仕事が特にいい

でしょう。

真面目な性格を活かし、銀行員や公務員になる人も多いですが、仕事に真面目に取り組み過ぎてしまい、融通が利かなくなってしまったり、正しい仕事の仕方にこだわり過ぎてしまう場合もありそう。しっかりした人ですが、上司や先輩などいい指導者に恵まれないと能力が発揮されません。社員教育や仕事の指示をしっかりしてくれる職場のほうが向いているでしょう。

実は、言われないと動かなかったり、先まわりして仕事をすることができないことも多い人。経験を積むことで自然と仕事ができるようにはなりますが、「自分は気が利く」と思い込んでいると大きな失敗をしたり、評価が低いと不満が溜まってしまうことがあります。「自分はどこか抜けたところがある」と思っておくといいでしょう。

金運を上げるコツは、不要な物を買わないこと。本当に必要な物だけを購入するように心掛けると、自然とお金は貯まるでしょう。

金の羅針盤の決断月

1月・2月・6月・7月・12月

この月に決断したり、新しいことを始めると、いい流れに乗れるでしょう。それ以外の月は、流れに身を任せたほうがいい時期なので、大きな決断は避けておきましょう。

金の羅針盤の運命グラフ

人生は36年周期の繰り返し。人によって異なる、その36年間の運気の流れを表したのが「運命グラフ」です。グラフ上の印の位置の高低はそのまま運気の高低。10以上が「好調」となります。

金の羅針盤 A

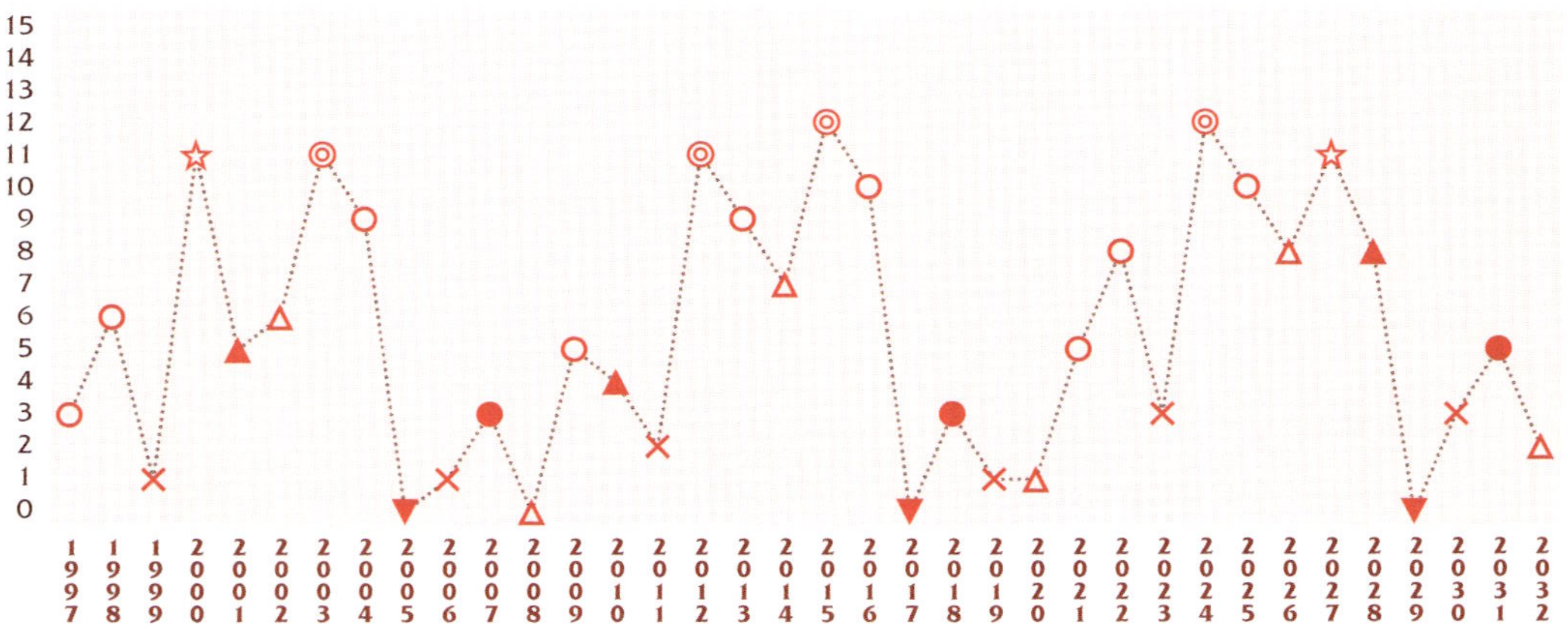

金の羅針盤 B

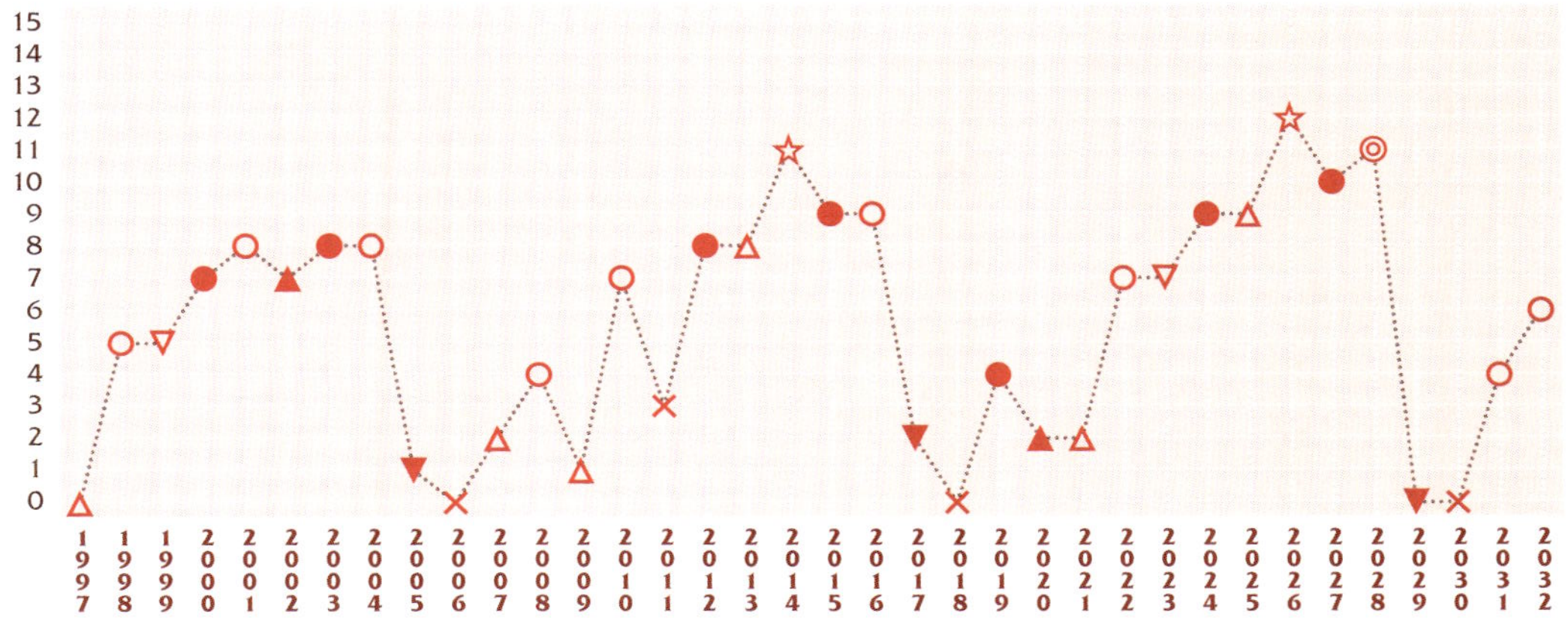

☆の年　36年に１〜３回しかない、最高に幸運な年。始まりの年でもある
◎の年　最高の運気を備えた年。能力や魅力を思う存分、発揮できる
○の年　人生を変える決断に最適な年。軌道修正するにも最適
△の年　上半期は流れのままに、下半期からは行動的に流れを変えていける年
▲の年　決断には不向きな年。自分の課題をクリアするとき
▽の年　体調を崩しがち。体を休めること、リフレッシュにあてるべき年
×の年　これまで積み上げたことが崩れてしまう破壊の年
●の年　幸運と不運が入り組んだ複雑な年。予想外の出来事に見舞われる
▼の年　流れを止める急ブレーキの年。決断は避けるべき

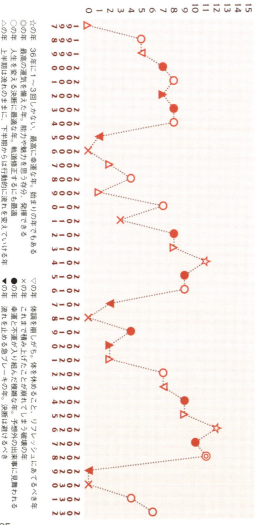

金の羅針盤 C

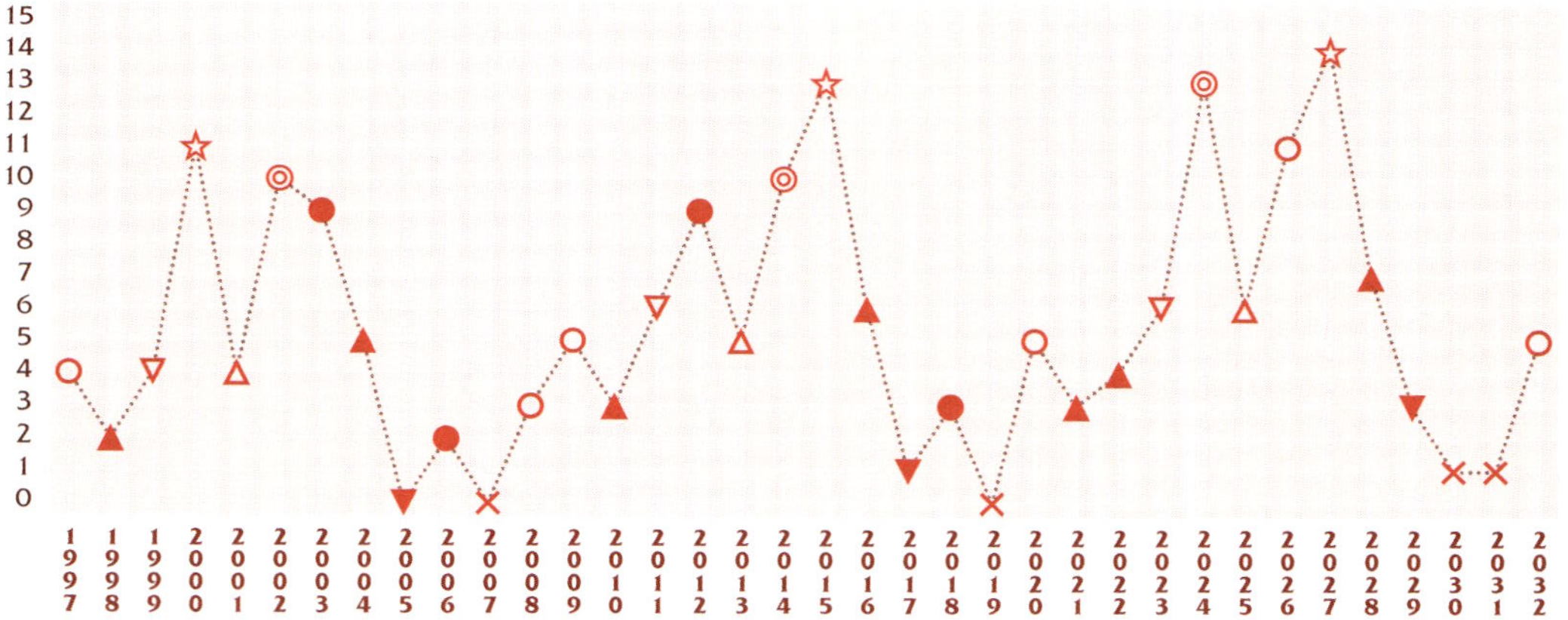

15 14 13 12 11 10 9 8 7 6 5 4 3 2 1 0
1997 1998 1999 2000 2001 2002 2003 2004 2005 2006 2007 2008 2009 2010 2011 2012 2013 2014 2015 2016 2017 2018 2019 2020 2021 2022 2023 2024 2025 2026 2027 2028 2029 2030 2031 2032

金の羅針盤 D

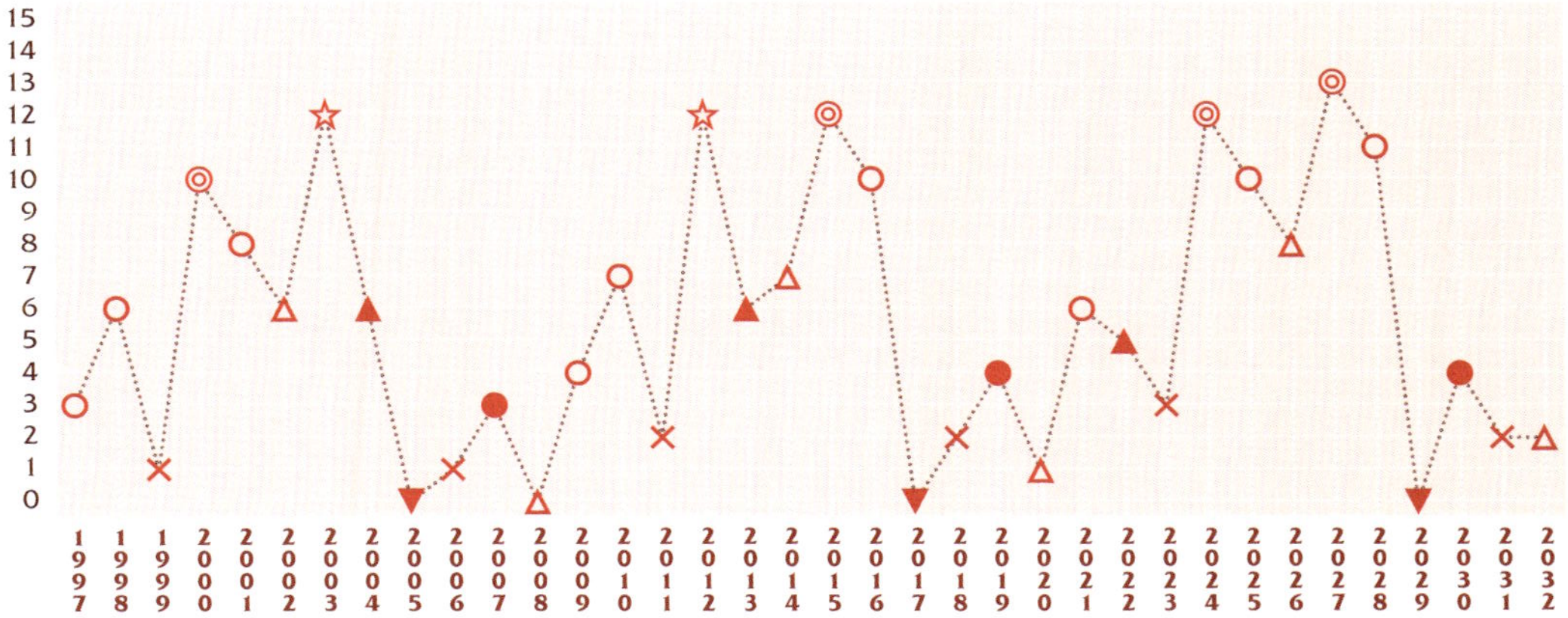

☆の年　36年に1～3回しかない、最高に幸運な年。始まりの年でもある
◎の年　最高の運気を備えた年。能力や魅力を思う存分、発揮できる
○の年　人生を変える決断に最適な年。軌道修正するにも最適
△の年　上半期は流れのままに、下半期からは行動的に流れを変えていける年
▲の年　決断には不向きな年。自分の課題をクリアするとき
▽の年　体調を崩しがち。体を休めること、リフレッシュにあてるべき年
×の年　これまで積み上げたことが崩れてしまう破壊の年
●の年　幸運と不運が入り組んだ複雑な年。予想外の出来事に見舞われる
▼の年　流れを止める急ブレーキの年。決断は避けるべき

金の羅針盤 E

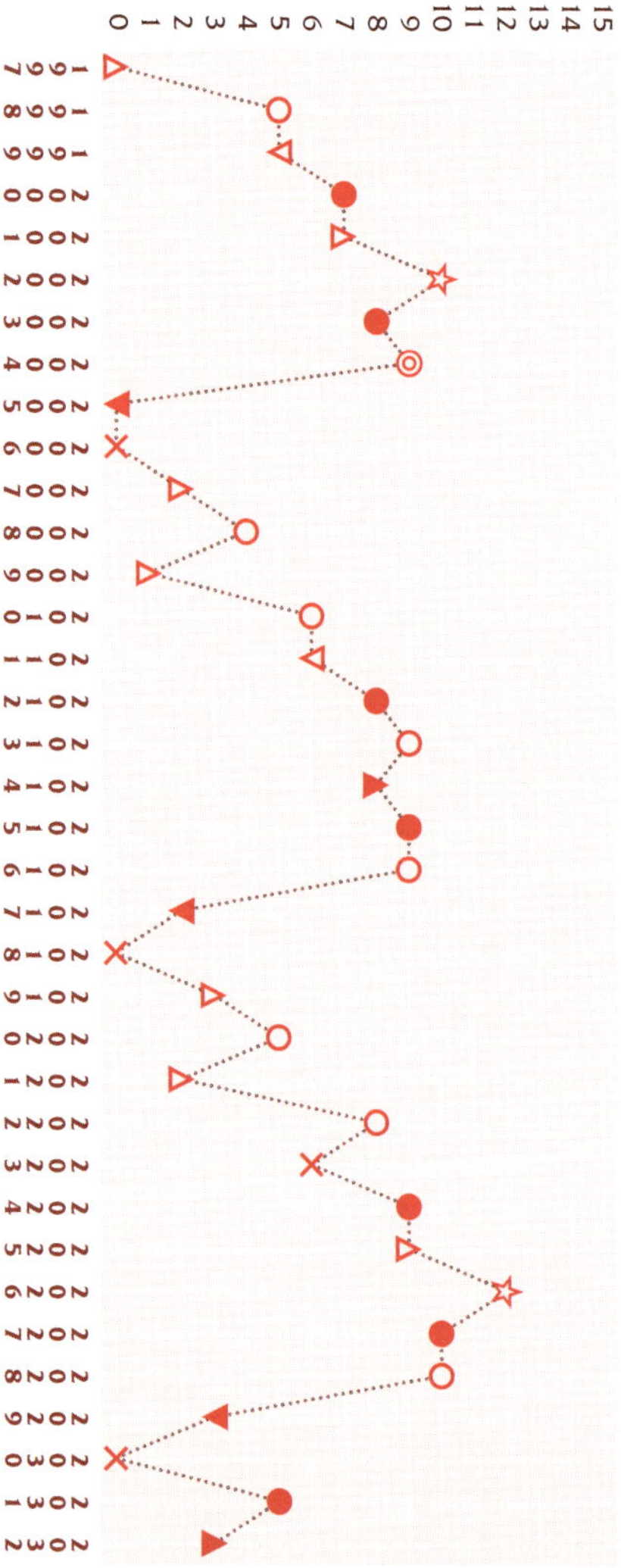
0 1 2 3 4 5 6 7 8 9 10 11 12 13 14 15
1997 1998 1999 2000 2001 2002 2003 2004 2005 2006 2007 2008 2009 2010 2011 2012 2013 2014 2015 2016 2017 2018 2019 2020 2021 2022 2023 2024 2025 2026 2027 2028 2029 2030 2031 2032

金の羅針盤 F

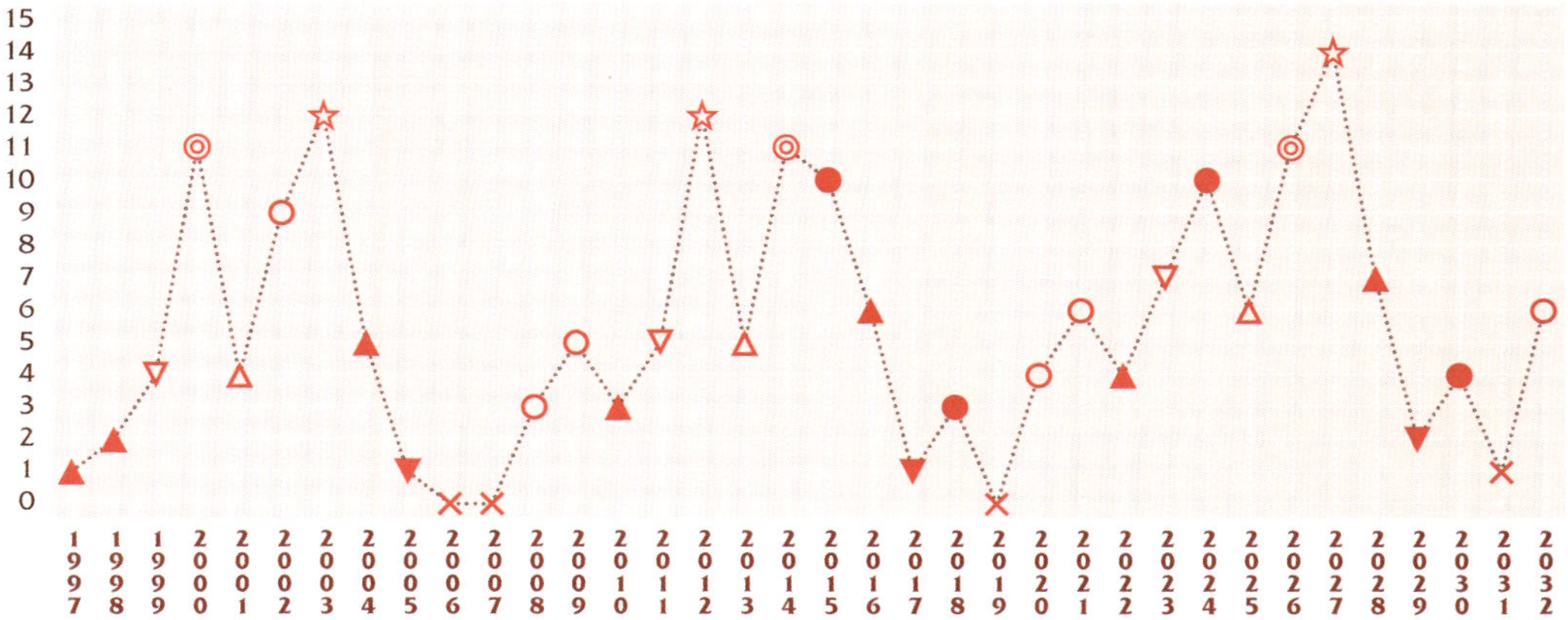

☆の年　36年に1～3回しかない、最高に幸運な年。始まりの年でもある
◎の年　最高の運気を備えた年。能力や魅力を思う存分、発揮できる
○の年　人生を変える決断に最適な年。軌道修正するにも最適
△の年　上半期は流れのままに、下半期からは行動的に流れを変えていける年
▲の年　決断には不向きな年。自分の課題をクリアするとき
▽の年　体調を崩しがち。体を休めること、リフレッシュにあてるべき年
×の年　これまで積み上げげたことが崩れてしまう破壊の年
●の年　幸運と不運が入り組んだ複雑な年。予想外の出来事に見舞われる
▼の年　流れを止める急ブレーキの年。決断は避けるべき

金の羅針盤 G

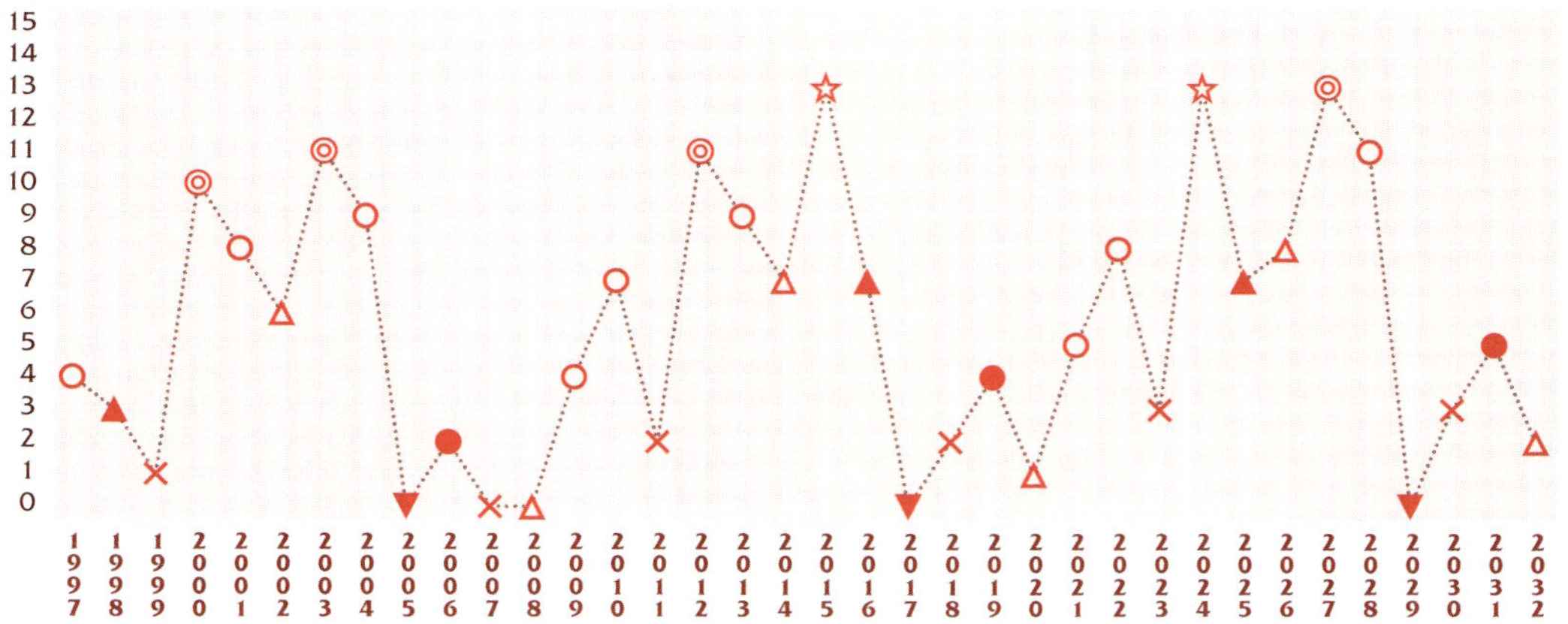
15
14
13
12
11
10
9
8
7
6
5
4
3
2
1
0
1997
1998
1999
2000
2001
2002
2003
2004
2005
2006
2007
2008
2009
2010
2011
2012
2013
2014
2015
2016
2017
2018
2019
2020
2021
2022
2023
2024
2025
2026
2027
2028
2029
2030
2031
2032

金の羅針盤 H

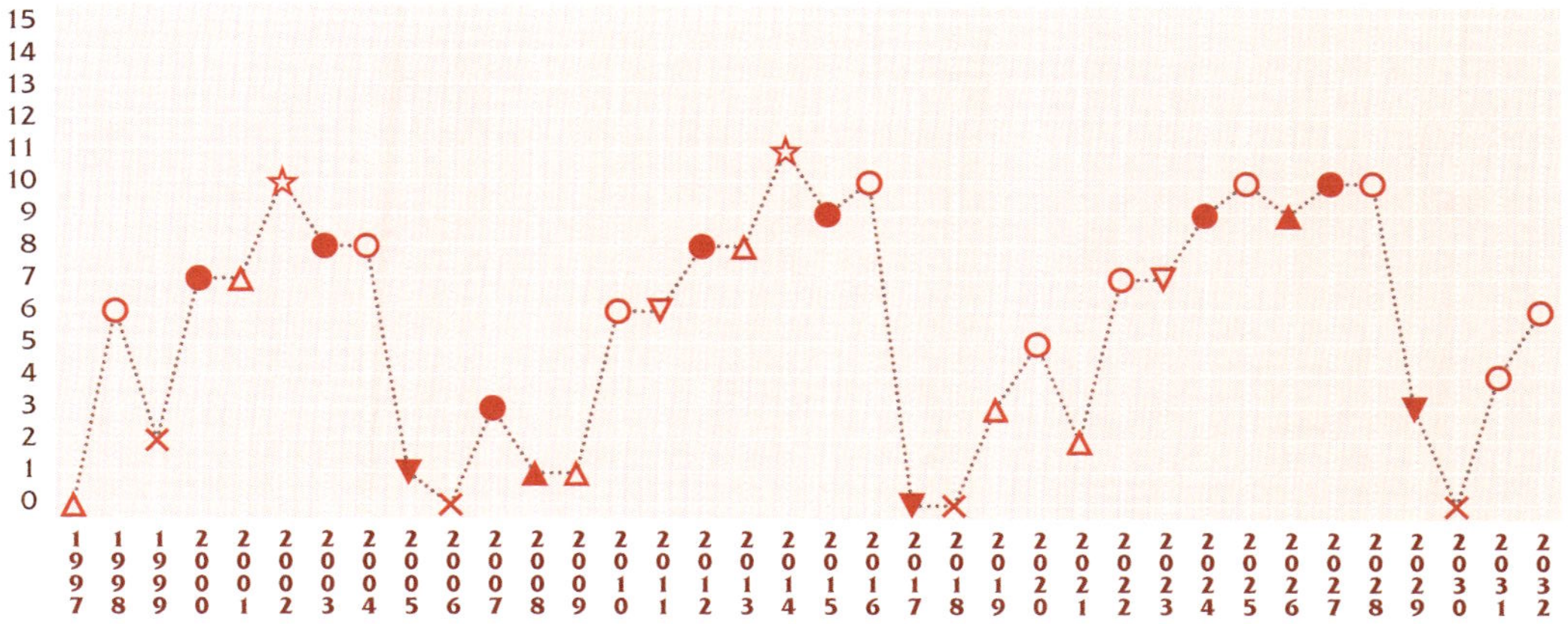

☆の年　36年に1～3回しかない、最高に幸運な年。始まりの年でもある
◎の年　最高の運気を備えた年。能力や魅力を思う存分、発揮できる
○の年　人生を変える決断に最適な年。軌道修正するにも最適
△の年　上半期は流れのままに、下半期からは行動的に流れを変えていける年
▲の年　決断には不向きな年。自分の課題をクリアするとき
▽の年　体調を崩しがち。体を休めること、リフレッシュにあてるべき年
×の年　これまで積み上げたことが崩れてしまう破壊の年
●の年　幸運と不運が入り組んだ複雑な年。予想外の出来事に見舞われる
▼の年　流れを止める急ブレーキの年。決断は避けるべき

金の羅針盤 I

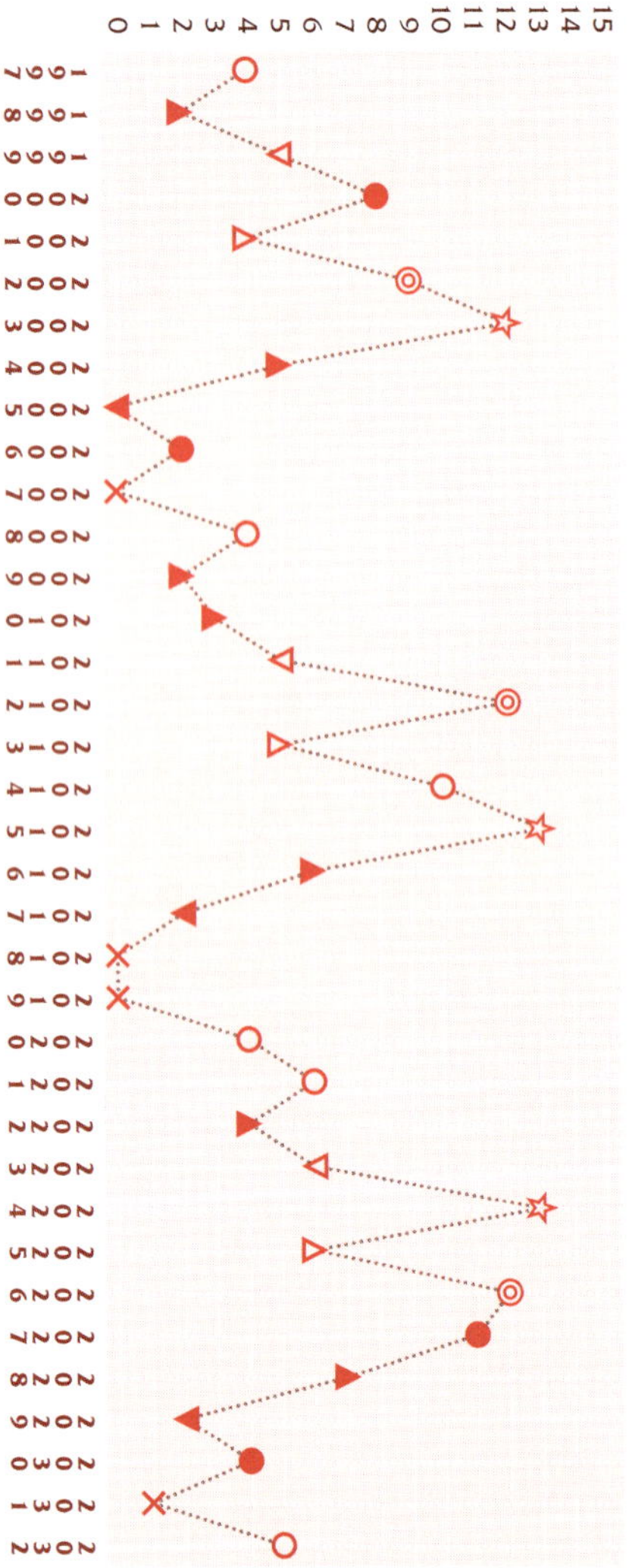

0 1 2 3 4 5 6 7 8 9 10 11 12 13 14 15
1997 1998 1999 2000 2001 2002 2003 2004 2005 2006 2007 2008 2009 2010 2011 2012 2013 2014 2015 2016 2017 2018 2019 2020 2021 2022 2023 2024 2025 2026 2027 2028 2029 2030 2031 2032

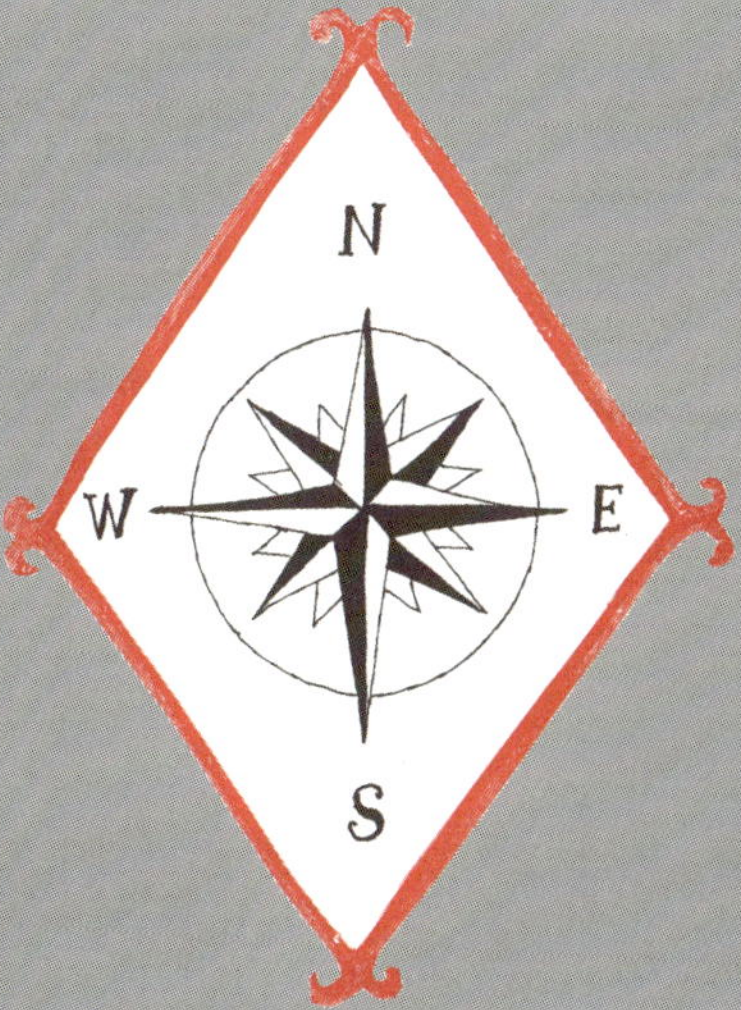

銀の羅針盤

Silver Compass

気品高く、几帳面。
芸術的才能はあるが
恋には不器用

基本性格

おとなしそうな裏に、負けず嫌いな顔が

おとなしそうで優しそうな印象を与え、気品高く、真面目で礼儀正しいしっかり者。上品で身なりや言葉遣いもしっかりした人ですが、根は負けず嫌いの完璧主義者です。

ほとんどのことに対して受け身で、怠ける癖があり、興味があること以外には全く見向きもしないところがあるでしょう。ただ、芯が強く、本当に好きなことを見つけると驚くような集中力や才能を発揮します。芸術や特殊な仕事で才能を開花させることも多いでしょう。ただ、なかなか好きなことが見つからない場合があるので、若いときから自分の気になることにはできるだけチャレンジすること。失敗を恐れず、いい経験だと思うようにするといいでしょう。

人付き合いが苦手でネガティブな考えが強く、マイナス思考やマイナスの発言が自然と出てしまう人です。自覚がない場合もあるので注意が必要でしょう。人付き合いが苦手であるにもかかわらず、年長者やお金持ちからは自然と高く評価され、思いもよらない人と突然仲よくなることもあるでしょう。

特に、何事もポジティブに考えたり、プラスの言葉を口に出せるようになると、自然と運気の

流れもよくなるでしょう。それに呼応するように、人脈も広がっていきます。

人間関係が広がることで世界が広がり、自然とチャンスをつかむこともできる人です。無駄に臆病にならず、行動していきましょう。

恋愛運

恋にもっとも不器用な星

プライドは高いものの、なぜか自信がもてず、恋に一番不器用なのが銀の羅針盤です。人が苦手なので、簡単に好きになることはないですが、好きな人ができても相手の様子ばかり見て、行動しないまま片思いで終わってしまうことも多々あるでしょう。

いざ相手が動いてくると、物事を悲観的に考えたり、マイナスにとらえて逃げてしまい、自ら恋のチャンスをつぶしてしまいます。好きになっても簡単に心を開くことができず、相手が自分のことをどう思っているかばかり考えてしまうため、進展しないことが多いですが、押しには極端に弱い一面が。ストレートに告白されたり、強引にアプローチされるとすんなり交際を始めることがあるでしょう。

交際が始まると、それまでのどこか甘えん坊で頼りない感じから、徐々にワガママな発言が出てきてしまい、交際相手が驚くことも多いでしょう。そのくせ素直に感謝を表すことが苦手で、尽くし下手。「何で今、掃除しているんだ?」と相手が不思議に思ったり、プレゼントセンスもないため、相手が「なぜこれをくれたんだろう?」と疑問に思うような行動に走ってしまうこともあるでしょう。

また、喧嘩になると「どうせ、私が悪いんでしょ」といった投げやりな態度になることも多い人です。何事もマイナスに受け止める癖を直さないと、恋愛でも失敗を繰り返してしまいます。別れた後に、昔の恋人を妬んだり、恨んだりすることもあるでしょう。暗くマイナスに考えるところを少しでもポジティブな発想に変えたり、「まあいいか」と言う癖を付けるようになると、いい恋ができるようになるでしょう。

仕事運&金運

几帳面さを活かし、二番手として信頼される

五星三心占いの中でもっとも几帳面な星の持ち主。どんな仕事もしっかりできるうえ、二番手、三番手としての能力が高く、品があるので重宝がられ、上司からも信頼されるタイプです。

真面目で臆病なところがあり、人間関係を築くことが苦手な場合があります。勇気を出して人

の中に飛び込むと、あらゆる仕事で能力を発揮できるようになるでしょう。格式のある仕事や伝統的な仕事に就くことでさらに能力を発揮できます。

真面目ですが、根は仕事をするつもりがないところがあり、頼まれないと何もしない場合もあります。自ら「ドンドン言ってください」と周囲に伝えたり、仕事を頼みやすい空気を作っておくといいでしょう。仕事が大好き過ぎるタイプか、全く仕事に興味のないタイプか、極端に分かれてしまう星です。

家族や一族からかけ離れた仕事をすることも多く、親や親戚から心配をされることもありますが、一族に新たな風を吹き込むことができるでしょう。

金運は、高級な物を身につけると運気がアップするため、出費がかさむことがありますが、お金持ちやレベルの高い人との付き合いを大事にした方が運命的にもいいでしょう。

銀の羅針盤の決断月

1月・2月・3月・7月・8月

この月に決断したり、新しいことを始めると、いい流れに乗れるでしょう。それ以外の月は、流れに身を任せたほうがいい時期なので、大きな決断は避けておきましょう。

銀の羅針盤の運命グラフ

人生は36年周期の繰り返し。人によって異なる、その36年間の運気の流れを表したのが「運命グラフ」です。グラフ上の印の位置の高低はそのまま運気の高低。10以上が「好調」となります。

銀の羅針盤 A

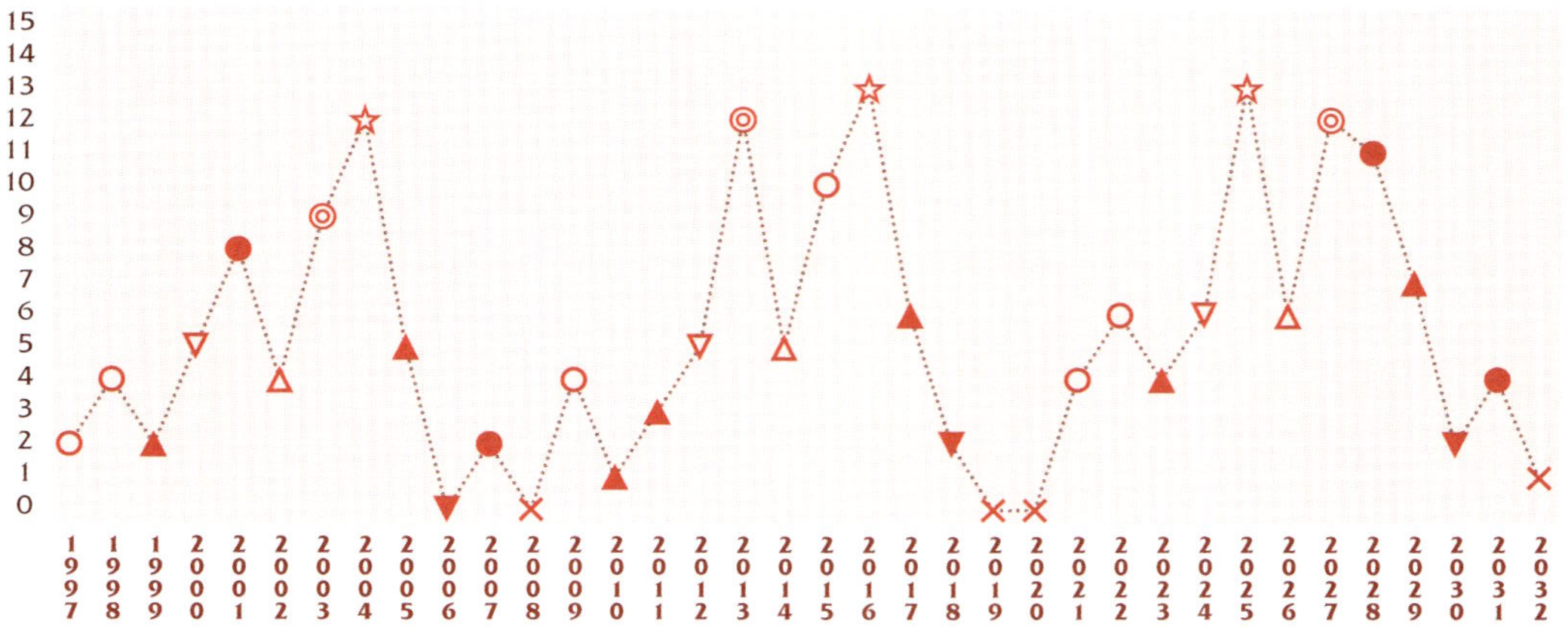

銀の羅針盤 B

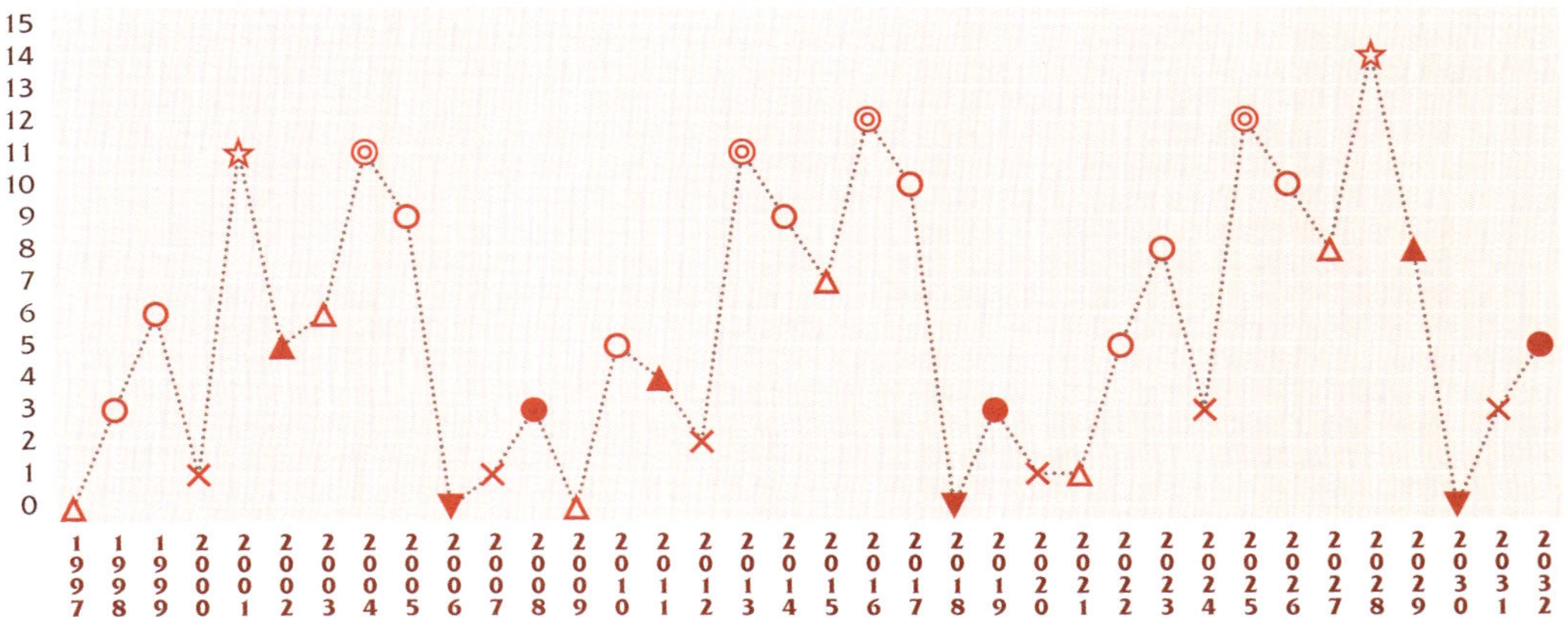

☆の年　36年に1～3回しかない、最高に幸運な年。始まりの年でもある
◎の年　最高の運気を備えた年。能力や魅力を思う存分、発揮できる
○の年　人生を変える決断に最適な年。軌道修正するにも最適
△の年　上半期は流れのままに、下半期からは行動的に流れを変えていける年
▲の年　決断には不向きな年。自分の課題をクリアするとき
▽の年　体調を崩しがち。体を休めること、リフレッシュにあてるべき年
×の年　これまで積み上げたことが崩れてしまう破壊の年
●の年　幸運と不運が入り組んだ複雑な年。予想外の出来事に見舞われる
▼の年　流れを止める急ブレーキの年。決断は避けるべき

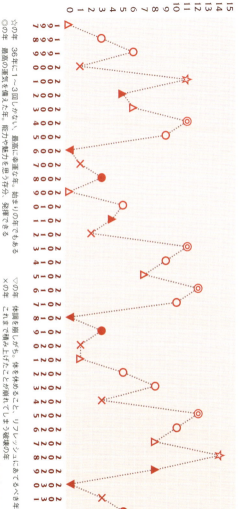

銀の羅針盤 C

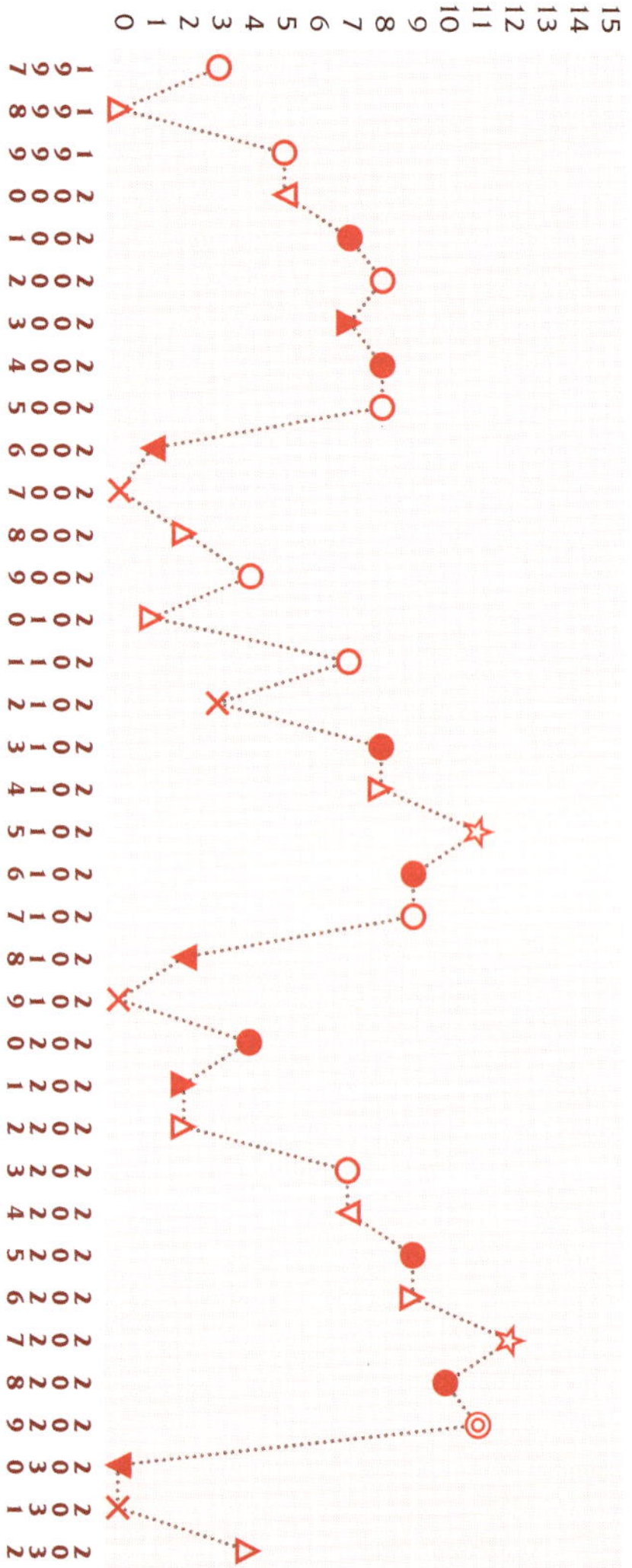
0
1
2
3
4
5
6
7
8
9
10
11
12
13
14
15
1997
1998
1999
2000
2001
2002
2003
2004
2005
2006
2007
2008
2009
2010
2011
2012
2013
2014
2015
2016
2017
2018
2019
2020
2021
2022
2023
2024
2025
2026
2027
2028
2029
2030
2031
2032

銀の羅針盤 D

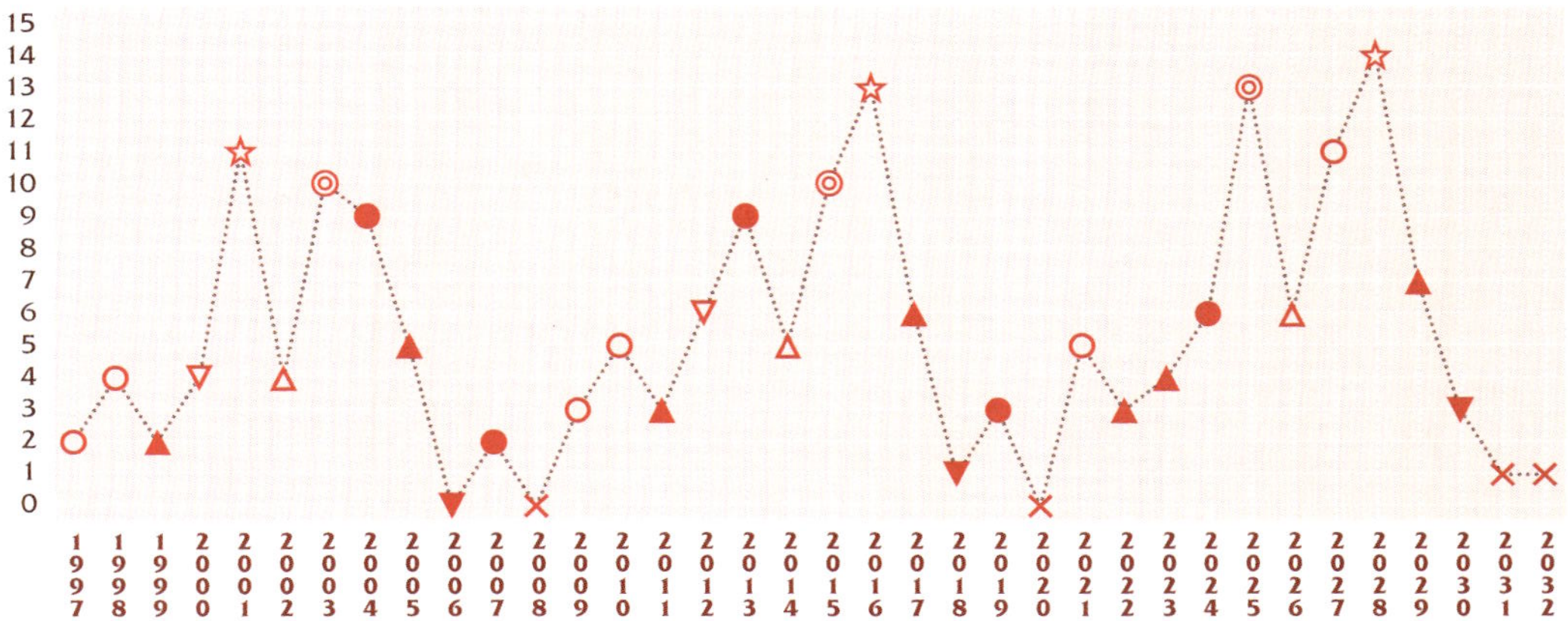

☆の年　36年に1～3回しかない、最高に幸運な年。始まりの年でもある
◎の年　最高の運気を備えた年。能力や魅力を思う存分、発揮できる
○の年　人生を変える決断に最適な年。軌道修正するにも最適
△の年　上半期は流れのままに、下半期からは行動的に流れを変えていける年
▲の年　決断には不向きな年。自分の課題をクリアするとき
▽の年　体調を崩しがち。体を休めること、リフレッシュにあてるべき年
×の年　これまで積み上げげたことが崩れてしまう破壊の年
●の年　幸運と不運が入り組んだ複雑な年。予想外の出来事に見舞われる
▼の年　流れを止める急ブレーキの年。決断は避けるべき

銀の羅針盤 E

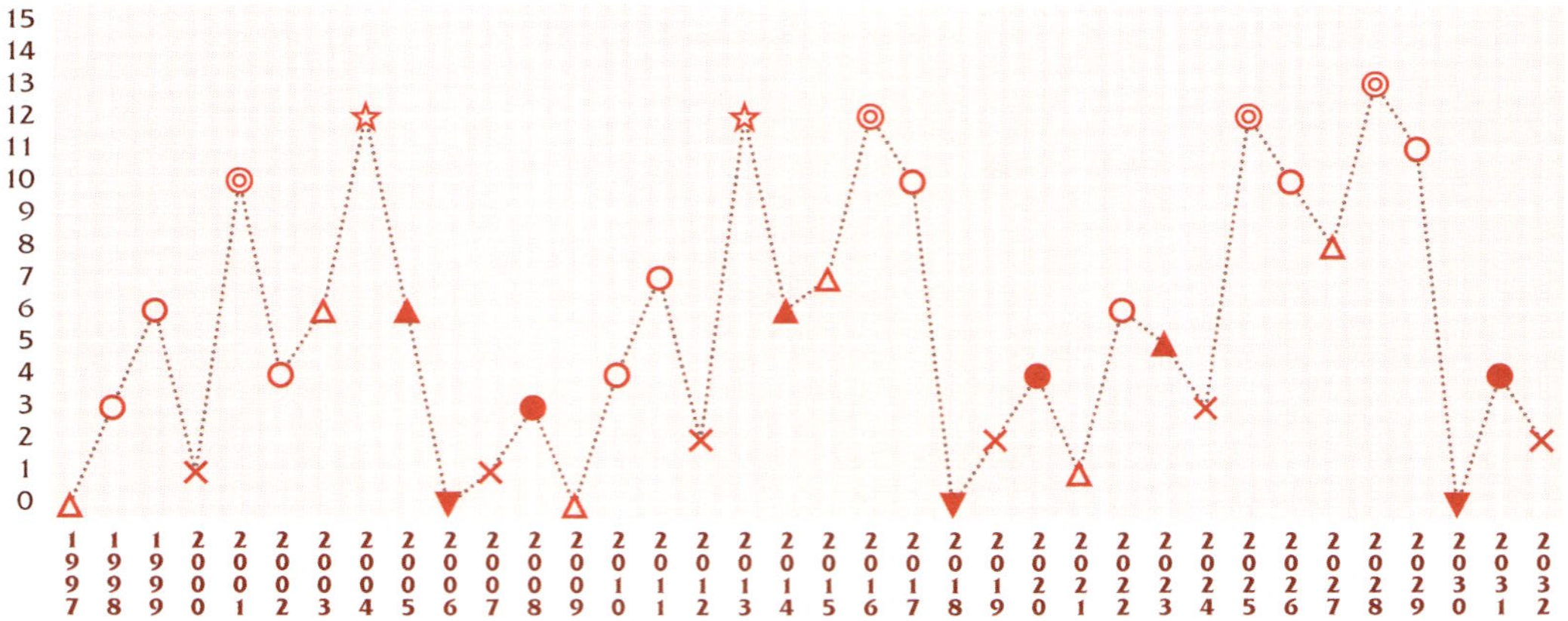

15
14
13
12
11
10
9
8
7
6
5
4
3
2
1
0
1997
1998
1999
2000
2001
2002
2003
2004
2005
2006
2007
2008
2009
2010
2011
2012
2013
2014
2015
2016
2017
2018
2019
2020
2021
2022
2023
2024
2025
2026
2027
2028
2029
2030
2031
2032

銀の羅針盤 F

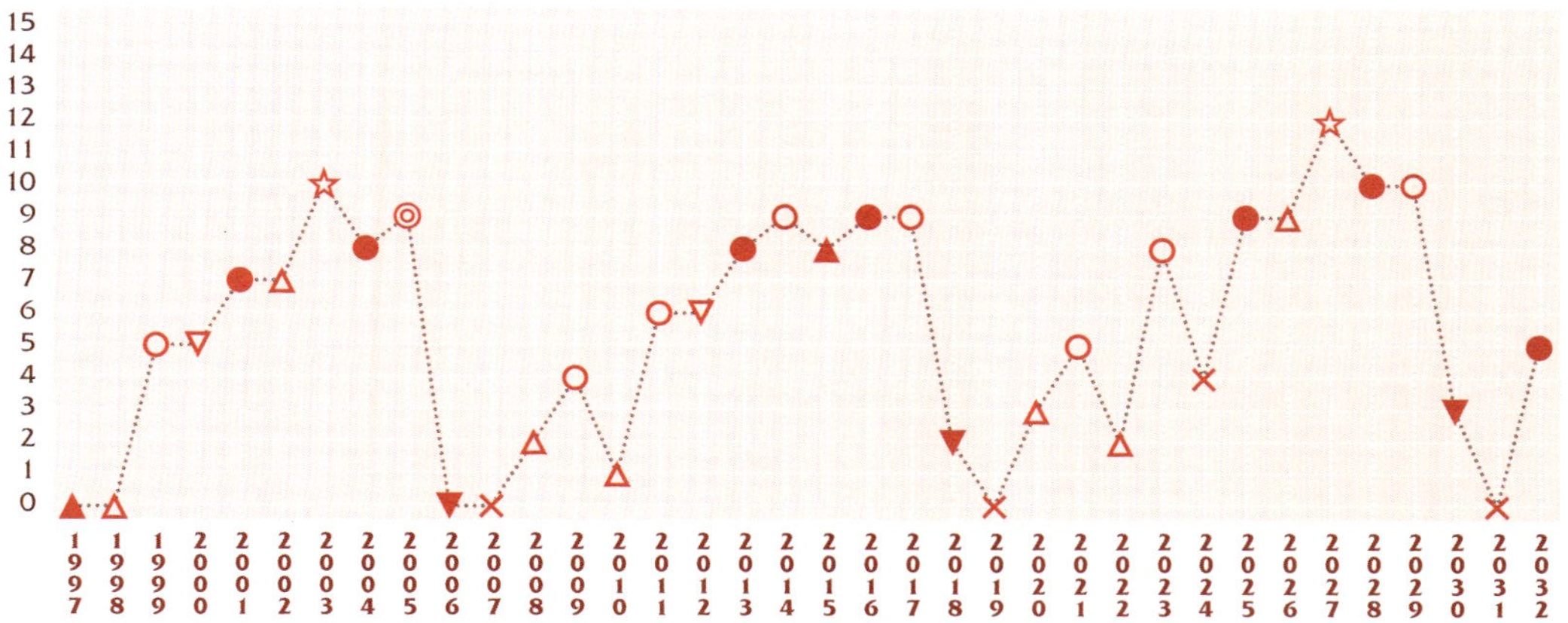

☆の年　36年に1～3回しかない、最高に幸運な年。始まりの年でもある
◎の年　最高の運気を備えた年。能力や魅力を思う存分、発揮できる
○の年　人生を変える決断に最適な年。軌道修正するにも最適
△の年　上半期は流れのままに、下半期からは行動的に流れを変えていける年
▲の年　決断には不向きな年。自分の課題をクリアするとき
▽の年　体調を崩しがち。体を休めること、リフレッシュにあてるべき年
×の年　これまで積み上げげたことが崩れてしまう破壊の年
●の年　幸運と不運が入り組んだ複雑な年。予想外の出来事に見舞われる
▼の年　流れを止める急ブレーキの年。決断は避けるべき

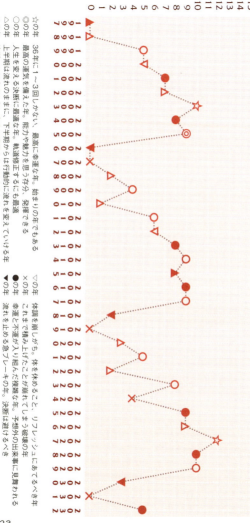

銀の羅針盤 G

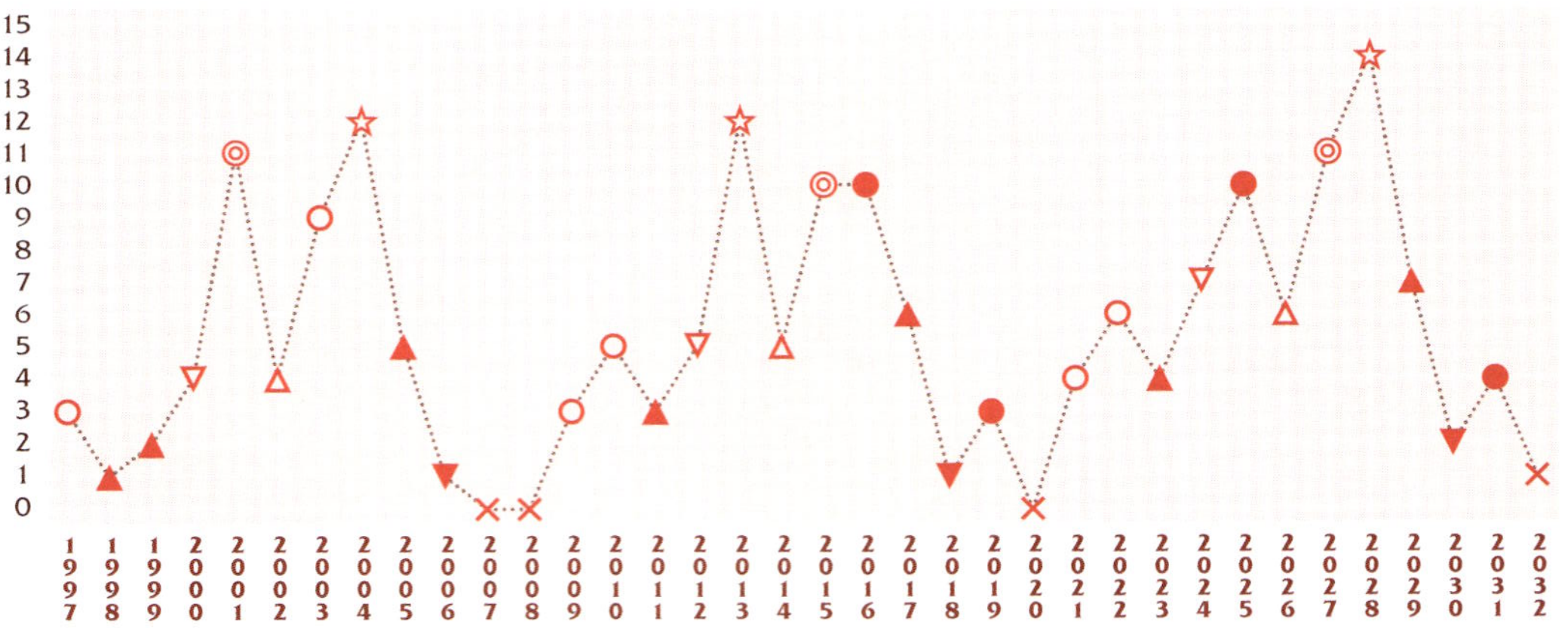
15
14
13
12
11
10
9
8
7
6
5
4
3
2
1
0
1997
1998
1999
2000
2001
2002
2003
2004
2005
2006
2007
2008
2009
2010
2011
2012
2013
2014
2015
2016
2017
2018
2019
2020
2021
2022
2023
2024
2025
2026
2027
2028
2029
2030
2031
2032

銀の羅針盤 H

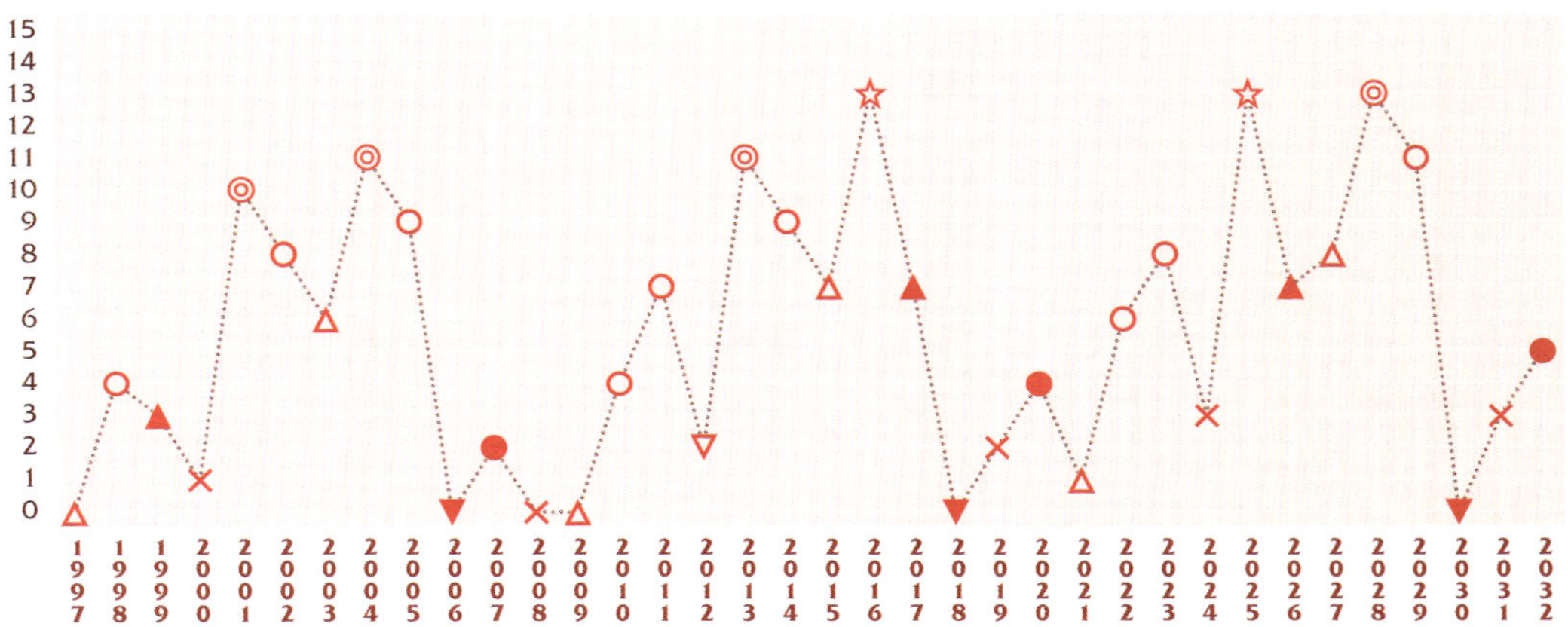

☆の年　36年に1～3回しかない、最高に幸運な年。始まりの年でもある

◎の年　最高の運気を備えた年。能力や魅力を思う存分、発揮できる

○の年　人生を変える決断に最適な年。軌道修正するにも最適

△の年　上半期は流れのままに、下半期からは行動的に流れを変えていける年

▲の年　決断には不向きな年。自分の課題をクリアするとき

▽の年　体調を崩しがち。体を休めること、リフレッシュにあてるべき年

×の年　これまで積み上げたことが崩れてしまう破壊の年

●の年　幸運と不運が入り組んだ複雑な年。予想外の出来事に見舞われる

▼の年　流れを止める急ブレーキの年。決断は避けるべき

銀の羅針盤 I

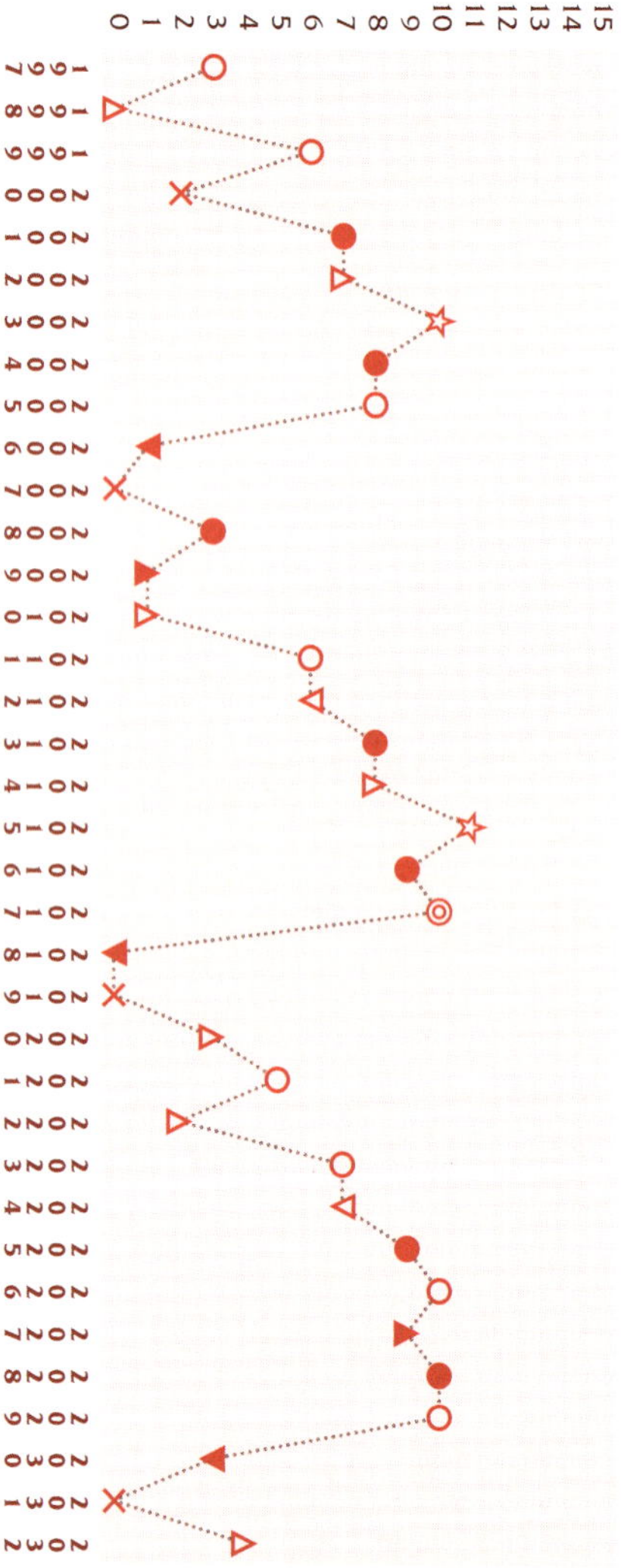

0
1
2
3
4
5
6
7
8
9
10
11
12
13
14
15
1997
1998
1999
2000
2001
2002
2003
2004
2005
2006
2007
2008
2009
2010
2011
2012
2013
2014
2015
2016
2017
2018
2019
2020
2021
2022
2023
2024
2025
2026
2027
2028
2029
2030
2031
2032

自分の星の割り出し方

How To Search Your Star

五星三心占いは生年月日から「運命数」を導き出し、占います。

1 まず、P.232からの「計算表」で、自分の生まれ年を探してください。

2 「計算表」の一番右側に書いてあるアルファベットを確認しましょう。このアルファベットがあなたの「運命グラフ」を表すものになります。

〈表1〉

運命数が　1～10で、生まれ年の西暦の末尾が偶数 ▶ **金の羅針盤**
運命数が　1～10で、生まれ年の西暦の末尾が奇数 ▶ **銀の羅針盤**
運命数が11～20で、生まれ年の西暦の末尾が偶数 ▶ **金のインディアン**
運命数が11～20で、生まれ年の西暦の末尾が奇数 ▶ **銀のインディアン**
運命数が21～30で、生まれ年の西暦の末尾が偶数 ▶ **金の鳳凰**
運命数が21～30で、生まれ年の西暦の末尾が奇数 ▶ **銀の鳳凰**
運命数が31～40で、生まれ年の西暦の末尾が偶数 ▶ **金の時計**
運命数が31～40で、生まれ年の西暦の末尾が奇数 ▶ **銀の時計**
運命数が41～50で、生まれ年の西暦の末尾が偶数 ▶ **金のカメレオン**
運命数が41～50で、生まれ年の西暦の末尾が奇数 ▶ **銀のカメレオン**
運命数が51～60で、生まれ年の西暦の末尾が偶数 ▶ **金のイルカ**
運命数が51～60で、生まれ年の西暦の末尾が奇数 ▶ **銀のイルカ**

3 ただし、1月1日から2月3日の間に生まれた方は、その前年のグラフが「運命グラフ」となります。

4 次に、生まれ年と生まれ月が交差しているところの数字を確認してください。

5 [4]で確認した数字に、生まれた日を足します。出てきた数字が運命数となります。

6 ただし、その数字が61以上の場合は、その数字から60を引いた数字が運命数となります。

7 右ページにある〈表1〉で、運命数と、生まれ年の西暦の末尾の数字が偶数か奇数か、当てはまるところを探してください。当てはまったものが、あなたの星になります。

8 P.58からの、自分の星の特徴を参照してください。

星が同じでも「運命グラフ」は9つに分かれます。[2]で確認したアルファベットが、あなたの「運命グラフ」になります。

次のページで、割り出し方の具体例を紹介していきます。特に、1月1日から2月3日の間に生まれた方や運命数が61以上だった方は、必ずご参照ください。

星の割り出し方の具体例

注意

- 「計算表」で確認した数字と、自分の生まれた日との合計が61以上の人は、次のページの〈例2〉を参照してください。
- 生まれた日が、1月1日から2月3日の人の運命グラフは前年のものになります。次のページの〈例3〉を参照してください。
- それ以外の方は、〈例1〉を参照してください。

例1 基本的な割り出し方

【1975年4月4日生まれの人の場合】

1 まず、P.232からの「計算表」の自分の生まれ年を探してください。

2 「計算表」の一番右側に書いてあるアルファベットを確認します。
⇒「G」

3 生まれ年と生まれ月が交差しているところの数字を確認します。
⇒「13」

4 3で確認した数字と、生まれた日を足します。
⇒13＋4＝17
この合計数が「運命数」です。
⇒ 運命数は「17」

5 〈表1〉で、運命数「17」、生まれ年の西暦が奇数のところを探します。
⇒ 銀のインディアン

6 2で確認したアルファベットが「G」なので、運命グラフは「G」
⇒ 運命グラフは、銀のインディアンの「G」

例2 「計算表」で確認した数字と、生まれた日との合計が61以上の人の割り出し方

【1970年6月14日生まれの人の場合】

1 まず、P.232からの「計算表」の自分の生まれ年を探してください。

2「計算表」の一番右側に書いてあるアルファベットを確認します。

⇒「B」

3 生まれ年と生まれ月が交差しているところの数字を確認します。

⇒「48」

4 3で確認した数字と、生まれた日を足します。

⇒ 48＋14＝62

5 合計数が61以上の場合、そこから60を引いた数字が「運命数」になります。 ⇒ 62－60＝2　運命数は「2」

6 〈表1〉で、運命数「2」、生まれ年の西暦が偶数のところを探します。

⇒ 金の羅針盤

7 2で確認したアルファベットが「B」なので、運命グラフは「B」

⇒ 運命グラフは、金の羅針盤の「B」

例3 1月1日から2月3日生まれの人の割り出し方

【1984年1月10日生まれの人の場合】

1 まず、P.232からの「計算表」の自分の生まれ年を探してください。

2 1月1日から2月3日生まれの人の「運命グラフ」は前年のものになります。⇒1984年ではなく、1983年の一番右側に書いてあるアルファベットを確認します。⇒「F」

3 生まれ年と生まれ月が交差しているところの数字を確認します。実際に生まれた年と月になります。

⇒「30」

4 3で確認した数字と、生まれた日を足します。⇒30＋10＝40

5 〈表1〉で、運命数「40」、生まれ年の西暦が偶数のところを探します。

⇒ 金の時計

6 2で確認したアルファベットが「F」なので、運命グラフは「F」

⇒ 運命グラフは、金の時計の「F」

五星三心占い 計算表

1926年～1952年

年号	西暦	1月	2月	3月	4月	5月	6月	7月	8月	9月	10月	11月	12月	干支	
昭和元年	1926年	26	57	25	56	26	57	27	58	29	59	30	0	寅	C
昭和2年	1927年	31	2	30	1	31	2	32	3	34	4	35	5	卯	D
昭和3年	1928年	36	7	36	7	37	8	38	9	40	10	41	11	辰	E
昭和4年	1929年	42	13	41	12	42	13	43	14	45	15	46	16	巳	F
昭和5年	1930年	47	18	46	17	47	18	48	19	50	20	51	21	午	G
昭和6年	1931年	52	23	51	22	52	23	53	24	55	25	56	26	未	H
昭和7年	1932年	57	28	57	28	58	29	59	30	1	31	2	32	申	I
昭和8年	1933年	3	34	2	33	3	34	4	35	6	36	7	37	酉	A
昭和9年	1934年	8	39	7	38	8	39	9	40	11	41	12	42	戌	B
昭和10年	1935年	13	44	12	43	13	44	14	45	16	46	17	47	亥	C
昭和11年	1936年	18	49	18	49	19	50	20	51	22	52	23	53	子	D
昭和12年	1937年	24	55	23	54	24	55	25	56	27	57	28	58	丑	E
昭和13年	1938年	29	0	28	59	29	0	30	1	32	2	33	3	寅	F
昭和14年	1939年	34	5	33	4	34	5	35	6	37	7	38	8	卯	G
昭和15年	1940年	39	10	39	10	40	11	41	12	43	13	44	14	辰	H
昭和16年	1941年	45	16	44	15	45	16	46	17	48	18	49	19	巳	I
昭和17年	1942年	50	21	49	20	50	21	51	22	53	23	54	24	午	A
昭和18年	1943年	55	26	54	25	55	26	56	27	58	28	59	29	未	B
昭和19年	1944年	0	31	0	31	1	32	2	33	4	34	5	35	申	C
昭和20年	1945年	6	37	5	36	6	37	7	38	9	39	10	40	酉	D
昭和21年	1946年	11	42	10	41	11	42	12	43	14	44	15	45	戌	E
昭和22年	1947年	16	47	15	46	16	47	17	48	19	49	20	50	亥	F
昭和23年	1948年	21	52	21	52	22	53	23	54	25	55	26	56	子	G
昭和24年	1949年	27	58	26	57	27	58	28	59	30	0	31	1	丑	H
昭和25年	1950年	32	3	31	2	32	3	33	4	35	5	36	6	寅	I
昭和26年	1951年	37	8	36	7	37	8	38	9	40	10	41	11	卯	A
昭和27年	1952年	42	13	42	13	43	14	44	15	46	16	47	17	辰	B

1953年～1979年

年号	西暦	1月	2月	3月	4月	5月	6月	7月	8月	9月	10月	11月	12月	干支	
昭和28年	1953年	48	19	47	18	48	19	49	20	51	21	52	22	巳	C
昭和29年	1954年	53	24	52	23	53	24	54	25	56	26	57	27	午	D
昭和30年	1955年	58	29	57	28	58	29	59	30	1	31	2	32	未	E
昭和31年	1956年	3	34	3	34	4	35	5	36	7	37	8	38	申	F
昭和32年	1957年	9	40	8	39	9	40	10	41	12	42	13	43	酉	G
昭和33年	1958年	14	45	13	44	14	45	15	46	17	47	18	48	戌	H
昭和34年	1959年	19	50	18	49	19	50	20	51	22	52	23	53	亥	I
昭和35年	1960年	24	55	24	55	25	56	26	57	28	58	29	59	子	A
昭和36年	1961年	30	1	29	0	30	1	31	2	33	3	34	4	丑	B
昭和37年	1962年	35	6	34	5	35	6	36	7	38	8	39	9	寅	C
昭和38年	1963年	40	11	39	10	40	11	41	12	43	13	44	14	卯	D
昭和39年	1964年	45	16	45	16	46	17	47	18	49	19	50	20	辰	E
昭和40年	1965年	51	22	50	21	51	22	52	23	54	24	55	25	巳	F
昭和41年	1966年	56	27	55	26	56	27	57	28	59	29	0	30	午	G
昭和42年	1967年	1	32	0	31	1	32	2	33	4	34	5	35	未	H
昭和43年	1968年	6	37	6	37	7	38	8	39	10	40	11	41	申	I
昭和44年	1969年	12	43	11	42	12	43	13	44	15	45	16	46	酉	A
昭和45年	1970年	17	48	16	47	17	48	18	49	20	50	21	51	戌	B
昭和46年	1971年	22	53	21	52	22	53	23	54	25	55	26	56	亥	C
昭和47年	1972年	27	58	27	58	28	59	29	0	31	1	32	2	子	D
昭和48年	1973年	33	4	32	3	33	4	34	5	36	6	37	7	丑	E
昭和49年	1974年	38	9	37	8	38	9	39	10	41	11	42	12	寅	F
昭和50年	1975年	43	14	42	13	43	14	44	15	46	16	47	17	卯	G
昭和51年	1976年	48	19	48	19	49	20	50	21	52	22	53	23	辰	H
昭和52年	1977年	54	25	53	24	54	25	55	26	57	27	58	28	巳	I
昭和53年	1978年	59	30	58	29	59	30	0	31	2	32	3	33	午	A
昭和54年	1979年	4	35	3	34	4	35	5	36	7	37	8	38	未	B

1980年～2006年

年号	西暦	1月	2月	3月	4月	5月	6月	7月	8月	9月	10月	11月	12月	干支	
昭和55年	1980年	9	40	9	40	10	41	11	42	13	43	14	44	申	C
昭和56年	1981年	15	46	14	45	15	46	16	47	18	48	19	49	酉	D
昭和57年	1982年	20	51	19	50	20	51	21	52	23	53	24	54	戌	E
昭和58年	1983年	25	56	24	55	25	56	26	57	28	58	29	59	亥	F
昭和59年	1984年	30	1	30	1	31	2	32	3	34	4	35	5	子	G
昭和60年	1985年	36	7	35	6	36	7	37	8	39	9	40	10	丑	H
昭和61年	1986年	41	12	40	11	41	12	42	13	44	14	45	15	寅	I
昭和62年	1987年	46	17	45	16	46	17	47	18	49	19	50	20	卯	A
昭和63年	1988年	51	22	51	22	52	23	53	24	55	25	56	26	辰	B
平成元年	1989年	57	28	56	27	57	28	58	29	0	30	1	31	巳	C
平成2年	1990年	2	33	1	32	2	33	3	34	5	35	6	36	午	D
平成3年	1991年	7	38	6	37	7	38	8	39	10	40	11	41	未	E
平成4年	1992年	12	43	12	43	13	44	14	45	16	46	17	47	申	F
平成5年	1993年	18	49	17	48	18	49	19	50	21	51	22	52	酉	G
平成6年	1994年	23	54	22	53	23	54	24	55	26	56	27	57	戌	H
平成7年	1995年	28	59	27	58	28	59	29	0	31	1	32	2	亥	I
平成8年	1996年	33	4	33	4	34	5	35	6	37	7	38	8	子	A
平成9年	1997年	39	10	38	9	39	10	40	11	42	12	43	13	丑	B
平成10年	1998年	44	15	43	14	44	15	45	16	47	17	48	18	寅	C
平成11年	1999年	49	20	48	19	49	20	50	21	52	22	53	23	卯	D
平成12年	2000年	54	25	54	25	55	26	56	27	58	28	59	29	辰	E
平成13年	2001年	0	31	59	30	0	31	1	32	3	33	4	34	巳	F
平成14年	2002年	5	36	4	35	5	36	6	37	8	38	9	39	午	G
平成15年	2003年	10	41	9	40	10	41	11	42	13	43	14	44	未	H
平成16年	2004年	15	46	15	46	16	47	17	48	19	49	20	50	申	I
平成17年	2005年	21	52	20	51	21	52	22	53	24	54	25	55	酉	A
平成18年	2006年	26	57	25	56	26	57	27	58	29	59	30	0	戌	B

2007年～2032年

年号	西暦	1月	2月	3月	4月	5月	6月	7月	8月	9月	10月	11月	12月	干支	
平成19年	2007年	31	2	30	1	31	2	32	3	34	4	35	5	亥	C
平成20年	2008年	36	7	36	7	37	8	38	9	40	10	41	11	子	D
平成21年	2009年	42	13	41	12	42	13	43	14	45	15	46	16	丑	E
平成22年	2010年	47	18	46	17	47	18	48	19	50	20	51	21	寅	F
平成23年	2011年	52	23	51	22	52	23	53	24	55	25	56	26	卯	G
平成24年	2012年	57	28	57	28	58	29	59	30	1	31	2	32	辰	H
平成25年	2013年	3	34	2	33	3	34	4	35	6	36	7	37	巳	I
平成26年	2014年	8	39	7	38	8	39	9	40	11	41	12	42	午	A
平成27年	2015年	13	44	12	43	13	44	14	45	16	46	17	47	未	B
平成28年	2016年	18	49	18	49	19	50	20	51	22	52	23	53	申	C
平成29年	2017年	24	55	23	54	24	55	25	56	27	57	28	58	酉	D
平成30年	2018年	29	0	28	59	29	0	30	1	32	2	33	3	戌	E
平成31年	2019年	34	5	33	4	34	5	35	6	37	7	38	8	亥	F
平成32年	2020年	39	10	39	10	40	11	41	12	43	13	44	14	子	G
平成33年	2021年	45	16	44	15	45	16	46	17	48	18	49	19	丑	H
平成34年	2022年	50	21	49	20	50	21	51	22	53	23	54	24	寅	I
平成35年	2023年	55	26	54	25	55	26	56	27	58	28	59	29	卯	A
平成36年	2024年	0	31	0	31	1	32	2	33	4	34	5	35	辰	B
平成37年	2025年	6	37	5	36	6	37	7	38	9	39	10	40	巳	C
平成38年	2026年	11	42	10	41	11	42	12	43	14	44	15	45	午	D
平成39年	2027年	16	47	15	46	16	47	17	48	19	49	20	50	未	E
平成40年	2028年	21	52	21	52	22	53	23	54	25	55	26	56	申	F
平成41年	2029年	27	58	26	57	27	58	28	59	30	0	31	1	酉	G
平成42年	2030年	32	3	31	2	32	3	33	4	35	5	36	6	戌	H
平成43年	2031年	37	8	36	7	37	8	38	9	40	10	41	11	亥	I
平成44年	2032年	42	13	42	13	43	14	44	15	46	16	47	17	子	A

あとがき

2014年にこの本を出した後、多くの人からさまざまな反響をいただきました。

「それまで占いは信じていなかったけれども、この本を読んで考え方が変わった」

「占いで大切なことは、自分のリズムを知ることなのだと初めて知った」

冒頭でもお話ししたように、僕は占いとはデータの蓄積だと思っています。この本で紹介した運命グラフは、僕が20年以上占いを実践してきたなかでたどり着いた、ひとつの集大成です。

今回の文庫化で、より多くの方にこの本を手にとってもらい、同じような体験をしてもらえれば、僕にとってこれ以上うれしいことはありません。

占いとは、自分が迷ったとき、進むべき方向を指し示してくれる地図のようなものです。すべてを信じる必要はありませんが、もしも、あなたが悩んだとき、不安になって前に進めなくなったときに、この本を開いて、ぜひ自分の運命を読み解いてみてください。

また、運気の流れによって、その人自身の物事のとらえ方も変わるもの。

たとえば、知り合いが増えるのは本来いいことなのに、運気が悪いときは急に人と会うのが嫌になって、「これ以上友達が増えるのはうれしくない」「たくさんの人に会うのは苦痛だ」と思ってしまうこともあります。良い時期にはポジティブに考えられることも、悪い時期はついネガティブに受け取ってしまうこともあります。

いつだって自分の欲望や気持ちが正しいとは限らないからこそ、いま自分がどこの位置にいるのかを確認して、今後進むべき方向を知ってもらえればと思います。

そして、この本で自分の決断のタイミングを知ることができたら、ぜひパートナーや家族、友達、同僚など身近な人の運命グラフも見てみてください。自分の身近な人にアドバイスして、その人の運命をよい方向にしてあげられれば、あなた自身の運命もきっとよりよいものになるはずです。

この本を手にとってくださったすべての方に、幸せが訪れますように。

ゲッターズ飯田

ゲッターズ飯田
1975年4月4日、静岡県生まれ。お笑いコンビ「ゲッターズ」として活動。
コンビ解散後は放送作家・タレント・占い師としてテレビ、ラジオなど幅広い分野で活躍中。
これまでに占った人の数は5万人を超え、「芸能界最強の占い師」の異名をとる。
『ゲッターズ飯田の縁のつかみ方』(朝日新聞出版)、『開運レッスン』(セブン&アイ出版)など著書多数。

本書は、2014年10月に刊行された
『ゲッターズ飯田の運命の変え方』に
加筆修正し、文庫化したものです。

Staff

デザイン　山下可絵
イラスト　西淑
撮影　鈴木伸之（クロスボート）
編集協力　秦まゆな、森綾、藤村はるな

ゲッターズ飯田の運命の変え方

ゲッターズ飯田

2017年　4月　4日　第1刷発行

発行者　長谷川 均
発行所　株式会社ポプラ社
〒一六〇-八五六五　東京都新宿区大京町二二-一
電　話　〇三-三三五七-二二一二(営業)
　　　　〇三-三三五七-二三〇五(編集)
振　替　〇〇一四〇-三-一四九二七一
ホームページ　http://www.poplar.co.jp/ippan/bunko/
フォーマットデザイン　緒方修一
印刷・製本　中央精版印刷株式会社

N.D.C.148/238p/15cm
ISBN978-4-591-15436-6
落丁・乱丁本は送料小社負担でお取り替えいたします。
小社製作部宛にご連絡ください。
製作部電話番号　〇一二〇-六六六-五五三
受付時間は、月〜金曜日、9時〜17時です(祝祭日は除く)。
本書の内容についてのお問い合わせは、メールとファクスのみで受け付けております。電話でのお問い合わせはご遠慮ください。
メール　info@poplar.co.jp
ファクス　〇三-三三五七-二三一〇

Getters Iida